포퓰리즘의 덫

세상에 공짜는 없다

나남
nanam

나남신서 1588

포퓰리즘의 덫
세상에 공짜는 없다

2011년 8월 30일 발행
2011년 11월 5일 2쇄

지은이_ 조동근 外
발행자_ 趙相浩
발행처_ (주) 나남
주소_ 413-756 경기도 파주시 교하읍
　　　출판도시 518-4
전화_ (031) 955-4600 (代), FAX : (031) 955-4555
등록_ 제 1-71호(1979.5.12)
홈페이지_ http://www.nanam.net
전자우편_ post@nanam.net

ISBN 978-89-300-8588-5
ISBN 978-89-300-8001-9 (세트)
책값은 뒤표지에 있습니다.

나남신서 · 1588

포퓰리즘의 덫

세상에 공짜는 없다

조동근 外

나남
nanam

The Trap of Populism

There is No Free Lunch

by

Dong Keun Cho *et al.*

nanam

추천사

박효종 (서울대 교수)

누가 뭐래도 요즘의 시대적 용어는 '포퓰리즘'입니다. 지금은 누구나 포퓰리즘이라는 용어를 즐겨 쓰기 때문에 일상적으로 친숙한 용어가 되었습니다. 정치권은 물론이지만 언론, 시민단체, 학계 등 모두가 포퓰리즘이라는 말을 즐겨 씁니다. 그런데 생각해 볼 만한 점이 있지요. 어떤 용어든 실체나 현상을 표현하기도 하지만 반드시 '정서'가 묻어난다는 것입니다. 포퓰리즘은 이런 점에서 보면 부정적 정서를 지니고 있는 용어입니다. 이미 그 용어를 쓰는 사람이나 이를 듣는 사람이나 부정적인 정서를 가지고 교감을 합니다.

그런 점에서 고문이나 학살과 같은 부정적인 의미를 가지고 있습니다. 고문이나 학살을 말할 때 그것이 어떤 실체를 말하는가 하는 것도 문제이지만, 그보다는 고문과 학살은 "안 된다"라는 감정부터 앞서기 때문입니다. 역시 포퓰리즘이라는 말에도 "안 된다"라는 정서나 감정이 강합니다. 그런 의미에서 민주주의나 자유, 평등이라는 용어와는 다릅니다. 이 말들은 한결같이 좋은 감정을 불러일으키는 말인데, 이와는 달리 포퓰리즘은 경계하고 배척해야 될 어떤 것이기 때문입니다.

　많은 사람들이 포퓰리즘이라는 말을 하면서 이를 어떻게 경계하고 배척해야 하는가를 고민하고 있습니다. 그럼에도 불구하고 우리 사회에서 포퓰리즘 배격이란 "고양이 목에 방울을 다는" 형국이라고 할 수 있습니다. 포퓰리즘을 배격은 해야겠는데, 누가 앞장서서 포퓰리즘을 배척할 것인가 하는 문제는 쥐들 가운데 누가 고양이 목에 방울을 달 것인가 하는 문제와 같은 이치이기 때문입니다.

　또한 문제는 우리 가운데 많은 사람들이 포퓰리즘을 말하는데, 그것이 유행하는 언어이기는 하나, 그 정확한 뜻이나 함의가 무엇인지에 대해서는 석연치 않은 점들이 많다는 것입니다. 그런 의미에서 외화내빈이라고 할 수도 있고 혹은 아전인수의 상황이라고 할 수도 있습니다. 왜곡과 억측도 난무하고 자신에게 유리하게 해석하기도 합니다. 유행이라는 것이 바로 그런 것이 아닙니까. 어떤 상품이 시장에서 유행하게 되면 이른바 짝퉁 상품들이 기승을 부리게 됩니다. 어떤 음식점이 고유한 음식을 개발해서 원조 음식점이 됐다고 해도 "진짜 원조집", "진짜 진짜 원조집", "왕 원조집" 등 짝퉁 원조집이 즐비하기 마련입니다.

　이런 현상은 요즘 포퓰리즘에 관한 문제와 다를 바 없습니다. 어떤 사람들은 아예 민주주의를 포퓰리즘이라고 이야기합니다. 심지어는 식견이 있다는 학자들도 경제는 포퓰리즘이 되어서는 안 되지만 정치는 포퓰리즘일 수밖에 없다고 주장하기도 합니다. 과연 이처럼 경제와 정치가 별개의 것일까요. 이처럼 포퓰리즘이라는 용어조차 정치적으로 오염되어 그 원래의 뜻을 잃어버리고 있습니다.

이 시점에서 정말로 차분한 학문적 접근이 필요합니다. 포퓰리즘이 어떤 것이고 그것이 정책에 있어 갖는 함의는 어떤 것인지 우리는 알아야 합니다. 당연히 그 위험성도 알아야 합니다. 키케로가 '포풀루스'에서 유래한 '포풀라레스'라는 용어를 쓴 다음부터 포퓰리즘은 대중의 인기영합을 뜻하는 위험천만한 현상으로 자리매김했습니다. 포퓰리즘은 단순히 라틴아메리카 국가들의 문제만도 아니고 또 복지에서만 발생하는 문제도 아닙니다. 우리가 민주주의와 시장경제를 유지하는 한 숙명적으로 계속해서 직면하게 되는 문제입니다.

바로 이런 상황에서 우리에게 필요한 것은 학문적 정직성과 엄숙성을 가지고 포퓰리즘의 의미와 함의를 분석하고 진단하며 우리 사회에 대한 영향을 평가하는 일입니다. 바로 이 책이 그런 책입니다. 가뭄에 내린 단비처럼 포퓰리즘이란 말이 가지고 있는 외화내빈의 상황 속에서 화려하게 분칠을 하지 않고 정치적 목적 없이 오로지 차분하게 이성적인 접근을 하고 있기 때문입니다. 이 책을 쓴 일곱 분은 '자유주의와 시장경제'의 시각에서 포퓰리즘이 가져올 폐해를 늘 경계해왔고 또 그 해법을 끊임없이 고민해온 분들입니다.

그러기에 이 책은 총선과 대선을 앞둔 시기에 참으로 필요한 책이고 따라서 우리 모두가 읽어보아야 할 책이라고 생각됩니다. 포퓰리즘의 회자를 맞이해서 과연 포퓰리즘이 무엇이고 또 포퓰리즘의 위험과 포퓰리즘이 공동체에 주는 영향이 어떤 것인지 알고 싶어하는 사람은 이 책을 반드시 읽어야 할 것입니다. 특히 정치인들은 이 책을 서가에 꽂아두고 국리민복을 위한 정치를 하고 정책을 펴려면 어떻게 해야 하는지 이 책을 정독해야 할 것입니다.

. . .
머리말
. . .

"내 마음이 메마를 때면,
나는 늘 남을 보았습니다.
남이 나를 메마르게 하는 줄 알았기 때문입니다.

내 마음에 기쁨이 없을 때는
나는 늘 남을 보았습니다.
남이 내 기쁨을 빼앗아 가는 줄 알았기 때문입니다.

그러나 이제 보니 나에게 기쁨과 평화가 없는 것은
남 때문이 아니라 내 속에 사랑이 없었기 때문입니다.

나에게 일어나는 모든 부정적인 일들이
내 마음에 사랑이 없었기 때문이라는 것을 알게 된 오늘
나는 내 마음 밭에 사랑이라는 이름의 씨앗 하나를 떨어뜨려 봅니다."

이해인의 〈내 마음이 메마를 때면〉 중에서 발췌한 것이다.

우리는 자신의 삶이 대부분 '외부요인'에 의해 결정되기 때문에, 자신이 할 일이 별로 없다고 생각하기 쉽다. 늘 박탈감에 젖게 되고, 따

라서 자신이 불행하다고 느끼면 그 이유를 밖에서 찾으려 한다. 실패 요인을 외부에서 찾으려는 것은 일종의 '자기방어' 기제일 수도 있다.

영민한 정치인들이 이를 놓칠 리 없다. "당신이 가난하고 절망에 빠지고 고통스러운 것은" 구조적 요인에 의해 그렇게 될 수밖에 없다고 그들은 소곤거린다. 그들은 대중의 가슴에 불을 지르고 스스로를 해결사로 자임한다. '사회적 약자'에 대한 감상적 미화, '엘리트'에 대한 적대적 증오에 기초한 이분법적 대립구도 형성이 그들이 즐겨 활용하는 '프레임'이다. 이 낡은 '좌파적 수법'은 신기하게도 늘 진가를 발휘해왔다. 영민한 정치인은 이렇게 자신의 '정치적 지지'라는 소득을 챙겨왔다.

민주주의는 인간이 만들어낸 가장 좋은 정치시스템이다. 하지만 역설적으로 타락할 여지도 다분하다. '직접민주주의'의 요람인 그리스의 최근 사태가 이를 웅변하고 있다. 그리스는 EU와 IMF로부터 구제금융을 받는 날에도 정부의 복지축소(재정긴축)에 반대하는 시위를 벌였다. 그들에게 이미 국격(國格)은 없다. 민주주의에선 다수가 원하면 그것이 정책이 된다. 정치인들은 정책을 빙자해 사회적 뇌물을 일반대중에게 뿌려대고 국가권력은 가장 싼 값에 경매에 부쳐진다. 민주선거는 일반대중을 대상으로 경매를 합법화하는 수단일 뿐이다. 그리스 재정위기의 본질은 간명하다. 경제력을 뛰어 넘는 줄 알면서도, 다양한 복지혜택을 약속한 정치인을 국민들이 지지했기 때문이다. 포르투갈, 이탈리아, 스페인 등 남유럽 재정위기의 본질은 같다. 그 기저에는 '포퓰리즘'이 똬리를 틀고 있다.

우리나라도 사정은 그리 다르지 않다. 2012년 총선과 대선을 앞두고 '복지포퓰리즘'의 함정에 빠져 있다. 열대성 저기압이 바다의 습기를 빨아들여 세력을 키우면 태풍으로 변한다. 그 시작은 좌파 교육감 후보가 주창한 '무상급식'이었다. 무상급식은 무상의료, 무상보육, 반값등록금으로 외연을 넓힘으로써 '3+1'의 구도를 가진 'C급 태풍'으로 자랐다. 그리고 '보편적 복지'라는 'A급 태풍'으로 모양을 다듬었다. '자애로운 어머니'로 상징되는 국가가 요람에서 무덤까지 지켜주겠다는 것이다. 복지를 어젠다로 복지동맹을 구축해 2012년 대선에서 집권한다는 것이, 좌파진영의 구상이다.

열대성 저기압이 태풍으로 커진 것은 이명박 정부가 비옥한 토양을 제공했기 때문이다. 이명박 정부 출범 초기의 이념과 가치지향은 사라졌다. 이명박 정부에 '보수주의'의 흔적은 어디에도 남아 있지 않다. 이명박 정권은 보수를 부끄러워한 보수정권이었다. 친시장, 국민성공, 일류기업, 선진국 진입은 종적을 감췄고 친서민, 중도실용, 공정사회가 그 자리를 메웠다. 꺼져가는 반값등록금에 '기름을 부은 것'도 역설적으로 한나라당이었다. 4·27 재보선에 패한 뒤 새로 구성된 한나라당 신임 원내대표의 첫마디가 바로 '반값등록금'이었기 때문이다. '왼쪽으로의 클릭'으로 한나라당은 그 의도와 관계없이 스스로를 포퓰리즘에 가두었다. 여야는 포퓰리즘을 향한 선명성 경쟁을 벌이고 있다.

국가가 국민의 삶을 '무한책임'진다고 하면 싫어할 국민은 없다. 하지만 사회주의를 채택하지 않은 한, 국가는 '무산국가'(無産國家)이다. 국가가 가진 것은 징세권(徵稅權) 뿐이다. 국가가 책임지겠다는 것은 국민의 '형식적인 동의'를 득한 후 개인의 지갑을 임의로 열겠다는 것이나 마찬가지다. '고복지'는 당연히 '고부담'으로 연결된다. 수혜를 보는 계층과, 부담을 지는 계층은 당연히 분리된다. 온 국민은 도덕적 해이에 빠지게 된다. 서구의 복지선진국들이 '고복지-고부담'에서 부담과 복지를 동시에 줄이는 방향으로 'U턴'하는 이유를 성찰해야 한다. 그들이 'U턴해서 돌아오는 길'을 전력질주해서 가겠다는 것은 어리석은 짓이다. 이 책의 문제의식은 여기서 출발한다. 복지선진국의 정책실패를 타산지석으로 삼아야 한다는 것이다.

《탈무드》의 지혜를 반추해 본다. "남의 자비에 의존하느니 차라리 가난을 택하라." "돈과 물건도 거저 주는 것보다 빌려주는 것이 낫다. 그냥 얻으면 얻는 쪽이 준 쪽보다 '밑'에 있게 되지만 빌리고 빌려주면 서로 '대등'해질 수 있다." 탈무드는 자비를 폄훼하지 않는다. 대신 인간의 존엄과 자조(自助)를 강조한다. 재산을 잃으면 반을 잃는 것이요, 존엄과 자존을 잃으면 모든 것을 잃는 것이다. 이 책은 "스스로 돕는 자를 국가와 사회가 도와야 한다"는 우파적 가치에 기초해 쓰여졌다. 국가에 대한 의존을 타성화시키는 좌파 지식인의 '사회적 뇌물'을 혁파하기 위해 집필되었다.

좌파 지식인들은 "이제 사회가 개인을 부양해야 할 때"가 왔다고 말한다. 그들이 말하는 것은 국가가 국민들에게 '따뜻한 빵'을 주어야 한다는 것이다. 하지만 '따뜻한 빵'은 이내 식기 마련이다. 중요한 것은, 개인이 "따뜻한 빵을 만드는 기술"을 터득해야 한다는 것이다.

개인이 시행착오를 통해 스스로 이 기술을 터득해야 한다. 그래야만 노동능력이 없는 '사회적 약자'를 도울 수 있는 물질적 토대를 쌓을 수 있다.

포퓰리즘은 '원칙'에 의한 정치가 아닌, '이해관계'에 의한 정치를 의미한다. 인기를 쫓기 때문에 포퓰리즘은 마약과도 같다. 이 책은 '자유와 시장'이라는 보수적 이념에 기초해 정치, 경제, 사회에 만연된 '포퓰리즘' 요소를 철저히 배격한다. 보수의 가치와 이념이 '시대정신'이어야 할 이유는 간명하다. '오늘의 한국'을 이룬 기적 그리고 '자랑스런 한국'을 이룰 기적의 정신적 토대이기 때문이다. "자유, 책임, 신뢰, 배려"가 살아나야 희망 한국, 미래 한국의 기적을 새로 쓸 수 있다.

2011년 8월
필자들을 대표하여
조 동 근

나남신서 · 1588

포퓰리즘의 덫

세상에 공짜는 없다

차 례

제 1 장

포풀리즘의 어두운 그림자

조동근*

1. '포풀리즘'이란 괴물

2011년 6월 16일 한나라당 의원총회 현장. 감세정책의 운명을 결정짓기 위해 소집된 의원총회였지만, 참석한 의원은 60명 남짓했다. 당론 결정에 필요한 소속의원 169명 중 과반 정족수에 크게 못 미치는 숫자이다. 이미 분위기가 '감세철회'로 기운 탓이다. 한나라당 지도부는 이를 미리 계산이나 한 듯, 설문조사로 표결을 대신했다. 의원 개개인의 일정이 아무리 바쁘더라도, 자신이 속한 정당이 지향하는 정책기조가 180도 바뀔 수도 있는 의원총회에 참석하는 것보다 더 중요한 일은 없을 터이다.

'표'를 위해 '영혼'을 파는 정치인

하지만 그들은 설문에 응답하는 것으로 자신의 표결권을 행사했다. 한나라당과 그 의원들은 설문조사로 의원총회를 대신한 희대(稀

---

* 명지대 경제학과 교수.

代)의 웰빙 정당과 국회의원으로 역사에 기록될 것이다. 정치는 '이 념의 유통업'(業)에 비견된다. 정당에게 이념은 생명인 것이다. 보수 와 진보가 척(蹠)을 지는 것도 결국은 이념과 철학을 달리하기 때문 이다. 한나라당에게 이념과 가치는 새털만큼이나 가볍다. '이념정당' 이 아닌 '실용정당'이었기 때문일 터이다.

어찌되었건 6월 16일 의원총회를 통해 "2012년에 소득세 최고세율 을 35%에서 33%로, 법인세 최고세율을 22%에서 20%로 낮추기로 했던 감세일정"은 당론으로 철회되었다.

이명박 대통령 대선공약 중 경제분야의 핵심은 세금과 규제를 내리 고 완화해 경제성장률을 끌어올린다는 것이었다. 핵심공약은 국정과 제에 반영되었다. 이명박 정부 100대 국정과제 중 경제분야 두 번째 과제는 "세금을 줄여 투자를 늘리고 서비스산업을 활성화"하는 것이 었다. 이처럼 감세정책은 이명박 경제정책을 떠받치는 기둥이었다. 한편 이명박 정부의 또 다른 핵심 국정과제인 '공기업 민영화'는 2008 년 촛불사태 여파로 '공기업 선진화'로 꼬리를 내린 뒤 유야무야 되었 다. 한나라당의 감세철회 결정으로, 이제 MB노믹스는 2개의 기둥을 모두 잃게 되었다.

보수이기를 부끄러워하는 보수세력

왜 이런 일이 일어났을까? 한마디로 "부자에게 혜택을 준다"는 '부 자감세' 프레임에서 벗어나지 못했기 때문이다. 부자감세는 야권의 공격만이 아니었다. 여권의 상당수 의원들이 감세철회에 동조했고 심지어는 '자가발전'(自家發電)도 서슴지 않았다. 감세를 지지하는 것 은 지역구민의 여망을 저버리는 것으로 여겨졌기 때문일 것이다. 그러 면 '부자를 위한 감세'로서의 부자감세가 맞는가?

먼저 법인세 감세를 보자. '발로 투표'(*voting by foot*)하는 글로벌 경쟁시대에 법인세 인하 철회는 외국기업과 자본의 국내유입에 '손사래'를 치는 것이나 마찬가지다. 지금은 오히려 많은 나라들이 법인세를 내리는 감세경쟁을 하고 있다. 법인세 감세철회는 국내적으로도 그만큼 배당과 종업원에 대한 급여를 줄어들게 해 국가 세수를 감소시킨다. 따라서 법인세 감세철회는 "앞에서 남고 뒤에서 밑지는" 구조이다. 소득세 감세도 부자감세로 못 박아서는 안 된다. 소득세 감세는 기본적으로 '근로에 대한 유인'(*incentive to work*)을 높이는 것이다. 부자를 위한 감세가 아닌 '일하는 근로계층'에 대한 감세인 것이다. 우리나라는 근로자의 절반이 근로소득세를 전혀 내지 않고 있다. 따라서 근로소득세 감세를 부자감세로 몰아세울 일이 아니다.

감세는 기본적으로 긴 호흡에서 국민에게 근면을 강조하고 투자를 촉진해 '국가의 부'를 쌓는 기반을 튼튼히 하는 것이다. 감세를 '부자감세'라는 주홍글씨로 매도할 이유는 어디에도 없다. 세계적으로도 감세는 보수정권의 대표적인 정책이다. 한나라당은 당당하게 감세를 방어했어야 한다. 그러나 한나라당은 정반대의 길을 선택했다. 보수를 부끄러워하면서 보수를 표방하는 것만큼 비겁한 것은 없다. 한나라당의 비극은 '이념의 정체성'이 갖는 의미를 망각했다는 것이다. '둥지의 의미'를 과소평가하고 '정신적 처소'를 부정한 한나라당이 표류하는 것은 어찌 보면 당연한 일이다.

보수적 가치를 함축한 우화(寓話)를 소개한다. 신부(神父)가 탄 마차가 어느 날 진흙 밭에 빠졌다. 신부는 마차가 진흙 밭에서 빠져 나올 수 있도록 하나님께 간절하게 기도했다. 그때 천사가 나타나 신부의 뒤통수에 대고 쏘아붙였다. "신부님, 마차를 밀면서 기도를 하셔야지요!"

사람의 힘으로 마차를 밀어봤자 그리 도움이 안 될 수도 있다. 하

지만 밀면서 기도하라는 것은, 인간이 할 수 있는 데까지는 최선을
다하라는 것이다. 인간의 힘이 닿지 않는 곳에 대해서만 신(神)에게
의존해야 한다. 우화를 세속(世俗)에 적용하는 것은 무리가 따를 수
있다. 그래도 적용한다면, "스스로 돕는 자를 국가가 도와야 한다는
것"일 터이다.

　자조는 보수의 가치이다. 자조의지를 가질 때 '각자도생'(各自圖生)
하게 되고 '국가에 대한 의존'을 최소화하게 된다. 국가의 온정이 미
쳐야 할 사람들을 '제대로' 살피려면 먼저 국가의 도움을 필요로 하는
사람이 '최소화'되어야 한다. 정당한 방법으로 부자가 되고자 하는 사
람이 많은 사회가 건강한 사회이다. 좌파도 이를 부정할 수는 없을
것이다. 감세의 기본철학은 '땀 흘리는' 사람들을 국가가 도와야 한다
는 것이다. 부자가 많아져야, 사회적 취약계층에 대한 기부가 가능해
진다. 민간을 위한 민간의 자발적 기부는 정부를 통한 비자발적 기부
보다 더 효율적이다.

반값등록금이 부른 3년 만의 촛불

　2008년 광우병 파동 이후 3년여 만에 서울 중심가에 다시금 '촛불'
이 켜졌다. 반값등록금 투쟁을 위한 촛불시위가 그것이다. 야권의 정
치인들은 시위현장으로 출근하다시피 했다. 촛불시위에 한편으로 수
긍이 가기도 한다. 얼마나 등록금 부담이 힘들었으면 그럴까 싶은
'측은지심'이 발동하기 때문이다. 하지만 아닌 것은 아니다. 대학생은
우리나라를 책임질 주력세대가 아닌가. 그리고 지성인이 아닌가. 과
거에 대학생들은, 대통령을 국민의 손으로 뽑겠다는 일념으로 저항
했다. 자유의 가치와 정치발전을 위해 싸웠다. 광우병 촛불시위도 일
부 정치세력의 개입을 차치하면 기본적으로는 '국민의 건강권'을 지키

기 위한 것이었다. 그러면 '반값등록금을 위한 촛불'은 어떤 대의명분을 가졌는가? 대학교육은 의무교육이 아닌 '선택교육'이다. 따라서 수익자 부담 원칙이 지켜져야 한다. 미래의 주역인 대학생이 '단지' 자신의 경제적 이익을 위해 행동하는 것은 '지성'에 반(反)하는 것이다.

주지하다시피 우리나라의 대학 진학률은 80%에 이른다. 대학에 진학하지 않고 바로 사회에 진출하는 비율은 20%에 지나지 않는다는 이야기다. '반값등록금'은 뒤집어 보면 '세금 등록금'을 의미한다. 국가가 나머지 절반을 부담해야 하기 때문이다. 특정 계층에게 혜택을 베풀면 혜택을 보는 사람을 위해 다른 '누군가'는 그 부담을 떠안아야 한다. 즉, 더 많은 세금을 내야 한다. 그 '누군가' 중에는 대학에 진학하지 못하는 20%도 포함돼 있다. 결국 반값등록금은 '상대적으로 처지가 나은 80%'가 자신이 부담해야 할 등록금의 '일부'를 20%의 약자에게 전가하는 것이나 마찬가지다. 일반적으로 상위 20%가 부담해서 하위 80%를 도와야 한다는 주장은, 그 같은 주장의 내용이 무엇이 되었든 사회적으로 공감을 얻을 여지가 있다. 하지만 반값등록금 투쟁의 구조는 '정반대'이다. 형편이 나은 상위 80%가 자신이 짊어져야 할 부담의 '일부'를 힘없는 20%에 전가시키는 것은 '정의'에 반하는 것이다.

대학생의 학자금 부담이 크다면 당연히 낮추는 노력을 기울여야 한다. 그러면 어디를 어떻게 손보아, 큰 무리 없이 합리적으로 학자금 부담을 낮출 수 있을까를 고민해야 한다. 그러한 고민을 생략한 채, 덜컥 '반값등록금'을 말한 것은 경솔한 처사가 아닐 수 없다. 반값등록금은 늘 그래왔듯이 야권의 상투적 주장이었다. 그런 반값등록금이 갑자기 힘을 받은 것은, 2011년 4·27 재보선에서 패한 후 구성된 한나라당 새 지도부의 일성(一聲)이 바로 '반값등록금'이었기 때문이다. 같은 말을 하더라도 여당이 하면 책임이 뒤따른다. 포퓰리즘 경쟁에서 한 발 빼야 할 여당이 오히려 한 발을 더 집어넣은 것이다.

한나라당 새 지도부(황우여 원내대표)는 '반값등록금'을 무슨 기상천외한 정책 아이디어인 양 '인천상륙작전'에 비유했다. 인천상륙작전을 통해 6·25 전쟁의 전세를 반전시켰듯이, '반값등록금'으로 한나라당에 등을 돌린 젊은 세대들의 마음을 되돌리겠다는 계산에서 나온 작명이었을 것이다. 실소(失笑)를 금할 수 없다. 원내대표의 지역구가 '인천'이라는 사실이 유일한 연결고리일 뿐이다. 인천상륙작전의 핵심은 '북한의 허'를 찌른 것이었다. 민주당과 민노당의 진영논리라할 수 있는 '반값등록금'으로 그들에게 타격을 입히겠다는 것은 정말로 순진한 발상이 아닐 수 없다.

포퓰리즘의 포말은 터진다

모든 초·중등학교 학생들이 무상으로 급식을 받고, 모든 국민이 무상으로 진료를 받으며, 모든 학령(學齡) 전 아동이 무상으로 보육혜택을 받고, 대학생은 반값등록금을 내면 얼마나 좋을까? 한 발 더 나아가 노인의 틀니도 국가부담으로 하고 장례식 비용도 국가가 부담해 주면 더할 나위 없이 좋을 것이다. 그러면 재원은 어떻게 마련할 것인가? 부자와 기업에게 세금을 무겁게 매기면 된다고 할 것이다. 그래도 부족하면 어떻게 할 것인가? 국채를 발행해 '미래세대'에게 부담을 전가하면 된다? 아니면 국가신용을 담보로 국제금융기관으로부터 자금을 빌려오면 된다? 그 정도 사태에 이르면, 우리나라의 국가신용도는 이미 저만치 곤두박질쳐져 있을 것이다. 강 건너 불 보듯이 태연자약할 수만은 없다. 초기에 제동을 걸지 않으면 포퓰리즘이란 '괴물'은 무한히 팽창하게 되어 있다.

포퓰리즘에도 수요와 공급이 있다. 정치인이 공급자이고 유권자가 수요자이다. 소비자는 대가(代價) 없이 또는 비용 이상으로 혜택을 보게 되므로 수요는 한없이 커진다. 그리고 공급자도 자신의 비용부담으로 시혜를 베푸는 것이 아니기 때문에 무제한 제공가능하다고 믿는다. 포퓰리즘 공급곡선은 주어진 가격(세금)에서 무한탄력적인 수평선이 된다. 따라서 포퓰리즘은 더 큰 포퓰리즘을 부른다. 포퓰리즘에 의한 약속은 확보될 수 있는 자원으로 뒷받침된 것이 아니기 때문에 포퓰리즘 포말은 종국적으로 터지게 되어 있다.

포말이 터지기 전까지 포퓰리즘은 유권자의 마음을 움직이는 효과적인 수단이 된다. 하지만 모든 정치인이 포퓰리즘에 의지하면 사정은 달라진다. '포퓰리즘'은 '구성의 오류'(fallacy of composition)를 벗어날 수 없기 때문이다.[1] 포퓰리즘은 상대방의 어깨를 짚고 넘어야 그 '차이'만큼 효과를 볼 수 있는 일종의 '위치재'(positioning good)이기 때문에 소모적 경쟁을 부른다. 지금 여권과 야권이 벌이는 소모적 '포퓰리즘 경쟁'이 이를 웅변하고 있다. 정치인들은 자신의 재선(再選)이라는 사적 목적을 달성하기 위해 그들의 영혼을 팔고 있다. 이들은 표를 위해서라면 '대한민국의 미래'와도 바꾸겠다는 광적인 태도를 보이고 있다. 포퓰리즘의 타락에는 끝이 없다. 포퓰리즘의 끝은 '대한민국의 쇠몰(衰沒)'이다.

'요람에서 무덤까지'의 허구

포퓰리즘은 무엇인가? 학문적으로 정의하면, '원칙에 의한 정치' (politics by principle)가 아닌 '이해관계에 의한 정치'(politics by interest)

---

[1] 공연에서 관람객 한 명이 일어서면 그는 공연을 잘 볼 수 있다. 하지만 모든 관객이 다 일어서면, 일어서더라도 공연을 잘 보지 못한다. '개인의 논리'와 '전체의 논리'는 다를 수 있다.

를 의미한다.[2] 지지기반을 넓히거나 표를 구하기 위한 정치가 바로
포퓰리즘 정치인 것이다. 그래서 포퓰리즘은 '대중 인기주의 또는 인
기 영합주의'로 불린다. 그러면 포퓰리즘의 문제는 무엇인가? 우선
포퓰리즘은 '지속가능'하지 않다.

인류 역사상 가장 큰 포퓰리즘은 '공산주의 혁명'이었다. 주지하다
시피 공산주의가 완성되면 "능력에 따라 일하고 필요에 따라 분배받
는다"고 했다. 그렇게만 되면 인류는 분명 낙원에서 살게 되는 것이
다. 하지만 그 같은 정치적 선전(propaganda)은 실행가능하지 않다.
'능력에 따라 일한다는 것'은 개인이 의무를 지는 것이다. 따라서 개
인은 일의 양을 줄이기 위해 자신의 능력을 감추고자 할 것이다. 이
를 방지하려면 국가는 모든 개인의 능력을 속속들이 알고 있어야 한
다. 그러나 이는 원천적으로 불가능하다. 곧바로 '지식의 문제'에 부
딪치기 때문이다. 따라서 공산사회는 잠재적으로 생산가능한 최대량
보다 적게 생산할 수밖에 없다. 반면 '필요에 따라' 분배받기 때문에,
개인은 자신의 '필요'를 모두 드러낼 것이다. 이 경우 국가는 개인이
주장하는 필요를 부정하기 어렵다. 그리고 분배요구량은 점차 커진
다. 따라서 능력에 따라 생산한 것으로 필요에 따른 분배량을 충족시
킬 수 없게 된다. 결국 만성적인 물자부족에 부딪치게 된다. 1990년
대 소련의 붕괴와 더불어 사회주의 실험은 그렇게 허망하게 대단원의
막을 내렸던 것이다.

"요람에서 무덤까지 국가가 책임을 진다"는 슬로건 역시 '포퓰리즘'
의 전형이다.[3] 국가가 모든 국민의 삶을 무한책임진다는 데 싫어할

---

2) 뷰캐넌의 견해에 따른 것이다. 하이에크도 비슷한 말을 했다. 그는 정책은
"원칙의 문제이지, 편의의 문제가 아니"라고 했다.
3) 최근 우리나라에서 여야 간에 펼쳐지는 포퓰리즘 경쟁을 보면 "요람에서 무
덤까지"를 뛰어넘을 것 같기도 하다. "태아에서 3년상(喪)까지"가 그것이다.

국민은 없다. 하지만 국가가 무슨 능력으로 무한책임을 질 수 있는가? 사회주의를 채택하지 않은 한, 국가는 일종의 '무산국가'이다. 모든 생산자원은 궁극적으로 개인의 소유인 것이다. 국가가 가진 것은 징세권뿐이다. 따라서 국가가 책임지겠다는 것은 국민의 '형식적인 동의'를 득한 후 개인의 지갑을 임의로 열겠다는 것이나 마찬가지이다.

개인이 번 소득의 절반 이상을 국가가 가져가면 누가 열심히 일하려 할 것인가? 요람에서 무덤까지 국가가 개인의 삶을 책임지겠다면, 요즈음 유행하는 말로 '소'는 누가 키우겠는가? '요람에서 무덤까지'라는 보편적 복지의 원형인 영국의 1942년 〈베버리지 보고서〉는 2010년 캐머런(Cameron) 총리의 취임으로 종언을 고했다. 캐머런 총리가 제일 먼저 손댄 것은 영국의 '복지병'이었다. 그는 기존의 보편적 복지를 폐기하고 선별적으로 복지혜택을 주는 '복지개혁안'을 발표했다.[4] 복지개혁안의 요지는, 일하는 저소득층에 더 많은 수당을 지급해 일자리를 가진 사람이 그렇지 않은 사람보다 많은 혜택을 누리게 하고, 복지지출을 재정이 감당할 수 있는 범위 내로 제한하는 것이다. 그리고 '통합수당'을 도입해 다중수혜를 방지하고 근로 유인책을 강화하는 것이다.

《탈무드》는 지금도 살아 있는 지혜의 보고(寶庫)이다. 탈무드에는

물론 그럴 가능성은 없지만, 무상 시리즈는 종식되어야 한다.

4) 2011년 2월에 마련된 복지개혁안의 7대 원칙은 다음과 같다. (1) 일자리를 가진 사람이 더 많은 혜택을 받는다는 인식을 심어준다. (2) 근로에 대한 보상과 인센티브를 개선시켜 빈곤층을 노동시장에 참여시킨다. (3) 복지수혜자들에 대한 수당지급을 공정하게 해야 한다. (4) 빈곤아동과 무직가구수를 줄인다. (5) 복지수당 수급자격을 강화하고 저소득층의 저축증대를 이끌어낸다. (6) 복지수당 수급시스템을 개선해 과다급여 폐해를 막는다. (7) 복지지출을 재정이 감당할 수 있는 범위 내에서 제한한다. 자세한 사항은 다음을 참조. http://biz.chosun.com

"남의 자비에 의존하느니 차라리 가난을 택하는 것이 낫다"는 구절이 있다. 《탈무드》는 '자비'를 폄훼하고 '가난'을 미화(美化)시키려는 것이 아니다. 《탈무드》는 '자비'보다는 '의존'에 방점을 찍고 있다. 즉, 다른 사람의 자비에 의존하는 타성에 빠지면 인간으로서의 '존엄'을 잃을 수 있다는 경고인 것이다. 《탈무드》는 이어 다음과 같이 말한다. "남의 돈을 거저 받느니 차라리 '빌리는' 것이 낫다. 만약 거저 받으면 받은 사람은 준 사람의 '밑'에 있게 되지만, 빌리고 빌려주면 서로 '대등'해질 수 있기 때문이다."

개인이 자존과 자조의지를 잃으면 모든 것을 잃게 된다는 엄중한 경고이다. 재산을 잃으면 절반을 잃는 것이지만 자존과 자조를 잃으면 모든 것을 잃게 되는 것이다. 남의 자비에 의존토록 하는 포퓰리즘은 종국에는 인간성을 파괴시킨다.

미래세대에 '빛 대신 빚'을

우리나라의 복지예산은 현재 어떤 수준일까? 일단 통계를 인용하면 다음과 같다. 〈표 1-1〉은 2010년 예산과 2011년 예산안을 비교한 것이다. 2010년을 보면 복지 총지출은 81.2조 원이다. 이는 교육(38.3조 원)과 국방(29.6조 원)을 더한 것(67.9조 원)보다 큰 금액이다. 전체 총지출(292.8조 원)에 대비시키면 복지예산 비중은 27.7%이다. 2011년 예산안에 따르면 복지 총예산은 86.3조 원으로 2010년 대비 6.2% 증가했다. 2011년 예산 총지출은 2010년 대비 5.7% 증가했다. 분명한 '사실'(fact)은, 최근 2년간 복지지출 증가율이 전체 예산증가율보다 컸고 또한 복지지출 절대규모는 교육과 국방비 예산을 합친 것보다 크다는 것이다. 이 같은 사실에 비춰볼 때, 복지예산이 크게 과소하다고는 볼 수 없다. 하지만 보는 시각에 따라 해석은

〈표 1-1〉 2010년, 2011년 보건복지 지출 비중 비교

(단위: 조 원, %)

구 분	2010년 (A)	2011(안) (B)	증감 (B-A)	증가율(B/A)
보건·복지·노동	81. 2	86. 3	5. 1	6. 2
교육	38. 3	41. 3	3. 0	8. 0
국방	29. 6	31. 3	1. 7	5. 8
총지출	292. 8	309. 6	16. 8	5. 7

자료: 기획재정부.

천차만별이다.

좌파 지식인들은 우리나라 복지지출 비중이 선진 복지국가들에 비해 매우 취약하다고 주장한다. 2010년 기준으로 우리나라의 GDP 대비 공공복지지출 비중은 8. 9%로 2007년 OECD 평균(19. 3%)의 절반에도 못 미친다는 것이다. 그들은 우리나라는 복지선진국과 사회·경제적 여건이 다르기 때문에 직접비교가 곤란하다는 비판을 익히 알고 있다. 그들이 펴는 반박논리는 "1인당 국민소득을 통제(같게)하고" 비교해 보자는 것이다.

보건사회연구원에 따르면 우리나라의 1인당 국민소득이 1만 8천 달러대였던 2006년 GDP 대비 공공복지지출 비중은 7. 3%로 같은 국민소득대에서 북유럽(23. 8%), 프랑스·독일 등 유럽대륙(22. 0%), 영미(13. 7%) 등과 비교하면 1/2에서 1/3 수준에 불과하다. 우리나라의 복지지출 비중은 낮아도 한참 낮다는 것이다. '참여정부'의 정책실장을 지낸 경북대 이정우 교수는 "복지국가가 되려면 전체예산 중 복지예산이 차지하는 비중이 50%를 넘어야 한다며 현재 우리나라의

복지예산(27.8%)은 자랑할 것이 아니라 부끄러워해야 하는 수준"이라고 말했다. 5)

좌파 지식인들의 주장에는 '불편한 진실'이 숨어 있다. 그들은 서구의 '복지선진국'이 왜 '고부담-고복지'에서 부담과 복지를 줄이는 방향으로 'U턴하는가'에 대해서는 침묵을 지키고 있다. 뿐만 아니라 그들은 복지선진국들이 'U턴해서 돌아오는 길'을 전력질주해서 가야 한다고 주장한다.

분명한 사실은 국민소득이 커지면서 그만큼 복지여력이 커진다는 것이다. 2010년 현재 GDP 대비 9% 가까운 복지지출을 감당할 수 있는 것도 경제규모가 커졌기 때문이다. 따라서 경제규모를 키우면 정부예산 대비 그리고 국내총생산 대비 복지지출 비중은 추세적으로 증가할 수 있다. 지금 우리에게 필요한 것은 '사회안전망 강화' 또는 '취약계층에 대한 복지확충'이지 "요람에서 무덤까지"를 흉내 낸 묻지도 따지지도 않는 '보편적 복지'가 아니다. 복지가 '포퓰리즘'에 포획될 때, 국민의 자활을 돕는 '생산적 복지'는 더 이상 가능하지 않게 된다. 대신 실업은 '괜찮은 직업'이 된다. 섣부른 보편적 복지는 미래세대가 가져가야 할 경제자원을 현 세대가 강제로 빼앗아가는 것과 같다. 포퓰리즘은 미래세대의 '빛'을 '빚'으로 만들 뿐이다.

국민소득 1만 8천 달러 시대의 비교에 함정은 없는가를 생각해 보자. 우리가 1만 8천 달러 소득을 실현했을 때의 달러가치와 우리와 비교된 여타 선진국이 1만 8천 달러를 실현했을 때의 달러가치가 같은가? 전혀 그렇지 않다. 선진국이 1만 8천 달러를 실현했을 때의 가치가 훨씬 높았을 것이다. 달러도 인플레이션을 피할 수는 없다. 따라서 같은 수준에서의 비교가 아닌 것이다. 우리나라도 최근 1~2년

5) "복지예산 증가율, 현 정부 들어 한 자릿수로 급감," 〈경향신문〉, 2011년 1월 12일자.

부자감세 철회하면 반값등록금 가능한가?

반값등록금을 시행하려면 얼마의 돈이 필요할까? 전국의 대학생을 250만 명으로 잡고 등록금의 반액(2백만 원)을 매학기 정부가 보조한다면 10조 원(250만 명×2백만 원×2회/년=10조 원)이 필요하다. 소득세와 법인세 감세철회로 매년 이 정도의 재원을 마련할 수 있을지 계산해 보자.

이명박 정부 들어 시행된 소득세율 인하는 〈표 1-2〉에 정리되어 있다. 2010년에 4개의 소득구간 중 하위 3개의 소득구간에 대해 각 2%씩 감세해 주었다. 하지만 2010년 최고소득구간에 대한 감세는 2012년으로 미루었다. 이번에 열린(2011. 6) 한나라당 의원총회에서 소득구간 8천 8백만 원의 감세는 철회하기로 당론을 모았다. 2011년 9월 정기국회에서 당론대로 통과될 전망이다. 최고소득구간에 대한 감세를 편의상 '부자감세'로 보면 아직까지 부자감세는 없었던 것으로 보는 것이 정확하다. 따라서 소득세와 관련 부자감세로 세수가 줄어들었다는 주장은 객관적 사실에 근거하지 않은 정치적 공세에 지나지 않는다.

〈표 1-2〉 과표 구간별 소득세율 변화

	2008년	2010년	2012년
1,200만 원 이하	8%	6%	6%
1,200만 원 초과~4,600만 원 이하	17%	15%	15%
4,600만 원 초과~8,800만 원 이하	26%	24%	24%
8,800만 원 초과	35%	35%	33% 인하예정, 무산

자료: 기획재정부.

그렇다면 법인세는 어떠한가. 우선 법인세율 인하를 부자감세로 공격하는 것이 적절한가를 보자. 법인세는 소득세와 달리 '부의 재분배'를 위해 도입된 세금이 아니다. 법인규모에 따라 세율의 차이를 두고 있지만, 법인세는 기본적으로는 '누진적인 구조'로 짜여져 있지 않다. 따라서 법인세 인하를 놓고, 부자감세 운운하는 것은 법인세에 대한 무지를 드러낸 것이다. 또한 법인세는 이익에 의거해 부과하기 때문에, 부채에 대한 이자와 감가상각 등을 감안한 후의 이익이 부(負)의 값을 가지면 법인세는 면제된다. 따라서 세율을 높인다고 법인세를 더 거둘 수 있는 것이 아니다. 법인이 장사를 잘해 이익을 많이 내야 법인세를 더 거둘 수 있는 것이다. 또한 본문에서 설명한 바와 같이, 법인세를 높이면 배당과 급여가 줄어들기 때문에 그만큼 국세(배당소득세 및 근로소득세)가 줄어든다. 따라서 법인세율을 높이는 경우(정확히는 법인세율 인하 철회) '순수하게 증가할 것으로' 예상되는 국가 세입은 그리 크지 않을 수 있다.

우리나라의 법인세율 자체가 낮다고 하는데 과연 그런가를 보자. 선진국의 법인세 세율은, 미국은 35%로 높지만, 독일은 15%밖에 안 된다. 복지선진국으로 알려진 핀란드는 26%이다. 한국은 22%이다. 따라서 우리나라의 법인세율 자체가 낮다고 볼 수는 없다. 법인세율보다 중요한 것은 법인세가 국내총생산(GDP)에서 차지하는 비중이다. 한국의 경우는 어떠한가. GDP 대비로 보면 오히려 우리나라의 법인세 비중은 OECD 평균 이상이다. 또한 우리나라 기업은 법인세 이외에 다양한 '준조세'를 부담하고 있다. 따라서 우리나라 기업의 실제부담은 나타난 것보다 더 크다. '국내총생산 대비 법인세'의 국가간 비교는 〈표 1-3〉에 정리되어 있다.

〈표 1-3〉 국내총생산 대비 법인세 비중 국가간 비교

(2008년 현재, 단위: %)

국가	법인세/GDP	국가	법인세/GDP	국가	법인세/GDP
노르웨이	12.5	이스라엘	3.5	스페인	2.8
호주	5.9	OECD평균	3.5	폴란드	2.7
룩셈부르크	5.1	덴마크	3.4	헝가리	2.6
뉴질랜드	4.4	벨기에	3.3	오스트리아	2.5
체코공화국	4.2	캐나다	3.3	그리스	2.5
한국	4.2	스위스	3.3	슬로베니아	2.5
일본	3.9	네덜란드	3.2	독일	1.9
이탈리아	3.7	슬로바키아	3.1	아이슬란드	1.9
포르투갈	3.6	스웨덴	3.0	터키	1.8
영국	3.6	프랑스	2.9	미국	1.8
핀란드	3.5	아일랜드	2.8		

자료: *NYtimes*, 2011.5.31일자.

법인세율은 현재 전 세계적으로 감소하는 추세이다. 법인세 인하가 경제성장과 일자리 창출에 도움이 된다고 보기 때문이다. 2008년에 중국이 33%였던 법인세를 25%로 대폭 낮춘 것을 비롯해 싱가포르(18% → 17%), 홍콩(17.5% → 16.5%) 등이 법인세를 낮췄다. 2009년에는 21개국이 법인세 인하에 동참했다. 베트남(28% → 25%)을 비롯해 러시아(24% → 20%), 스페인(32.5% → 30%), 필리핀(35% → 30%), 이스라엘(29% → 26%) 등이 법인세를 인하했다. 대만은 2010년 1월 25%였던 법인세를 20%로 낮춘 데 이어 4개월 만인 5월에 다시 17%로 인하했다.

결론적으로 부자감세 철회만 하면 반값등록금이 가능하다는 일각의 주장은 예단(豫斷)으로 타당하지 않다.

사이 억대 연봉자가 크게 늘었다. 인플레이션이 진행됐고 경제규모가 커졌기 때문이다. 따라서 지금 억대 연봉과 7~8년 전의 억대 연봉을 비교하는 것은 잘못된 것이다. 구매력 자체가 다르다. 소득을 1만 8천 달러로 통제하고 비교했다지만 제대로 비교한 것이 아니다.

2. '이명박 정부 포퓰리즘'의 뿌리

　포퓰리즘은 이명박 정부의 대명사가 되어버렸다. 2007년 대선 당시 이명박 대통령 후보가 포퓰리즘의 화신이 될 것으로 예상한 사람은 없었을 것이다. 상전벽해의 충격은 여기에도 적용된다. 하지만 세상사에 우연은 없다. 현상의 기저에는 그만한 이유가 있기 마련이다. 복기(復棋)하면, 이명박 정부의 첫 단추는 '취임사'에서 잘못 끼워졌다. 취임사는 통과의례가 아니다. 재임기간 동안 국정운영의 '철학과 비전'을 밝히는 '국민과의 대화'이고 '역사와의 약속'인 것이다. 이명박 대통령의 취임사는 8,539자에 이를 만큼 방대했지만, 실은 '미사여구'였다. 취임사는 "이념의 시대는 가고 실용의 시대가 왔다"로 요약된다. 하지만 국민의 전폭적인 지지 속에 탄생한 이명박 정부가 실용주의를 말한 것은 최대의 실책이다. "원칙은 아무래도 좋으니, 실적만 올리면 된다"는 천민적 속성을 드러낸 것이다. 포퓰리즘의 씨앗은 이렇게 해서 뿌려졌다.

'5백만 표 압승'의 어두운 그림자

　취임사는, 화려한 미사여구를 내려놓고, 국민의 땀과 눈물을 주문했어야 했다. '스스로 돕는 개인'을 국가가 돕는 '자조정신'을 고무했어야 했다. 집단의 익명성에 숨지 않는 용기 있는 개인을 국가가 무한히 존중하겠다는 의지를 밝혔어야 했다. '국가개입주의'와 도덕률에 기초한 '설계주의'를 지양하고 개인의 창의와 자율을 최대한 존중하는 사회를 지향하겠다는 약속을 했어야 했다. 하지만 '우파적 이념과 가치'는 취임사 어디에도 없었다.

이명박 정부는 사려 깊지 못했고 또 오만했다. 5백만 표 차이의 '압승'은 이명박 정부에 어두운 그림자를 드리웠다. "이념을 넘어 실용으로 가자"고 해서, 좌파세력이 없어지는 것은 아니다. 맥아더 동상을 철거하려 했던 세력, 미선·효순 촛불집회를 주도했던 세력, 한미FTA를 반대하는 세력, 교원평가를 거부하는 세력은 그 자리에 엄존하고 있었다. 그들은 '저항세력'으로, 쉽게 동화될 수 있는 집단이 아니다. '고지'만 바뀌었을 뿐 '진지'는 그대로였다. 기득권화된 좌파세력은 '빈틈'만 보이면 언제든지 비집고 나올 태세였다. 하지만 이명박 정부는 "반미, 반FTA, 민감품목, 축산농가, 국민건강" 등이 중첩된 '복합의제'인 쇠고기 수입문제에 너무 쉽게 접근했다. 촛불시위의 '기회손실'은 개혁동력의 상실이다.6) 개혁동력의 상실은 '좌고우면'으로 이어졌다.

'비즈니스 프렌들리'는 이명박 정부 출범 초기의 정책 아이콘이었다. 하지만 지금 돌이켜 보면 '비즈니스 프렌들리'에 '확신과 철학'은 없었다. 기업을 독려해 '747공약'을 추진하려 했던 '실적주의'가 그 기저에 깔려 있었다. 이명박 대통령은 선거가 끝난 후 내려놓아야 할 'CEO 경제대통령'에 집착했다. '친기업'같이 특정 계층에 대한 '친'(親)은 여타 계층에 대한 '반'(反)을 시사하므로 '반시장적' 정책이 아닐 수 없다. '비즈니스 프렌들리'는 '마켓 프렌들리' 또는 '친시장'처럼 '원칙이 선 경제정책'(*disciplined policy*)으로 정제됐어야 했다.

---

6) 정부출범 3개월 만의 '정권퇴진운동'은 결코 순수한 저항운동이 아니었다. 촛불이 꺼진 것은 '촛불의 무게'를 스스로 이기지 못해서였다.

글로벌 금융위기의 발발과 정책기조의 변질

촛불이 진정되자, 2008년 3분기부터 미국발(發) 서브프라임 금융위기가 본격적으로 영향을 미쳤다. 주식시장과 채권시장에서 외화자금이 빠져나가면서, 환율은 천정부지로 올랐다. 2008년 4분기 실질국내총생산은 전기 대비 마이너스 5.6%를 기록했다. 2008년 연간 GDP 성장률은 2.2%를 기록했다. 이는 2007년 성장률의 반토막에 지나지 않았다.

미국발 금융위기로 '이명박 정부의 개혁'은 다시금 논쟁에 휩싸였다. 좌파 지식인들은 금융위기를 지렛대로 '신자유주의'를 비판했다. 외형적으로는 강만수 장관에게 포화가 집중됐지만, 실은 이명박 대통령을 겨냥한 것이었다. 야권은 이명박 대통령의 개혁과제를 'MB악법'으로 고착화시켰다. 하지만 이명박 정부와 한나라당은 'MB악법'이라는 주홍글씨를 돌파하지 못했다. 이명박 정부의 개혁의지는 급속도로 위축됐다.

미국발 금융위기는 '시장의 실패'가 아닌 '정책의 실패'였다. 금융위기는 정책실패에 대한 '시장의 응징'이기 때문에, 오히려 "시장이 작동한다"는 증거로 해석돼야 한다. 글로벌 금융위기를 계기로 금융감독의 중요성을 다시금 부각시키는 것은 타당하지만, '국가개입'을 강화하는 발판으로 삼아서는 안 된다. '우파 정부'라면 마땅히 이를 경계했어야 했다. 하지만 유감스럽게도 오히려 이명박 정부는 이를 국가개입의 발판으로 삼았다. '온정적 간섭주의'에 기초한 국가개입은 이렇게 해서 시작된 것이다. 미소금융, 햇살론, 취업조건부 학자금대출 등 '친서민정책' 등이 시행되었다.

'친기업'에서 '친서민'으로의 선회에는 2개의 요인이 작용했다. 하나는 앞서 설명한 글로벌 금융위기에 따른 경기침체이다. 그만큼 국

민의 삶이 고단해졌다. 다른 하나는 2009년 4월 29일 한나라당의 재
보선에서의 패배이다. 서민을 위무하는 '친서민적 사고'와 '친서민 모
드'가 왜 필요하지 않겠는가? 하지만 자원배분을 전제로 하는 '친서민
정책'은 신중했어야 한다. 2010년 신년도 국정연설에서 이명박 대통
령은 '친서민과 중도실용'을 강조했다. 이는 2010년 6월 지방선거를
겨냥한 것이다. 2009년 4월 재보선에서의 한나라당 패배가 '친서민정
책의 부족'에서 비롯된 것이 맞다면, 이를 교훈삼아 친서민과 중도실
용에 올인한 이후에 치러진 2010년 6월 지방선거에서 한나라당은 승
리했어야 한다. 하지만 실제로 한나라당은 참패를 면치 못했다. 정권
의 인기와 지지가 '정치자산'일 수는 없다. 인기를 위한 포퓰리즘은
오히려 더 큰 포퓰리즘을 부른다.

공정사회라는 또 하나의 포퓰리즘

이명박 정부 입장에서 '철학 부재'란 비판은 참으로 견디기 어려웠
을 것이다. 비판보다 힐난으로 들렸을 수도 있다. '공정사회론'은 이
같은 비판을 일거에 잠재울 수 있는 '회심의' 반격카드였다. 하지만
'공정사회론'은 '실용주의'만큼 또는 그 이상의 역작용을 나타냈다.

공정사회론은 태생적 한계를 갖고 있었다. 치열한 문제제기와 성
찰과정을 생략하고 '화두'로 던져졌기 때문이다. 화두가 정책이 될 수
는 없다. 화두가 지향하는 취지에 문제가 있어서가 아니다. 화두가
깊은 성찰 없이 '정책의 옷'을 입으면 졸속으로 흐를 공산이 크다. 우
리는 이미 김영삼 정부에서 유사한 경험을 했다. '세계화' 화두가 바
로 그것이다. 세계화는 '개방경제'로서의 한국경제가 지향해야 할 정
향(正向)임에 틀림없다. 하지만 섣부른 세계화는 IMF 외환위기의 빌
미를 제공했다. 공정사회론도 마찬가지다. 공정사회론은 '기회균등',

'약자에 대한 배려', '공직자에 대한 높은 도덕성 요구'보다는, 대중의
인기에 영합하는 포퓰리즘적 정책을 쏟아내는 통로로 변질됐다. 공
정사회론을 계기로 좌파 지식인은 때 아닌 호황을 맞았다. 우파 정부
여야 할 이명박 정부에서 좌파적 가치에 대한 논의가 봇물을 이루었
다. 참으로 아이러니가 아닐 수 없다.

대·중소기업 간 동반성장은 '공정사회'의 전형적인 '정치적 파생상
품'이다. 동반성장의 또 다른 뿌리는 '공동체주의'이다. 공동체주의는
빗나간 상황인식을 낳는다. 정운찬 위원장의 사고도 예외는 아니다.
그는 "1970~1980년대에 정부가 시장논리를 뛰어넘는 지원을 하지
않았다면 삼성이 지금처럼 성장할 수 있었겠냐"고 반문하고 있다. 정
부가 뒤를 봐주었기 때문에 그만큼 컸다는 것이다. 그의 논리대로라
면 삼성은 국가가 키운 '국민기업'인 것이다. 만약 정부의 전폭적 지
원으로 훌륭한 글로벌 기업을 키울 수 있다면, 그렇게 하지 않을 나
라가 어디 있겠는가? 그의 논리대로라면 '사회주의 국가'의 기업은 모
두 글로벌 기업으로 성장했어야 한다. 사회주의 국가는 그가 주장한
대로 "시장논리를 뛰어넘는 지원"을 하는 국가이기 때문이다.

좌파 지식인들은 늘 '버핏'을 인용한다. 버핏은 "개인적으로 나는
지금까지 벌어들인 돈의 많은 부분이 내가 몸담고 있는 사회가 벌어
준 것"이라고 말하곤 한다. 버핏은 시스템, 즉 '공동체'의 중요성을
웅변한 것이다. 예컨대 북한사회에서 버핏이 나올 수 없기 때문에 시
스템의 기여는 절대적이다. 하지만 시스템이 버핏에게만 호혜적으로
작용한 것은 아니다. 시스템은 구성원에게 중립적으로 작용한다. 따
라서 "시스템 덕분에 부를 축적했으니 부를 공유하자"는 주장은 논리
적으로 문제가 있다. 자신의 부를 사회에 기부하는 것은 칭송의 대상
이 된다. 그러나 기부는 개인의 '도덕적' 선택이므로, 이를 '규칙'으로
모든 사람에게 강제할 수는 없다. 정당한 근거 없이 성공한 사람의

부를 쪼개는 것은 성공 자체를 부정하는 것이다. 시스템의 생산성은 새로운 성공사례를 얼마나 더 만들어 내느냐에 달려 있다.

'인간의 이성'을 통한 시장의 대체

공동체적 사고는 또 다른 인식오류를 범할 수 있다. 기업가정신에 대한 이해부족이 그것이다. '나눔경영'은 결국 누가 경영해도 그만큼의 성과를 낼 수 있으니, '신비의 장막' 뒤에 숨지 말고 나와 '같이 나누라'는 것이다. 성공한 기업은 나름대로 기업가정신이 있었기 때문이다. '기업가정신'은 작위적으로 만들어지는 것이 아니다.

공정사회론은 사전적으로 의도하지는 않았지만 결과적으로 반시장적 정책접근을 낳았다. 동반성장위원회의 탄생이 그것이다. 참여정부의 아이디어와 전혀 다를 바 없다. 정부는 '동반성장위원회'로 하여금 '동반성장지수'를 개발하게 하고, 대기업에 대해 동반성장 이행실적을 평가해 이를 공개하겠다는 것이다. 평가순위를 공개하겠다는 것은, 대기업을 한 줄로 세우겠다는 것이다. 그러면 뒤에 서게 되는 기업은 동반성장에 별반 관심을 갖지 않은 '악덕기업'으로 비춰질 수밖에 없다. 반(反)기업정서를 다시 불러들이게 된다.

대기업과 협력사의 '초과이익공유제'는 황당하기까지 하다. '이익공유제'는 '이익사유화'를 대척점에 놓고 있다. 이익을 '공동의 노력'으로 얻은 '같이 나누어야 할 공동재원'으로 왜곡시키고 있다. 이익은 혁신과 시장에서의 위험부담 행위에 대한 정당한 '대가'인 것이다. 정당한 대가를 갖지 못하게 하면 시장은 이내 질식된다. 기업은 이익이 아닌 성과를 나누어야 한다. 소비자에게 물건 값을 할인해 주고 협력업체와 공동으로 기술개발을 하는 것은 성과를 나누는 한 예이다. 성과를 나누는 것도 기업의 자율적인 판단에 기초해야 한다. 국가가 개입할 일은 아니다.

'중소기업 적합업종지정'도 심각한 문제를 안고 있다. 우선 진입장벽으로 중소기업과 대기업의 시장을 인위적으로 분할해 동반성장을 이루겠다는 발상 자체가 시대 역행적이다. 그리고 '적합업종 지정제도'는 논리적으로 자가당착이다. 중기 적합업종이 진정 존재한다면 정부가 개입할 필요는 전혀 없다. 업종 특성상 중소기업이 맡는 경우가 더 효율적이고 생산적이라면 대기업은 자연스럽게 경쟁에서 밀려날 것이다. 논리적으로 중소기업 적합업종에서 최적자(fittest)인 중소기업이 퇴출될 수는 없을 것이다. 그럼에도 퇴출됐다면, 중소기업에 적합하지 않은 업종에 종사했거나 업종은 적합했지만 기업의 역량이 부족했기 때문일 것이다. 어느 경우에도 제3자가 개입할 이유는 없다. 결국 '중기 적합업종'은 작위적인 개념이다.

상생협력과 동반성장의 중요성을 부정할 사람은 없다. 문제는 '어떻게'라는 방법론이다. 공정사회론에 뿌리를 둔 좌파적 방식으로는 절대 상생협력을 이룰 수가 없다. 대·중소기업 간 클러스터 경쟁력이 중요한 글로벌 경제에서 대기업만으로 할 수 있는 것은 아무것도 없다. 대기업과 협력업체는 기업 생태계의 틀 안에서 이미 원원(win-win)의 이해관계를 갖고 있기 때문에, 상생협력을 통한 동반성장은 이해당사자의 자율에 맡겨져야 한다. 각양각색의 협력방안이 경합을 벌여야 한다. 그러면 성공사례는 자연스럽게 시장에 확산된다.

국가의 관료가 기업에게 이것은 중소기업의 몫이고 저것은 대기업 몫이라고 지정하고, 대기업으로 하여금 이익의 일부를 중소 협력업체와 나누도록 강제한다면, 이는 '인간의 이성'으로 시장질서를 대체하겠다는 것과 마찬가지다. 국가개입은 오히려 '동반성장의 다양한 경로'를 차단할 수 있다.

3. 만악(萬惡)의 근원으로 왜곡된 '신자유주의'

한국사회에서 '신자유주의'(*neo-liberalism*)는 부지불식간에 참으로 고약한 단어가 되고 말았다. 만악의 근원으로 왜곡된 것이다. 2011년 봄 카이스트에서 자살사건이 잇따르자 대자보가 붙었다. "대학 당국의 신자유주의 정책에 반대한다"는 것이 요지이다.

카이스트의 '신자유주의 반대' 대자보

카이스트는 국가가 투자한 특수목적의 단설대학으로 모든 학생은 장학금 혜택을 받는다. 서남표 총장은 깐깐한 조건을 붙였다. 전액 면제하던 학비를 학점에 따라 일부 부담토록 했고 모든 강의를 영어로 진행하게 하고 학사운영을 강화했다. 세계 일류대학을 지향했기 때문이다. 학생 입장에서는 스트레스를 받을 만하다. 따라서 얼마든지 '서남표식 개혁'에 반대할 수도 있다. 하지만 '신자유주의'가 등장한 것은 억지이다. 대자보의 논리대로라면 '신자유주의'가 성적에 따라 수업료를 내게 했고 영어로 강의하게 했고 학사운영을 강화하게 한 것이다. 더 나아가 앞날이 창창한 엘리트를 죽음으로 몰고 가게 한 것이다.

국가로부터 장학금을 받는다는 것은, 국민세금으로 공부를 한다는 것이다. 당연히 '세금 값'을 해야 한다. 그렇지 않으면, 장학금 혜택만 받고 공부는 대충 편하게 하겠다는 것이나 마찬가지다. 대자보에서 말하는 '신자유주의 반대'에서 신자유주의는 '경쟁'을 의미한다. 하지만 카이스트에서 경쟁의 의미는 일반적 경쟁과 다르다. 상대방과 경합해 이기는 것이라기보다 국가로부터의 혜택에 '책임'지는 것이다.

42

혜택의 수혜자격을 '충족'시키는 것이다. 경쟁을 거부하겠다는 것은
혜택만 받겠다는 것이다.

'신자유주의' 반대는 카이스트 학생들의 지지를 받지 못했다. 카이
스트는 대한민국 최고의 지성이 모인 집단임을 스스로 보인 것이다.
'신자유주의 반대'라는 억지논리는 그렇게 세를 잃었다.

좌파 지식인에 의한 '신자유주의' 폄훼

자유주의(*Liberalism*)는 '자유로움'을 뜻하는 라틴어 'liber'에서 유래
되었다. 자유주의는 로크(Locke)적 전통에 따라 '개인적 자유의 실현'
을 최우선으로 하는 이념적 조류 및 그러한 이념과 결부된 운동을 의
미한다. 경제적 자유주의는 자유로운 인간의 '사적 소유'에 바탕을 둔
자발적인 교환체계인 자유시장 경제체제를 옹호한다. 하지만 자유주
의가 '고전적 자유주의'와 '신자유주의'로 명확히 구분되는 것은 아니
다. 그 기저의 철학적, 경제사상적 토대가 변하지 않았기 때문이다.

'신자유주의'는 레이건과 대처 집권 이후, 반(反)자유주의자들이
자유주의에 대한 그들의 불신을 나타내기 위해 붙인 '프레임'에 지나
지 않는다. 7) '신자유주의'는 좌파 지식인에 의해 부정적으로 왜곡되
었다. 경쟁만을 미화하고 찬양하며, 노동을 착취하고 환경을 파괴하
며, 피도 눈물도 없는 때에 따라서는 사람을 죽음으로도 몰고 갈 수
있는 질곡(桎梏)으로 묘사되고 있다. 최근 '반값등록금' 투쟁도 그렇

---

7) 레이건과 대처 집권 이후 자유주의는 "작은 정부, 규제완화, 민영화"로 정형
   화됨으로써 '시장만능주의'로 왜곡 해석되었으며, 제3세계에는 '워싱턴 컨센
   서스'(*consensus*)를 바탕으로 한 대국의 논리로서 제국주의의 또 다른 변형
   으로 인식되었다. 자유주의는 국내적으로는 강자의 탐욕충족을 정당화시키
   는 이념으로, 국가간에는 빈국을 영원히 빈국으로 남게 하는 패권주의로 매
   도되었다.

다. 대학등록금이 올라간 것도 대학이 상업적 이익을 챙겼기 때문이며, 그 기저에는 '신자유주의'가 똬리를 틀고 있다는 것이다. '반값등록금' 촛불시위의 피켓이 이를 잘 보여주고 있다. 신자유주의를 증오하기 이전에 신자유주의와 대학등록금을 굳이 연결시키려는 세력이 의도하는 것이 무엇인가를 간파할 필요가 있다.

'신자유주의'를 간단하게 정의하기는 쉽지 않다. 하지만 '작은 정부와 큰 시장'을 중시하는 경제사상으로 규정하면 큰 무리는 없다. 신자유주의는 경쟁을 중시하고 개인의 선택과 그 결과에 대한 책임을 강조한다. 우선 '경쟁'을 보자.

경쟁은 우리를 힘들게 하지만, 역설적으로 경쟁 때문에 우리는 매

〈그림 1-1〉 신자유주의 반대라고 쓴 구호 앞의 사과박스

사에 최선을 다하게 된다. 또한 경쟁은 '자신에게 맞는 길'을 찾아주는 길잡이가 된다. 우리는 시행착오를 통해 자신의 길을 찾을 수밖에 없다. 그렇다면 오히려 시행착오는 경쟁을 통해 얻은 '반면교사'로서의 귀한 자산이 아닐 수 없다. 위대한 사상가 '하이에크'(Hayek)가 경쟁을 '발견적 절차'(process of discovery)로 정의한 것도 이 때문이다.

또한 개인의 선택과 그 결과에 대해 책임을 중히 여기는 것은 당연한 일이다. 자신의 결정에 대한 책임은 그 개인에게 귀속된다. 그렇기 때문에 우리는 신중하게 판단하는 것이다. 그리고 경쟁사회에서 부자는 이웃이 원하는 것이 무엇인지를 빨리 포착해 이를 효율적으로 제공한 사람이다. 부는 그 사람의 신분에 의해 결정되지 않는다. '부자로의 길'은 누구에게나 열려 있다. 하지만 부자는 언제든지 부를 잃을 수 있다. 경쟁에 기초한 자유주의 사회는 계급사회와 평등사회가 누릴 수 없는 역동성을 지녔다. 이 같은 시각에서 신자유주의는 시장경제를 떠받치는 철학적 사상적 토대인 것이다. 인류문명이 이만큼 발전한 것도 '자유와 시장'이라는 큰 원칙을 견지했기 때문이다.

신자유주의가 '양극화'의 주범이라고?

'신자유주의'에 대한 작위적 왜곡은, 최근의 소득 양극화가 신자유주의 때문에 야기되었다는 주장에서 절정을 이룬다. 신자유주의가 가난한 사람을 더욱 가난하게 그리고 부자를 더욱 부자로 만든다는 것이다. 누군가 자신의 부(富)를 뺏어갔기 때문에 자신이 가난하다고 믿게끔 하는 주술(呪術)이 그 안에 내재되어 있다. 이러한 의미에서 '신자유주의'는 양극화와 더불어 적개심을 불러일으키는 악마화(demonize)의 대상이 되었다. 신자유주의는 좌파 지식인에 의해 경제 용어가 아닌 정치용어가 돼버렸다.

양극화는 중산층이 얇아지는 현상이다. 중산층의 붕괴는 근래 우리 정부가 택한 경제정책 때문이 아니다. 중산층의 붕괴는 한국뿐만 아니라 선진국의 공통적인 문제이다. 미국, 영국 등도 모두 같은 문제로 고민하고 있다. 미국이 2008년 글로벌 금융위기 이후 거의 무한정에 가까운 돈을 쏟아 붓고도 아직 경기회복이 궤도에 오르지 못한 것은 고용이 회복되지 않았기 때문이다. 영국도 높은 실업률로 골치를 썩이고 있다. 양극화의 원인은 정보통신의 발달에 따른 '생산구조'의 변화와 세계경제의 글로벌화에 따른 '국제분업'의 심화에 있다. 경제가 산업화 단계를 넘어 지식기반 사회로 발전할수록 전문서비스와 같은 3차 산업의 비중이 커지면서 고부가가치를 창출할 수 있는 기회가 '소수에게' 집중된다. 거기에 임금이 비싸지다 보니 제조업이 중국 등으로 이동해, 전통적인 블루컬러의 소득기회가 그만큼 줄어들었다. 중산층이 얇아질 수밖에 없는 구조이다.

하지만 세계의 생산기지 역할을 수행하는 중국, 멕시코, 브라질 등에서는 중산층이 빠르게 두터워지고 있다. 한국도 1990년 초반부터 IMF 외환위기 이전까지 세계의 생산기지 역할을 할 때 중산층이 두터워졌다. 양극화를 극복하기 위해서는 교육혁신을 통해 지식기반 사회에 걸맞은 인력을 양성하고 낙후된 서비스산업의 부가가치를 높여야 한다. 양극화를 해소하기 위해서는 패러다임 변화에 걸맞은 '정책사고의 전환'이 요구된다. 국가개입에서 양극화 해소의 해법을 찾으려는 것은 양극화의 원인을 제대로 진단하지 못한 것이다.

'신자유주의 왜곡'이 앗아간 소비자 이익

앞서 설명한 바와 같이 '신자유주의'와 '양극화'는 무관하다. 일반국민은 이를 모를 수 있다. 그러나 추론하건대 정치인과 관료는 이를 모를 리 없다. 외면하는 것이 자신들의 이해관계에 부합하기 때문에 짐짓 그렇게 행동할 수는 있다. 양극화를 줄인다는 명분으로 그들은 여러 가지 시장 간섭적인 규제와 법을 도입한다. 그리고 자신의 논리를 강화하기 위해 신자유주의를 '생사여탈의 치열한 경쟁'으로 교묘하게 왜곡시킨다. 무한경쟁의 와중에 죽어나가는 약자를 보호하기 위해서 '경쟁을 일부 제한해야 한다'는 논리가 자연스럽게 펼쳐진다.

기업형 슈퍼마켓(SSM) 규제가 그 사례이다. 주지하다시피 대기업 유통체인이 들어와 중소상인들의 삶의 터전을 빼앗아간다는 것이 규제의 배경이다. 하지만 문제는 간단하지 않다. 우선 SSM 규제의 '기회비용'을 누가 짊어지는가를 점검해 볼 필요가 있다. 지역상권을 위해서 국민들은 고비용을 지불하면서 불편하게 살아야 하는지, 유통산업의 근대화는 뒤로 미루어도 되는지를 고민해야 한다. SSM 규제의 수혜자는 골목상권의 예컨대 담배 가게 같은 영세상인들이 아니라, 제법 규모를 가진 중간규모의 슈퍼마켓 주인이라는 사실이다. 이들은 자신들의 이익을 위해 규제당국을 '포획'한 것이다. 또 다른 비근한 사례로 대기업 유통업체가 만든 5천 원짜리 '통큰 치킨'을 들 수 있다. 통큰 치킨의 판매가 중단되면서 가장 큰 혜택을 본 업자들은 '프랜차이즈'에 가맹한 치킨점이다. 가장 큰 손해를 본 쪽은 소비자, 그 중에서도 긴 줄을 참고 기다릴 용의가 있는 저소득층 서민들이다.

위의 두 사례는 '경쟁'을 보호한 것이 아니라 '경쟁자'를 보호한 것이다. 중간규모의 슈퍼마켓 주인과 프랜차이즈 가맹점은 '사회적 약자'가 아닐 수 있다. 미래를 위해서라면 당연히 고비용 유통구조와 낙후된 상권을 근대화해야 한다. 정부 개입의 최대 피해자는 '소비자'이다. 생산자간의 치열한 경쟁은 궁극적으로는 소비자의 선택을 받기 위해서이다. 정부가 나서서 경쟁을 제한하면, 그 피해는 고스란히 소비자에게 돌아온다.

대기업이 중소기업의 영역을 침범하지 말아야 한다는 주장도 이와 무관하지 않다. 울타리를 쳐 대기업이 중소기업의 영역에 들어오지 못하게 해야 한다는 것이다. '중소기업 적합업종'의 정책사고가 그것이다. 앞서 설명했듯이 중소기업 적합업종제도는 논리적으로 '자가당착'이다. 중소기업 적합업종이 진정으로 존재한다면, 정부가 개입할 필요가 없기 때문이다. 선험적으로 중소기업 적합업종을 구분하는 것은 불가능하다. 중소기업 적합업종제도는 결국 정부관료 또는 전문가로 구성된 위원회가 "이것은 누구의 몫이다"를 일일이 지정해 줘야 작동가능하다. 시장이 아닌 '이성의 힘'으로 이를 구분하는 것은, 경제에 정치논리를 개입시키는 일이다. 중소기업 적합업종제도는 기본적으로는 경쟁을 제한하는 제도이기 때문에 반드시 관련업계와 이익단체의 로비를 부르게 된다. 적합업종 기준요건을 맞추기 위해 기업조직을 중소기업에 맞게 기형적으로 변형시킬 수도 있다.

중소기업 적합업종제도의 취지는 궁극적으로는 중소기업의 경쟁력을 배양하겠다는 것일 게다. 이러한 경쟁력 제고는 맞지만 시장을 분할해 대기업을 배제해야 중소기업의 경쟁력이 올라갈 거라고 보는 것은 타당하지 않다. 경쟁력을 키우는 것은 보호와 장벽을 통한 경쟁의 규제가 아닌 이를 철폐한 경쟁을 통해서인 것이다. 경쟁력을 키우기 위해 경쟁을 규제한다는 것은 수영을 가르치겠다고 하면서 물에 들어가지 못하게 하는 것과 같은 행태이다.

SSM 규제와 중소기업 적합업종지정제도는 찬찬히 살펴보면 숫자상의 우위를 점하는 '사회적 약자'의 손을 들어 준 것이다. 그 뒤에는 정치적 지지라는 '표의 거래'가 암묵적으로 숨어 있다. 경쟁을 제한해 스스로를 '사회적 약자'로 자임하는 다수를 보호하겠다는 것은 '포퓰리즘의 전형'이 아닐 수 없다. 그들은 진정한 의미에서 사회적 약자가 아니다. 그들에겐 소비자가 안중에 있을 리 없다. 소비자 이익은 철저하게 뒷전으로 밀린다. 하지만 소비자는 이 같은 숨은 그림을 찾지 못한다. "강한 골리앗을 규제해 약한 다윗을 도와야 한다"는 좌파 지식인의 이분법적 프레임에서 빠져나오지 못하기 때문이다. 포퓰리즘은 이렇게 소비자의 이익을 앗아간다.

'국가개입주의' 부활의 망령

글로벌 금융위기 이후의 새로운 경제질서로 '뉴 노멀'(New Normal)에 대한 논의가 부쩍 활발해졌다. 새로운 경제질서는 새로운 패러다임을 뜻한다. 따라서 뉴 노멀은 진행형이다. 아직은 원형질에 가깝다. 그럼에도 좌파적 시각에서 '국가개입' 강화를 위한 준거틀로 선점하려는 일단의 움직임이 보인다.

뉴 노멀은 논리적으로 그와 대비되는 '올드 노멀'을 필요로 한다. 글로벌 스탠더드가 작위적으로 그 자리를 메우고 있다. 글로벌 스탠더드는 '신자유주의'로 분식(粉飾)된다. 여기에 '워싱턴 컨센서스'8)가 더해지면 강자의 탐욕 충족을 위해 빈국(貧國)을 영원히 빈국으로 남게 하는 패권주의로 변모한다.

글로벌 스탠더드는 정보통신혁명에 의해 추동됐다. 글로벌화는 국경을 넘어 지구촌을 지향하는, 비유하자면 '운동장'을 넓게 쓰는 것이기 때문에 '표준'을 필요로 한다. 기업이 실제로 이익을 내고 있는지, 금융회사의 부실대출 규모는 얼마인지, 투자환경이 좋은지 나쁜지를 나타내는 정보가 표준화될 때 비로소 소통이 가능하다. 글로벌 스탠더드는 투명성과 설명책임성(accountability)을 제고시켰다. 시장이 보다 효율적으로 작동함으로써 중국 등 많은 나라가 부를 축적했다. 글

---

8) 미국 정부와 IMF 등이 주도하는 시장질서를 의미한다.

로벌 스탠더드는 시스템으로서의 훌륭한 기여를 해냈고 지금도 여전히 작동한다.

뉴 노멀은 글로벌 금융위기를 시장실패로 규정하고 국가의 시장개입을 정당화시킨다. 그러나 시장실패만으로는 글로벌 금융위기의 빌미를 제공한 '비이성적 과열'(irrational exuberance)을 설명할 수 없다. 금융위기로 '인간의 합리성'을 전제한 주류경제학이 종언을 고했다는 주장도 설득적이지 않다. 왜 갑자기 비합리적인 행태를 보였는지 설명해야 하기 때문이다. '합리적'은 주어진 정보와 지식에 국한된 제한된 합리성을 뜻한다. 모든 사람이 같은 방향으로의 실수를 동시에 저질렀다면 이는 정책실패를 반영한다.

미국의 유력지 〈포린 폴리시〉는 '2010년 10대 빗나간 예측' 1위로 '2010년 하반기 미국 실업률 개선'을 선정했다. 빗나간 예측 1위는 '확신편향'을 의미한다. '케인스 경제학'을 신봉한 버락 오바마 미국 대통령은 실업률 감소를 철두철미 믿었을 것이다. 오바마 대통령이 유세에서 부르짖은 '변화'(change)는 "이성을 통한, 즉 정부조직을 통한 시장개입"에 다름 아니다. 그는 대통령에 취임하자마자 미증유의 확장적 재정정책을 폈지만 경기부양에 실패했다. 오바마 대통령은 2010년 중간선거 패배 이후 재계와의 자리에서, 미국의 성공을 이끄는 제 1엔진은 정부가 아니라 '기업인의 창의성'이라는 의미심장한 말을 남겼다.

뉴 노멀이 정착되는 과정에서 '시장주의'와 '국가개입주의' 간의 치열한 패러다임 경쟁이 일어날 것으로 예측된다. 여기서 "제도가 현실을 개조하는 것이 아니라 현실이 제도를 선택한다"는 하이에크의 예지를 받아들일 필요가 있다. 경제적 번영을 가능하게 하는 체제가 승자가 될 것이다. '뉴 노멀'은 미지의 얼굴이다. 따라서 미국발 글로벌 금융위기가 케인스의 국가개입주의를 불러들이는 통로가 되어서는 안 된다. 글로벌 금융위기의 성격을 차분하게 살필 필요가 있다. 후술하겠지만 글로벌 금융위기는 '시장실패' 이전에 '정부실패'와 '정책실패'의 성격이 짙다. 정부실패와 정책실패가 국가개입주의를 불러들이는 발판이 된다면 이는 '역설'이 아닐 수 없다.

별 생각 없이 던지는 '시장실패'란 말과 시장규율에 대한 신뢰부족이 포퓰리즘의 비옥한 토양을 제공한다. 포퓰리즘은 '본래의 시장'이 아닌 '정치시장'에서 만들어진다. 이처럼 포퓰리즘은 국가의 '온정적 개입주의'에서 출발한다. 이는 위민(爲民)으로 포장한 '정치적 이익추구'에 다름 아니다. 국가개입주의를 경계해야 하는 진정한 이유가 바로 여기에 있다.

'시장실패'로 오도된 '2008 글로벌 금융위기'

미국발 글로벌 금융위기는 2008년 10월 투자은행 '리먼브러더스'의 파산을 계기로 현재화(顯在化)되었다. 9) 금융위기는 전 세계를 강타했고, 우리나라도 외국자본이 빠져나가는 등 위기의 징후가 곳곳에서 포착되었다. 이명박 대통령은 글로벌 금융위기를 전대미문의 위기로 규정하고, 청와대 지하 벙커(war room)에 '비상경제대책회의체'를 구성하고 위기극복에 나섰다. 2008년 글로벌 금융위기는 이미 1997년에 IMF 외환위기를 경험한 한국 국민에게는 또 다른 공포(트라우마)로 다가왔다.

그러나 찬찬히 들여다보면 2개의 위기는 성격이 판이하게 다르다.

---

9) '현재화'란 표현을 쓴 것은, 미국발 글로벌 금융위기가 이미 2007년 여름부터 그 조짐을 보였기 때문이다. 서브프라임 부실채권 문제는 2007년 여름에 수습할 수 있는 임계수준을 넘었기 때문에, 금융위기는 이미 예정된 길을 가고 있었다.

1997년 외환위기가 우리의 귀책사유에 의한 '실화'(失火)였다면, 2008년 금융위기는 미국의 실화가 우리나라에 '옮겨 붙은' 것이다. 오히려 2008년 금융위기는 우리나라를 한 단계 도약시킬 수 있는 기회이기도 했다. 한국이 'G20 의장국'으로 선임된 것도, 위기의 진앙지가 미국과 서유럽이었기에 가능한 것이었다. 하지만 2008년 글로벌 금융위기로 서민의 삶은 고단해졌다. 전 세계적으로 경기침체가 확산되었기 때문이다. 경기침체기에 치러진 선거(2009년 4월 29일 재보선)에서 여당이 승리하기란 어렵다. 뚜렷이 민심이 이반되어서가 아니다. 그러나 이명박 정부는 재보선 패배를 계기로 '정책기조'를 180도 바꾸었다. '친서민, 중도실용'으로의 정책기조 변화는 자연스럽게 '온정적 간섭주의'를 낳았고 '포퓰리즘'으로 이어졌다.

포퓰리즘이 확산된 데에는 글로벌 금융위기를 '시장의 실패'로 규정하고 이를 계기로 국가개입주의를 강화하려는 좌파적 정책사고가 현실적으로 세를 얻었기 때문이다. 시장은 부자를 더욱 부자로 가난한 사람을 더욱 가난하게 하기 때문에, 정부의 '보이는 손'이 시장에 개입해야 한다는 것이다. 국가개입주의는 표를 쫓는 정치인의 '운신의 폭'을 넓혀줌으로써 포퓰리즘에 이르게 된다. 미국발 금융위기가 '시장실패'로 인한 것이었는지 여부를 세심하게 짚어볼 필요가 있다.

글로벌 금융위기의 원인과 전개과정

글로벌 금융위기는 '시장의 실패'인가? 아니다. 차라리 '정책실패', 그리고 '정부실패'에 가깝다. 따라서 시장실패는 '오도'된 것이다. 우선 시장실패를 주장하는 국가개입주의자들의 논리를 들여다 볼 필요가 있다.

그들의 논리는 2개의 연결고리로 되어 있다. 금융위기는 '시장에서 나타난 실패현상', 즉 '시장의 실패'이고 따라서 시장을 중시하는 이념의 실패, '신자유주의'의 실패라고 한다. 정책처방은 간명하다. 국가의 개입을 통해 시장의 탐욕을 제어해야 한다는 것이다. 여기서 '시장실패'의 어법에 유의해야 한다. 함정이 숨어 있기 때문이다. 모든 실패는 시장에서 목도된다. 따라서 시장에서 관찰되는 실패를 '시장실패'로만 돌릴 수는 없다. 도리어 실패를 시장에서 관찰할 수 있다는 것은 "시장이 제대로 작동하고 있다"는 증거이다. 10) 그럼에도 많은 사람들이 '시장의 실패'에 동조하는 이유는 무엇인가? 이유는 간단하다. 논리정연해서가 아니라 '대중이 반길 만한' 이야기가 거기에 들어있기 때문이다.

미국발 금융위기는 '자가(自家)소유사회'라는 '좌파적 평등주의'에 그 뿌리를 두고 있다. 11) 자가소유사회는 '누구나 집을 가질 권리'가 있다는 것이다. 집을 갖고 못 갖고를 시장이 판단했다면 문제는 없었다. 하지만 '누구나 집을 가질 수 있다'는 평등주의의 확산으로 집을 가질 능력이 되지 못하는 가구가 너도 나도 집을 산 것이 화근이었다. 이처럼 글로벌 금융위기는 '인기영합적 정책사고'에서 비롯되었다. 두 번째 요인은 '주택포기 면책'(*walk-away*)의 '도덕적 해이'이다. 미국에서는 집값이 담보대출 이하로 떨어지는 경우, 집을 포기하면 대출상환의무가 없어진다. 따라서 악착같이 은행 빚을 갚을 이유가 없다. 이는 '자기책임원리'에 어긋난다. 세 번째 요인은 '지역재투자법'(CRA: *Community Re-investment Act*)이다. 지역재투자법은 미국판

---

10) '실패'의 본래적 의미는 정책당국의 정책의도가 사후적으로 실현되지 않았음을 의미한다. 미국의 금융당국이 자국의 금융위기를 꾀할 리는 없다. 저금리를 통해 경기를 진작시키려 했던 '사전적 의도'가 '거품형성과 거품붕괴'라는 원하지 않은 결과를 낳았기 때문에, 논리적으로 정책실패가 맞다.

11) 클린턴 민주당 출신 대통령 당시 '자가소유사회'가 태동되었다.

'지역균형발전' 전략이다. 예컨대 예금을 A지역에서 받았으면 일정비율을 A지역에 대출하라는 일종의 칸막이식 금융규제이다. 금융자원이 그 지역을 벗어나지 못하니, 부적격자에게 대출이 흘러갈 공산이 그만큼 컸다.

금융건전성에 대한 감독체계의 부분적 불비(不備)도 문제를 키웠다. 미국은 수신(受信)기반 금융기관은 엄격히 규제했지만 '투자은행'(Investment Bank)에 대해서는 불간섭을 원칙으로 하였다.[12] 이는 불문법 국가의 전통이기도 하다. 문제가 된 파생금융상품의 경우 미국은 우리나라와 같은 '자산유동화 법률'이 없는 대신 '바젤 2'를 통해 대체규제해왔다. 투자은행이 지나치게 차입비율(레버리지)을 높여 스스로를 위험에 과다노출시킨 것은 사실이었다.

좌파 지식인들은 신자유주의에 편승한 규제완화로 시장에 무한대의 자유를 주었기 때문이라고 주장한다. 하지만 이는 과장된 것이다. 금융산업은 기본적으로 '규제산업'이다. 신자유주의도 '건전성 금융규제'의 필요성을 부정하지 않는다. 규제완화가 아닌 '규제불비'로 파생상품을 규제하지 못한 것이다. 규제불비는 명백한 '정책실패'이다. '월가 탐욕'이 글로벌 금융위기를 가져왔다는 주장은 정책실패를 감추고 대중의 가슴에 호소하는 포퓰리즘적 공격에 지나지 않는다.[13] 또한 2008년 글로벌 금융위기는 2001년 이후 미국 금융당국이 인위적으로 금리를 낮추었기 때문에 추동된 것이다. 〈그림 1-2〉는 2000년 이후 미국의 연방기금금리(연준금리), 경제성장률 그리고 주택가격지

---

12) 수신기반 금융기관은 예금자의 예금을 기초로 자산을 운영하는 상업은행을 말한다. 반면 투자은행은 예금 이외의 방법으로 필요자금을 조달하는 비(非)수신기반의 금융기관을 말한다.

13) '월가의 탐욕'을 부정할 수는 없지만 문제의 본질이 아니다. 위기를 증폭시킨 요인에 지나지 않는다. 대중의 분노를 진정시킬 분출구를 '월가의 탐욕'에서 찾고자 한 것이다.

수를 표시한 것이다. 〈그림 1-2〉는 미국발 금융위기의 전개과정을
함축적으로 나타내고 있다.

'자가소유'의 포퓰리즘과 인위적 저금리

미국 정부는 2000년 5월 벤처거품이 꺼지고 2001년 9·11테러 사
태를 겪으면서 경기가 침체되자 연방기준 금리를 연 1%까지 내리면
서 주택경기를 띄웠다. 집값이 오르자 모두 앞다퉈 낮은 금리로 은행
돈을 빌려 집을 사고, 이에 따라 집값이 다시 오르는 현상이 벌어졌
다. 미국의 주택담보대출 업체들은 이런 분위기 속에서 신용도가 낮
은 사람들(sub prime, NINJA: no income, no job, no asset)에게도 상대

〈그림 1-2〉 미국의 경제성장률, 연방기금금리 및 주택가격지수 추이

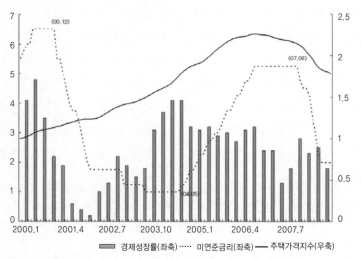

자료: 한국은행 해외통계 DB 및 케이스·쉴러 주택가격지수.

적으로 높은 금리에 대출을 하기 시작했다. 이들이 빚을 못 갚으면
담보로 잡은 집을 팔면 된다는 계산이었다. 그 같은 상황에서 2005년
미국 중앙은행(FRB)은 주택경기 과열을 억제하고 외국에서 투자한
돈이 빠져나가는 것을 막기 위해 금리를 올렸다. 그러자 집값 거품이
빠지고 주택담보대출 연체율이 치솟기 시작했다. 집값이 담보가치
이하로 떨어지면서 돈을 빌려줬던 모기지 업체의 손실이 급속히 불어
났다.

　주택가격 하락이 주택담보 대출을 받은 사람과 모기지 업체의 부실
로 끝났다면 문제는 증폭되지 않았다. 그런데 문제는 여기서 그치지
않았다는 것이다. 모기지 업체들이 이미 주택을 담보로 내준 대출을
갖고 또 담보로 채권을 발행했기 때문이다. 이것이 주택저당채권
(MBS)이다. 주택저당채권을 산 금융기관(투자은행 등)은 이런 채권
을 여러 개 모아 또 다른 채권으로 만들어 팔기도 했다. 이것이 '부채
담보증권'(CDO)이다. 담보는 원래 하나였는데, 담보를 담보로 꼬리
에 꼬리를 무는 식으로 금융상품이 생겨났고 이 상품이 유럽을 포함
해 전 세계 금융회사에 팔려 나갔다. 미국의 주택 버블이 꺼지면서
주택담보대출을 받았던 사람들이 빚을 갚지 못하게 되자 꼬리에 꼬리
를 물고 부실도 전염됐다.

　채권을 샀던 헤지펀드와 투자은행들도 돈을 돌려받을 수 없게 되거
나, 원금보다 적은 돈만 돌려받게 되면서 손실이 나기 시작했다.
2007년 2월 영국의 HSBC가 모기지사업 관련 손실규모를 발표하면서
서브프라임 모기지 부실사태가 본격 촉발됐다. 미국 금융계를 이끌
었던 투자은행(IB)들도 서브프라임 모기지에 관련된 투자손실을 이
겨내지 못하면서 파산하기 시작했다. 미국 5위 투자은행인 베어스턴
스가 서브프라임 모기지 관련 손실로 자금난에 시달려 오다 2008년 3
월 미국 상업은행인 JP모간체이스에 매각되었고, 2008년 10월 미국

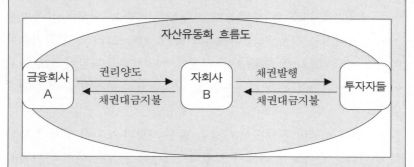

금융회사 A는 주택담보대출을 전문으로 하는 금융기관으로, 주택을 담보로 100명에게 1억 원씩 100억 원을 대출해 주었다고 가정하자. 금융회사 A는 만기가 되면 이자와 원금을 회수하게 된다. 이를 뒤집어 보면, 100억 원의 돈이 만기까지 묶인다는 것이다. 따라서 금융회사 A는 자금을 조기에 회수하고자 한다. 그래야 추가대출을 할 수 있기 때문이다. 자금을 조기회수할 수 있는 방법 중 하나가 '대출자산을 유동화'하는 것이다.

원리는 간단하다. 첫째, A가 자회사 B를 설립한다. 둘째, 자회사 B에 원금 100억 원짜리 주택담보대출에 관한 권리를 모두 넘긴다. 권리를 양도한 것이다. 이렇게 되면 자회사 B는 100억 원 대출에 대한 권리를 소유한 우량한 회사가 된다. 셋째, 자회사 B가 이제 100억 원짜리 담보대출에 대한 권리를 담보로 1장 가격이 1억 원인 증권을 100장 발행한다. 이러한 증권을 '자산이 뒤에 있다'는 의미에서 '자산담보부증권'(asset backed securities)이라고 한다. 증권을 사들인 투자자가 100명이라면 이들 투자자들은 각각 1억 원 대출에 대한 원리금과 이자를 받을 수 있는 권리를 보유하게 된다.

대출 100억 원에 대한 권리는 처음에는 금융회사 A에 있었는데 그 권리가 따로 떼어져서 자회사 B에 넘어가고 다시 담보부증권 발행과 거래를 통해 투자자 100명에게 넘어간 것이다. 결국 투자자들이 낸 증권대금 100억 원은 자회사 B에 지급되고 이 돈은 자산을 맡긴 금융회사 A로 다시 역류하여 흘러들어가 A는 대출을 조기회수한 효과를 거둔 것이다. 최초 주택을 담보로 대출받은 100명이 갚는 대출이자와 원금은 투자자 100명에게 흘러들어간다. 만기에 증권 매수자들은 원금과 이자를 모두 회수하게 된다.

자산유동화와 관련된 위험요인

'자산유동화'는 이처럼 권리를 '증권화'해 시장에 '미리' 파는 것이다. 이제 상황을 좀 복잡하게 만들어 보자. 주택을 담보로 대출받은 100명 중 대략 5명 정도가 원리금을 제대로 갚지 못할 것으로 예상된다고 가정하자. 즉, 파산율을 5%로 가정한 것이다. 이 경우 담보부증권 발행은 복잡해진다.

만일 담보부 증권이 100장 발행되었는데 최초 대출자 중 5명이 원금을 못 갚으면 돈은 95억 원밖에 회수되지 못한다. 증권은 100장인데 회수금은 95억 원이므로 장당 0.95억 원씩 돌아가게 되어 원금손실 가능성이 생긴다. 원금손실 가능성이 생기면 투자자들은 이 증권을 사려고 하지 않는다.

이때 좋은 방법이 하나 있다. 최초 대출자로부터 회수할 것으로 기대되는 95억원 정도의 자금을 기본으로 증권을 '두 종류' 발행하는 것이다. 바로 '선순위'와 '후순위' 채권이다. 이를 CMO(collaterized mortgage obligation) 구조라 한다. 이제 자회사 B가 선순위 채권 95장과 후순위 채권 5장을 발행한다. 투자자 100명 중 95명은 선순위 채권을 샀고 5명은 후순위 채권을 샀다고 하자. 예상대로 최초 대출자 중 5명이 파산하여 95억 원의 자금만 회수되었다면, 선순위 채권을 산 투자자 95명에게 우선적으로 1억 원씩 배분된다. 후순위 채권을 산 투자자는 아쉽게도 한 푼도 못 받는다. 그러나 만일 예상과 달리 파산자 숫자가 4명이 되어 96억 원이 회수되면 어떨까. 96억 원 중에서 95억 원이 우선적으로 선순위 채권 95명에게 1억 원씩 배분되고 남은 1억 원은 후순위 채권을 산 5명에게 골고루 나누어 배분된다. 즉, 후순위 채권 보유자 5명이 각각 2천만 원씩 받게 되는 것이다.

문제는 채권가격이다. 선순위 채권은 매우 우량하다. 100억 원 중 95억 원만 회수되어도 선순위 채권 투자자에게는 원금 1억 원이 확실하게 들어온다. 따라서 선순위 채권은 우량채권에 준하는 가격을 받을 수 있다. 문제는 후순위 채권의 가격이다. 이 채권은 겉으로는 채권으로 보이지만 이를 사들이는 것은 일종의 도박(high risk)이다. 만약 연체자(파산자) 숫자가 5명 이상이면 후순위 채권 보유자는 한 푼도 못 받는다. 그러나 연체자가 5명 미만이면 큰돈을 벌 수 있다. 만일 4명만 파산하고 96억 원이 회수되면 1인당 2천만 원까지도 돌아온다. 후순위 채권이 천만 원이라면, 96억 원이 회수되기만 해도(4명 파산) 2천만 원이 들어오니 수익률은 100%이다. 말 그대로 '대박'이다. 하지만 '쪽박'

도 찰 수 있다.

미국의 서브프라임 모기지 사태 뒤에는 후순위 채권이 있다. 신용도가 떨어지는 고객에게까지 주택담보대출이 이루어졌고 이처럼 파산위험이 높은 대출을 포함한 대출자산이 한 묶음이 되어 자회사로 양도되고 이를 기초로 선순위채와 후순위채가 발행된 것이다.

정상적인 펀드들은 이런 후순위 채권을 사지 않는다. 그러나 먹이사슬의 마지막에서 위험을 소화해 내는 헤지펀드들 중 일부는 이런 고수익을 기대하면서 후순위 채권을 인수한다. 투자은행 '베어스턴스'의 헤지펀드가 바로 후순위채에 해당하는 채권을 사들여서 고수익을 노리다가 상황이 악화되면서 파산에 이른 것이다.

3위 투자은행인 메릴린치가 5백억 달러의 헐값에 뱅크오브아메리카 (BoA)에 팔렸다. 그리고 같은 달, 4위 투자은행인 리먼브러더스가 파산하면서 투자은행으로 대표되는 미국 금융산업 전체가 벼랑 끝에 몰렸다. 5대 투자은행 중 3개가 사라진 것이다.[14) 직접 손해를 보지 않은 금융회사들까지도 부실이 어디에 숨어 있는지 몰라, "돈을 빌려주면 받지 못할 수도 있다는 생각"에 금융기관간의 거래도 위축되기 시작했다. 신규대출을 꺼리는 것은 물론이고 이미 대출해 준 돈까지 거둬들이기 시작했다. 금융시장의 '자금가뭄'이 미국뿐 아니라 전 세계로 퍼져나갔다. 이것이 한없이 복잡해 보이는 미국발 금융위기의

---

14) 2008년 9월 들어서, 국책 모기지 업체인 패니메이와 프레디맥이 도마 위에 올랐다. 미 정부는 양 기관에 각 천억 달러의 구제금융을 단행해 불을 껐다. 미국 정부는 2008년 9월 19일 7천억 달러의 구제금융을 투입해 금융회사들의 부실채권을 매입하는 '긴급경제안정법'(Emergency Economic Stabilization Act of 2008. EESA)을 마련했다. EESA는 서두에서 "재무부가 미국 금융계의 유동성과 안정성을 회복하기 위해 사용할 권한과 기반을 즉각적으로 제공하기 위한 것"이라고 입법취지를 밝히고 있다.

전모인 것이다.

결국 미국발 금융위기 요인은 두 가지로 좁혀진다. '정치적 포퓰리즘'과 '인위적 저금리'가 그것이다. 신용도가 떨어져 대출이 이루어지지 않아야 할 계층(서브프라임)에게까지 대출이 이루어진 것은 금융소외계층도 '주택에 대한 동등한 권리'를 가져야 한다는 정치적 '포퓰리즘'이 작용했기 때문이다. 또한 주택가격에 거품이 형성되었다가 붕괴된 것은 정책당국이 '인위적인 저금리 정책'을 폈기 때문이다. 미국발 금융위기는 '시장의 실패'와는 무관한 것이다. 15)

---

15) 인위적 저금리는 자금을 쓰는 쪽(기업)에게는 '보조금'을, 자금을 공급하는 쪽(가계)에게는 '세금'을 부과하는 것과 마찬가지이다. 저금리의 결과 기업의 불필요한 투자가 일어나게 되고, 또한 가계의 과소비가 부추겨진다. 따라서 저금리는 당장은 경기를 부양하는 효과를 가지지만, 그에 상당하는 부작용을 배태시킨다. 인위적 저금리에 따른 거품형성과 붕괴에 대해 자세히 알고자 하는 독자는 오스트리아학파의 경기변동론을 참고하기 바란다.

60

4. 복지국가 스웨덴에 대한 오해

　스웨덴은 좌파 경제학자들에 의해 단골로 인용되는, 한국경제가 닮아야 할 벤치마크 대상이다. 최근 장하준 교수의 《그들이 말하지 않는 23가지》에도 스웨덴은 '꿈의 나라'로 등장한다. 그 논거는 크게 두 가지다. 파업으로 지새우던 나라가 사회적 대타협을 통해 정치적 안정을 찾았다는 것, 그리고 높은 복지에도 불구하고 오히려 높은 복지 때문에 미국보다 높은 경제성장을 누리고 있다는 것이다. 스웨덴, 노르웨이, 핀란드 등 복지제도가 잘 갖춰진 국가들이 이른바 '미국의 신경제(르네상스)'라 불리는 1990년 이후에도 미국과 비슷한 성장을 하거나 심지어 더 빠른 성장을 할 수 있었다고 장하준은 주장한다.
　하지만 스웨덴의 실제 역사는 좌파 경제학자의 설명과 다르게 전개되었다.[16) 19세기 중반 이후 100년간 스웨덴의 성장은 자유주의 경제 때문에 가능했다.[17) 그리고 장기간에 걸친 경제성장으로 복지제도의 물적 토대를 갖추게 되었다. 본격적인 복지제도는 1970년대 이후 20년 정도 지속되는데, 그 기간 동안 스웨덴은 저성장으로 몸살을 앓는다. 다시 성장의 계기를 찾은 것은 1990년대 초반 경제위기를 탈출하기 위해 각종 신자유주의 정책을 채택하면서부터이다.
　〈표 1-4〉는 1870년부터 20세기 말까지의 각 나라별 재정의 비중을 보여준다. 스웨덴은 1864년부터 자유주의 경제체제를 택했다. 1870년 경제성장을 시작할 당시 스웨덴의 경제규모에 대한 재정비중은 5.7%로서 세계 어떤 나라보다 작은 상태였다. 7.3%의 미국보다 더

---

16) 2011. 6. 27일자 〈데일리언〉, 김정호의 "스웨덴 복지병 대수술"을 참조하였다.
17) Economics 101: Learning From Sweden's Free Market Renaissance, http://www.youtube.com

〈그림 1-3〉 스웨덴식 복지모형을 상징한 인터넷 화면 캡처

〈표 1-4〉 GDP 대비 정부지출 비율

(1870~1996, 단위: %)

국가	1870	1913	1920	1937	1960	1980	1990	1996
프랑스	12.6	17.0	27.6	29.0	34.6	46.1	49.8	55.0
독일	10.0	14.8	25.0	34.1	32.4	47.9	45.1	49.1
이탈리아	13.7	17.1	30.1	31.1	30.1	42.1	53.4	52.7
일본	8.8	8.3	14.8	25.4	17.5	32.0	31.3	35.9
스웨덴	5.7	10.4	10.9	16.5	31.0	60.1	59.1	64.2
스위스	16.5	14.0	17.0	24.1	17.2	32.8	33.5	39.4
영국	9.4	12.7	26.2	30.0	32.2	43.0	39.9	43.0
미국	7.3	7.5	12.1	19.7	27.0	31.4	32.8	32.4

자료: Tanzi and Schuknecht(2000), table 1.1, "D. Lal, Reviving the Invisible Hand, Princeton University Press, 2006"에서 재인용.

낮았다. 그런 상태에서 스웨덴은 급속한 경제성장을 시작했다. 그러던 스웨덴에 복지제도가 들어오기 시작한 것은 1932년부터였다. 급속한 경제성장에 따른 복지제도 도입과 함께 사회주의 세력이 득세하게 되고 1932년 드디어 사회민주당이 집권했다. 그것이 스웨덴 복지제도의 시발점이다. 하지만 사회민주당도 그후 40년간은 적극적인 복지정책을 펴지는 않는다. 그렇게 1970년까지 스웨덴은 고속성장을 지속한다.

성장에 문제가 생기기 시작한 것은 1970년대 철저한 복지제도가 들어오면서부터이다. GDP에 대한 재정지출의 비중은 급격히 늘기 시작했다. 1980년 정부재정의 비율은 국내총생산의 60%에 달함으로써 공산주의 국가를 제외하고는 가장 높았다. 세금이 급속히 늘어나 일부 부자들에게는 한계세율이 100%에 이르는 지경이었다. 이 무렵 기업에 대해서도 개입정책이 강화되어 기업을 보호하고 보조금을 주는 정책들이 본격적으로 시행되었다. 수입에 대한 제한조치들이 등장하고 노동자들에 대한 보호조치도 강화되었다. 1970년대 이후 20년간 스웨덴은 명실공히 복지천국으로 치달았다. 그 결과 근로의욕은 감퇴하고 투자는 사라졌으며 실업은 늘어났다. 신생기업도 거의 생기지 않았다. 스웨덴의 50대 기업 중 오직 한 기업만이 1970년대 이후에 등장했다. 소득은 성장한 것이 아니라 오히려 뒷걸음질쳤다. 경제활력 상실로 스웨덴은 급기야 1992년에는 외환위기에까지 몰리게 된다.

문제를 인식하기 시작한 스웨덴 정부는 1980년대 말부터 대대적인 구조개혁 작업에 착수한다. '복지병'에 메스를 대기 시작했다. 구체적으로 복지혜택 및 재정축소, 감세, 공적 연금의 부분 민영화, 바우처 제도에 의한 공립학교 선택제 등 파격적인 자유주의 개혁조치 등이 도입되었다. 최근에는 대대적인 민영화에도 착수했다. 스웨덴은 경제위기의 과정에서도 경제의 자유도를 늘린 손에 꼽히는 나라 중의 하나였다. 좌파 경제학자들이 즐겨 내놓는 1990년대 이후 스웨덴의 고속성장은, '복지의 결과'가 아닌 외환위기 이후에 이어진 '자유주의 개혁'의 성과물인 것이다.

보편적 복지, 그 치명적 유혹

복지논쟁은, 복지는 '배려'인가 아니면 '권리'인가에 대한 질문으로 압축될 수 있다. 전자를 취하면 '선별적 복지'를, 후자를 취하면 '보편적 복지'를 견지하게 된다. 예산제약이 뒤따르지 않는다면, '보편적 복지'를 복지정책의 근간으로 택하지 않을 이유가 없다. 하지만 현실은 예산제약이 따른다. '보편적 복지'를 실현하기 위해서는 '고부담-고혜택'의 조합을 택해야 한다. 고혜택은 국가에의 의존을 타성화시킬 위험이 높다. 그리고 고부담은 세율을 높여 '근로유인'을 크게 떨어뜨린다. 따라서 '고부담-고혜택'은 지속가능하지 않다. 이는 앞서 살핀 스웨덴의 예에서도 찾을 수 있다.

만약 대학 성적평가에서 'A학점과 F학점'을 없앤다면 어떤 일이 벌어질까? 아무리 놀아도 F학점을 면할 수 있다면, 그리고 아무리 열심히 해도 A학점을 받을 수 없다면, 누구도 열심히 공부하지 않을 것이다. F학점이 없어졌으니 성적에 스트레스를 받지 않고 더 열심히 공부할 것이라고 주장한다면, 이는 궤변에 지나지 않는다. 모든 종교에는 지옥 또는 지옥에 해당되는 '처벌'이 항시 존재한다.

보편적 복지를 주장하는 쪽의 논리는 강한 흡인력을 갖고 있다. 복지는 결코 진영 논리일 수 없으며 성장과 복지도 이분법적일 수 없다는 것이다. 장기적으로는 서로 보완적이라는 것이다. 공동체에서 소외된 경제적 약자를 확실히 보듬는 '원칙이 선 자본주의'(*disciplined*

64

capitalism) 가 요구된다는 것이다.

그러나 설득력이 큰 그만큼 반론의 여지도 크다. 우선 복지수요를 한껏 수용하는 것이 능사는 아니다. '기준과 자격'을 정하지 않고, 말 그대로 '묻지도 따지지도 않고' 복지를 베푼다면 정작 복지혜택을 받아야 할 취약계층이 복지혜택에서 소외되거나 아주 형식적인 혜택만 받을 수도 있다. 관점을 달리하면, 복지수요를 조절함으로써 '지속가능한 복지사회'를 구축하는 것이 진정한 '원칙이 선 자본주의'인 것이다. 복지의 생산성은 자격과 기준을 정할 때 비로소 담보된다.

우리나라는 경제규모가 세계 14위이지만, 1인당 국민소득은 2만 달러로 50위권에 머물고 있다. 2만 달러로 4만 달러의 복지를 누릴 수는 없다. 저출산, 고령화로 현행 복지제도를 유지한다고 가정해도 복지수요는 팽창하게 돼 있다. 뿐만 아니라 통일에도 대비해야 한다. 오히려 지금은 성장잠재력을 높이는 데 정책초점을 맞춰야 할 때다. 우리에게 필요한 것은 '무상복지'가 아닌 '복지확충'이며, 사회안전망의 사각지대를 없애고 복지재원을 효율적으로 집행하는 것이다.

포퓰리즘은 민주주의가 타락하면서 나타난 현상이다. 무상복지론도 그 연장선에 있다. 보편적 복지는 미래세대에게 부당한 짐을 지우거나 그들이 가져가야 할 경제자원을 강제로 빼앗는 짓이다. 보편적 복지라는 '치명적 유혹'의 끝은 자명하다. 그렇기 때문에 무상복지라는 '괴물'을 굶겨야 한다(*Starve the beast*). 모든 특혜를 배제하고, 짊어진 만큼 누리는 원칙을 받아들임으로써 '포퓰리즘'이라는 음지에 시장의 햇볕을 비춰야 한다.

제2장

집단주의에 갇힌 개인의 자유와 책임

권혁철·우석진*

1. '개인'보다 앞서는 '집단'은 없다

다이어트는 왜 그렇게도 어려울까?

우리 인간들에게 있어 다이어트는 무척이나 힘든 고난의 길이다. 우리나라에서도 다이어트 열풍이 불고 있지만, 다이어트에 성공했다는 사람을 보는 것은 매우 드물다. 다이어트에 성공한 사람이라면 유명인이 되어 다이어트 성공비법을 전수한다는 명목으로 큰돈을 벌기도 한다. 수없이 많은 사람들이 다이어트에 성공했다는 사람의 조언을 듣고 그들의 방식을 따라하지만, 성공하지 못하는 사람들은 여전히 부지기수이고, 이들은 또 다시 다른 사람의 조언에 따라 또 다른 방식의 다이어트에 나선다. 다이어트 '열풍'이라고 부를 정도로 그렇게 열심히 노력을 하는데도 살이 빠지지 않고 오히려 자꾸 살이 찐다고 고민하는 사람들을 주위에서 심심치 않게 볼 수 있다. 이른바 '요

---

* 권혁철: 자유기업원 시장경제연구실장.
  우석진: 명지대 경제학과 조교수.

요현상'이라고 하여 살이 일시적으로 빠졌다가도 곧 다시 살이 전보다도 더 많이 찌는 악순환을 반복하는 경우도 있다. 다이어트는 왜 그렇게 어려운 걸까?

결론부터 말하자면 우리 인간의 몸 자체가 다이어트와는 어울리지 않는 신체구조를 갖고 있기 때문이다. 즉, 인간의 몸 자체가 살이 잘 찌는 구조로 짜여 있기 때문이다. 물만 먹어도 살이 찐다는 말이 있는데, 사실 우리 몸은 그렇게 생겼다고 보면 된다. 왜냐하면 우리 인간의 유전자가 우리에게 음식을 보면 더 이상 먹지 말아야 함에도 불구하고 '먹어' '먹어' '먹어' 하고 자꾸 부추기고, 유혹하기 때문이다. 인간의 신체구조는 그렇게 생겨먹었다. 그러다보니 그렇게도 살을 빼고 날씬해지고자 하는 그 수많은 사람들의 땀과 눈물과 한숨을 불러 오게 된다.

현대 인류의 몸은 여전히 원시인의 몸

우리 신체구조가 그렇게 생겼고, 따라서 다이어트가 뼈를 깎는 고통을 통해서도 잘 성공하지 못하는 이유는 다음과 같다. 인류는 수백만 년의 세월을 거치며 진화하고 생존해왔다. 인류라는 새로운 종이 진화하는 데는 2백만 년의 세월이 필요했고, 인류는 그 가운데서 약 10만 년 정도를 살아왔다. 그 엄청나게 긴 세월 가운데 '오늘은 먹을 것이 있을까', '오늘도 굶고 넘어가는 게 아닐까'를 고민하고 걱정하지 않고 산 기간이 과연 얼마나 될까를 생각해 보면, 우리 인간의 신체가 어떤 상황에 잘 적응하도록 되어 있는지 쉽게 상상이 갈 것이다.

우리 인류는 수십만 년 동안 항상 굶주림에 시달려왔다. 먹을 것이 귀했던 것은 물론이고 창고나 냉장고와 같은 보존방법도 없었던 시절에 어쩌다 사냥이나 채집이 잘되어 먹을 것이 생기면 우선 많이 먹어

야 했다. 그리고 먹은 것이 지방 등으로 우리 몸에 축적이 잘되어 있
어야 다음 먹을 것이 생길 때까지 생존할 수 있었다. 그렇지 못한 신
체구조를 가진 자들은 생존하기 어려웠을 것이다. 먹을 것이 생기면
무조건 많이 먹고, 그 먹은 것이 몸속에 차곡차곡 잘 저장되는 인간
은 생존했고, 그렇지 못한 인간은 굶주려 죽었다. 즉, 현재 우리를
있게 만든 우리의 조상들은 많이 먹고 살이 잘 찌는 체질을 가진 사
람들이며, 그들의 몸을 우리가 물려받은 것이다.

항상 먹을 것을 찾고 굶주림에 시달리던 인류가 배고픔을 면한 것
은 이제 불과 1~2백 년이다. 우리나라의 경우만 본다면 그 기간은
이제 겨우 몇십 년에 불과하다. 이제 우리는 아침, 점심, 저녁을 충
분히 먹는 것은 물론이고 간식에 야식까지도 챙겨 먹는다. 더 먹고
싶으면 얼마든지 더 먹을 수 있는 시대가 되었다. 이 풍요의 시대에
우리 몸도 그에 맞춰 필요한 만큼만 먹고 그칠 수 있도록 빨리 변화
가 되면 좋겠지만, 생물학적 진화는 그렇게 빨리 이루어지지 않는다.
아침, 점심, 저녁에 간식에 야식까지 부족함 없이 먹을 수 있게 된
현대인이지만 우리 몸은 여전히 과거의 배고팠던 시절의 생존방식을
계속하고 있다. 그래서 몸이 시키는 대로 먹다보면 살이 찌고 비만이
될 수밖에 없게 되어 있다.

비만이 여러 가지로 좋지 않다는 것을 알면서도 음식섭취를 줄이고
다이어트를 하는 것이 그다지도 어려운 이유가 여기에 있다. 매 끼니
를 걱정하며 먹을 것을 찾아 헤매야만 했던 원시인의 몸이 명령하는
그 본능을 극복해야만 다이어트는 가능한 것이다. 그러니 다이어트
가 그렇게도 어려울 수밖에 없다.

사람들은 본능적으로 개인과 경쟁을 거부한다

'시장경제', '경쟁', '개인'이라는 단어를 들으면 기분이 어떤가? 한편 '연대', '단결과 협동', '공동체'라는 단어를 들으면 기분이 어떤가? 우리는 경쟁이나 개인, 시장이라는 말을 들으면 굉장히 차가운 느낌을 받으며 왠지 모를 거부감을 느낀다. 반면에 연대, 단결과 협동, 공동체라는 말을 듣게 되면 무언가 가슴이 따스해지는 느낌을 받는다. 다시 말해 시장과 경쟁, 개인이라는 단어는 우리에게 생소하고 낯설고 거북한 반면, 연대, 협동, 공동체라는 단어는 우리에게 매우 친숙하고 반가운 것들이다.

사람들이 두 부류의 단어에 대해 그렇게 달리 느끼는 것은 우리 인간이 본능적으로 반시장주의자이자 반개인주의자이며, 집단주의자이고 공동체주의자이기 때문이다. 다이어트가 인간의 본능을 뛰어넘어야 가능하듯이 충분한 학습과 깊은 사고를 하지 않고는 인간 DNA에 내재되어 있는 집단과 공동체에 대한 이 인간의 본능적 애정을 뛰어넘을 수 없다. 그리고 대부분의 사람들은 극히 개인적인 생업과 직접 관련이 있는 경우를 제외하면 학습과 심사숙고라는 수고를 하려 하지 않는다. 여기에 많은 비용이 들기 때문이다.

거의 모든 판단의 준거는 학습과 사고의 결과가 아닌 본능과 직관에 맡기고 있다. 시장이나 경쟁보다는 국가의 개입이나 상생을 강조하고 개인의 책임보다는 집단이나 사회의 책임을 강조하며, 삶의 문제를 개인의 책임이 아닌 집단책임으로 해결하고자 하는 복지국가 정책들이 큰 호응을 얻는 이유가 바로 여기에 있다. 대부분의 정부나 정치꾼들이 연대, 협동단결, 공동체를 강조하며, 어쩌다 시장이나 경쟁을 언급해야 할 때에는 '따뜻한 시장경제'니 '인간의 얼굴을 한 자본주의'니 등 수식어를 붙여 부르곤 하는 게 다 이런 이유 때문이다.

그들은 인간의 머리가 아닌 가슴, 이성이 아닌 인간의 원시적 본능에 호소하는 것이 사람들의 지지를 얻을 수 있는 아주 손쉽고도 효과적인 수단임을 잘 알고 이를 착실히 실행하고 있다. 우리는 이런 정치꾼들을 포퓰리스트라고 부른다.

23시 57분에 나타난 시장경제와 개인

그렇다면 인간의 본능은 왜 이렇게 형성되었을까? 우리 인간이 경쟁과 개인, 시장에 대해 거부감을 보이는 반면에 연대와 협동, 단결, 공동체 등의 단어에 대해서는 친숙함과 편안함을 느끼게 된 이유도 앞서의 다이어트의 경우와 다르지 않다.

수백만 년의 인류역사 속에서 국가의 통제나 명령 대신 시장이, 연대나 협동 대신 경쟁이, 그리고 국가나 집단 대신 개인이 전면에 등장하여 역할을 한 기간은 얼마나 될까를 생각해 보자. 인류역사를 24시간으로 환산할 경우 시장이나 경쟁이 나타난 시간은 23시 57분이라고 한다. 즉, 우리 인류는 24시간 가운데 23시간 57분 동안을 원시공동체 속에서 협동과 단결, 개인이 파묻힌 공동체 속에서 살았던 셈이다. 이때 인간에게 있어 굶주림과 짐승이나 외적에 대한 공포를 극복할 수 있는 유일한 길은 그들이 혼자가 아니라는 사실이었다. "원시인들은 집단 전체의 힘으로 자연 속에 있는 적대세력과 싸워나갔다. 그들은 뭉치기만 하면 자연에 대항할 만한 거인이 될 수 있다는 생각을 가졌다. 따라서 집단의 단결과 생존을 보호하는 것을 최우선 과제로 하였다. … 그들에게 자기 자신을 의미하는 '나'는 없었다"(공병호, 《시장경제란 무엇인가》, p. 143).

24시간 중 23시간 57분 동안을 원시공동체 속에서 단결과 협동, 연대를 생명처럼 여기며 살던 인류가 최근인 마지막 겨우 3분의 기간만 시장과 경쟁, 개인을 경험하고 있는 것이다. 당연히 우리의 인지구조는 단결과 협동, 공동체라는 단어에는 친숙하게 반응하지만, 시장과 경쟁, 개인에는 반감을 느끼지 않을 수 없게 만들어져 있다. 아무리 현대인이라 하더라도 수십만 년 동안 공동체와 단결이 몸에 새겨진 인간이기에 시장경제와 경쟁, 그리고 개인의 주도적 역할을 접하면서 당혹감과 거부감을 느끼는 것은 그야말로 지극히 '인간적'인 반응이다. 우리 현대인의 인지구조는 원시인의 그것에서 그다지 멀리 나와 있지 않은 것이다.

원시본능은 언제든 출몰하여 우리의 발목을 잡으려 하고 포퓰리스트들은 자신들의 이익을 위해 철저하게 그것을 이용하려 한다. 하지만 그런 사회는 정체되거나 퇴보했다는 것을 역사는 잘 보여준다. 반면에 시장과 경쟁, 그리고 개인이 주체적으로 활약하면서 인류는 비약적인 발전을 이루었다. 자신의 삶을 집단이 아닌 개인이 책임지는 것은 원시본능을 극복한 문명인의 징표이다.

2. '내 인생은 나의 것' 당당하게 외치자

사우디로 갈까, 시청 앞 광장으로 갈까?

여기 집안사정이 어려운 사람들이 있다. 취업도 어렵고, 어렵사리 취업을 해도 벌이는 그다지 시원치 않다. 아이들은 커가고 집안에 돈 들어갈 일은 많아지는데, 이 난국을 어떻게 타개해야 할지 고민에 휩싸인다. 무언가 돌파구를 마련해야만 한다.

이런 고민 끝에 어떤 사람들은 '열사(熱砂)의 나라' 사우디아라비아나 중동에 건설근로자로 간다. 뜨거운 태양 아래 구슬땀을 흘리며 1년이고 2년이고 귀국도 하지 못한 채 열심히 일을 하며 돈을 번다. 이들이 돌아올 때쯤이면 꽤 많은 돈이 저축되어 남의 도움 없이도 스스로 일어설 수 있는 기반이 마련된다. 혹은 어떤 사람들은 집안사정의 어려움을 해소하고 보다 나은 미래를 위해 독일에 광부로 또 간호사로 건너간다. 이들 중에는 대학교육을 받은 사람들도 상당수 있다. 말도 제대로 통하지 않는 곳에서 시커먼 흙먼지를 뒤집어쓰고 갖은 궂은일을 하면서도 보다 나은 미래를 꿈꾸며 구슬땀을 흘리면서 일한다. 열심히 일한 대가로 기반을 잡아 귀국한 사람들도 있고, 독일에 계속 머물며 자리를 잡고 살아가는 사람들도 있다.

다른 일단의 사람들은 돌파구를 다른 곳에서 찾는다. 이들은 사우디아라비아를 비롯한 중동이나 독일 같은 곳으로 가서 구슬땀을 흘리며 궂은일이나 험한 일을 할 생각이 전혀 없다. 대신 이들은 시청 앞 광장으로 몰려간다. 그들이 하는 일이란 피켓을 들고 목청을 돋우는 일이 전부다. '내 아이 밥값 내놓아라', '내 아이 보육비 내놓아라', '내 아이 교육비 내놓아라', '내 등록금 내놓아라', '내 일자리 내놓아라', '내 의료비 내놓아라', '내 노후보장비 내놓아라' 등 온통 무언가를 내놓으라고 목청을 높이고 가끔은 촛불도 든다. 그러면 일단의 포퓰리스트 정치꾼들이1) 만면에 웃음을 머금고 등장해서는 '밥 공짜', '보육비 공짜', '교육비 공짜', '등록금 공짜', '안정된 고연봉의 일자리 제공', '의료비 공짜', '노후보장 공짜'를 해주겠다고 꿀 발린 약속을 한다.

전자(前者)는 누구이고, 후자(後者)는 누구인가? 전자도 후자도 모두 우리 한국 사람들의 모습이다. 전자는 얼마 전까지의 우리 모습이었고, 후자는 현재의 우리 모습이다. 전자는 자신의 삶을 스스로의 힘으로 개척해 나갔던 용감한 우리들의 모습이었고, 후자는 자신의 삶조차도 스스로 책임지지 않으려는 비겁자로 전락한 우리들의 모습이다. 전자는 사회발전의 동력인 '근면', '성실', '자립', '책임'과 같은 이른바 '사회적 자본'(social capital)이 충만하던 역동적인 시절의 우리들의 모습이었고, 후자는 이런 사회적 자본이 빠르게 소진되어 어떻게든지 타인에 의존해 살려는 현재의 우리들의 비겁한 모습이다.

대한민국은 지금 '복지천국'으로 가고 있다

현재 우리사회에서 벌어지는 복지관련 논란을 정리해보면 대한민국이 어디를 향해 가는지 그림이 그려진다. 사회 일부에서 요구하고, 정치권이 호응하면서 착착 진행되는 그 지향점은 대체로 다음과 같다.

---

1) 미국 국방부장관이었던 슐레진저(James R. Schlesinger)는 정치를 잘한다는 것은 사기를 잘 치는 것이라면서 이렇게 말했다. "정치를 잘하려면 일반 납세자들로 하여금 군소리 없이 세금을 내게 만들고, 또 손을 내미는 유권자들에게 적절히 배분함으로써 최대의 지지표를 얻어내야 한다. 유권자들의 지지를 얻어내는 과정을 보게 되면 정치란 잘 계산된 속임수의 예술인 셈이다. 아니 좀더 정확히 말하자면, 정치를 잘한다는 것은 잡히지 않고 사기를 잘 치는 일이다"(James Schlesinger, "Systems Analysis and the Political Process," *Journal of Law and Economics*, Oct. 1968, p. 281).

　아이는 태어나기도 전 엄마 뱃속에 있을 때부터 사회의 무한 보살
핌을 받는다. 무료 태아검진을 비롯한 태아를 위한 각종 지원과 혜택
이 있다. 아이가 태어나면 또 갖가지 지원을 사회로부터 받는다. 출
산축하금부터 시작하여 무상보육의 혜택을 받는다. 교육도 유치원부
터 고등학교까지 무료이고, 대학도 최소한 반값등록금 아니면 무료
로 다닌다. 대학을 나와 취업할 때가 되면 모든 취업자들이 정규직에
고연봉의 취직을 한다. 비정규직이나 낮은 연봉의 일자리는 존재해
서는 안 되기 때문이다. 취업을 못한 사람이 있거나 연봉이 적은 사
람이 있으면 그들에 대해 사회가 무거운 책임감을 느껴야 한다. 혹시
일이 잘못되어 실업자라도 되면 실업급여를 충분히 받아 실업에 대한
아무런 근심걱정이 없다.

　결혼하게 되면 신혼부부들을 위한 집이 충분히 마련되어 있으니 집
걱정으로 결혼을 미룰 이유가 없다. 모든 가정은 집을 한 채씩은 보
유하고 있다. 반값에 1가구 1주택이 보장되기 때문이다. 생활이 어
려운 사람은 공적 부조를 통해 충분히 '인간적인' 생활을 할 수 있고,
1년에 최소 1~2회는 기분전환 겸 여행을 다녀올 수 있도록 여행경비
도 대준다. 어디가 아프면 언제나 무료로 병원치료를 받을 수 있다.
정년퇴직을 해서 연금을 받을 나이가 되면 그동안 마련한 연금이 노
후를 충분하게 대비해준다. 혹 연금을 준비하지 못했다면 노인수당
을 받아 편안한 노후를 즐길 수 있다. 개인은 일체의 위기나 위협에
대해 걱정할 필요가 없고, 국가가 '무한돌봄', '무한책임'을 진다. 인
생 전체가 장밋빛이며, 그야말로 복지천국이다.

복지천국? 돈은 누가 내나?

몇 년 전 모 신문사에서 설문조사한 내용이 있는데, 그 결과가 아주 흥미롭다. 크게 두 가지 질문이었는데, 첫 번째 질문은 이렇다. "우리나라에서 복지제도를 크게 확충해야 한다는 요구가 많은데, 이에 대해 찬성하십니까?" 응답자 중 절대다수가 찬성한다고 대답했다. 흥미로운 것은 두 번째 질문이다. "복지제도를 확충하기 위해서는 당신이 세금과 복지부담금 등을 더 내야만 합니다. 그래도 복지제도 확충에 찬성하십니까?" 이 설문에 대해 응답자의 절대다수가 '반대'라고 대답했다. 내가 돈을 내서 하는 복지는 반대이지만, 내가 아닌 다른 사람들의 돈으로 하는 복지는 찬성이라는 말이다.

자신들이 부담하게 되면 원치 않을 복지를 많은 사람들이 요구하고, 또 정치권은 그들의 요구에 웃음으로 화답하는 이유는 무엇일까? 비용부담과 관련해서 많은 사람들이 자신만은 그 비용을 부담하지 않을 것이라고 생각하기 때문이다. 그렇게 생각하는 이유 중 하나는 복지비용을 정부나 국가가 부담한다고 착각하기 때문이다. 예를 들어 최근 논란이 되는 반값등록금과 관련하여 한 시민단체가 해법이라고 내놓은 것을 보면 이런 착각을 하고 있음을 어렵지 않게 발견할 수 있다. 이 단체의 주장에 따르면 현재의 등록금 중 40%는 정부가 부담하고 10%는 대학이 부담하고, 나머지 절반인 50%만을 학부모가 부담하면 말 그대로 반값등록금이 실현된다는 것이다. 이 단체는 정부가 실제로 부담할 수 있다고 큰 착각을 하는 것이다.

정부는 무엇인가를 생산하는 경제주체가 아니기 때문에 자체로는 그 어떤 비용도 부담할 수 없다. 자체적으로 가진 돈이 없기 때문에 어떤 비용도 스스로는 부담할 수 없다. 정부가 무언가를 위해 돈을 내놓는다는 말은 결국 국민들로부터 세금으로 거두어들인 것을 내놓는다는 말과 같다. 이 시민단체가 주장하는 바대로 정부가 40%를 부담한다고 할 때 그 돈도 결국은 학부모로부터 세금으로 걷어 나오는 돈에 불과하다. 학부모가 등록금 전체를 내나 반은 직접 내고 반은 세금을 통해 정부지원금의 형태로 내나 결론은 모두가 다 학부모의 부담인 셈이다. 정부가 부담하는 만큼 학부모의 부담이 덜어진다는 것은 착각일 뿐이다.

많은 사람들이 본인은 비용부담을 하지 않을 것이라고 착각하는 두 번째 이유는 아마도 복지의 부담을 부자나 기업들에게만 전가시킬 수 있다고 믿기 때문일 것이다. 여당이나 야당이 주장하는 70% 복지 혹은 80% 복지란 부자 30% 혹은 20%에게만 부담을 주고 나머지 대다수인 70% 내지 80% 국민들은 혜택만을 보면 된다는 식으로 국민들을 이분법으로 나누는 수법이다. 보다 극단적인 것은 우리나라 최고 부자 2%에게만 부담을 안기면 나머지 98%가 혜택을 볼 수 있다고 하는 민주노동당의 부유세다.

하지만 현실은 이들의 생각처럼 그렇게 간단하지 않다는 데에 문제가 있다. 세상이 칸막이처럼 구분되어서 따로따로 움직이는 것이 아니라 도미노처럼 긴밀하게 연계되어 있어 하나의 움직임이 다른 모든 것에도 영향을 미친다는 사실에 유념해야 한다. 광범위한 무상복지로 인한 과도한 부담은 근로와 저축의욕을 빼앗고 자본이탈을 부추기며 투자유인을 감소시켜 생산성을 낮추고 경제성장의 정체나 퇴보를 가져온다. 경제성장의 정체나 퇴보로 인한 피해는 소수 부자만이 아니라 모든 국민이 감당할 수밖에 없다. 부자들만 부담시키면 된다는 생각도 이만저만한 착각이 아닐 수 없다.

누구를 막론하고 타인의 돈을 자기 수중에 넣으려는 유혹은 강하다. 그렇다고 그것을 실행으로 옮기면 곤란하다. 실행에 옮기는 순간 강도나 도둑이 되기 때문이다. 그런데 강도나 도둑이 되지 않고도 타인의 돈을 자신의 수중으로 옮기는 일이 가능하고, 그것도 '합법'이란 외피를 쓰고 이루어질 수 있는 매력적인 방법이 있을 수 있다. 국가라는 중간매개체를 통하면 개인이 강도나 도둑이 되지 않고도 타인의 돈을 자신의 수중으로 옮겨올 수 있는 길이 열린다. 개인은 뒤로 빠지고 대신 정부가 나서서 복지제도라는 명목으로 '합법적'으로 돈을 거둬 이들에게 나눠주면 되기 때문이다. 하지만 돈은 타인이 내고 나는 혜택만 받는 이런 식의 메커니즘이 작동할 수 있다고 보는 것은, 앞서 설명했듯이, 착각에 불과하다. 모든 복지제도의 부담은 결국 모든 국민이 나누어 부담할 수밖에 없다.

'내 인생은 나의 것' 당당하게 외치자

자신이 받는 복지혜택의 부담을 타인에게 전가할 수 있는지의 사실 여부와는 관계없이 복지제도와 관련하여 주목해야 할 것은 어찌되었든 본인은 혜택만 받고 그것을 위한 복지재원은 정부가 부담하거나 부자들만 부담하면 된다고 생각하는 그 자체가 대단히 비겁하고 부도덕하다는 점이다. 개인들이 자신의 삶을 스스로의 능력과 노력으로 스스로 개척해 나가기보다는 타인들의 호주머니에 눈을 돌리고 타인들에 기생해서 살아가고자 하는 것이기 때문이다. 복지제도를 통해 국민들에게 의타심과 타인의 삶에 기생해서 살아가도록 부추기는 정부 또한 부도덕하기는 마찬가지이다.

누구라도 비겁하고 도덕적으로 올바르지 못한 삶을 살고자 하는 사람은 없을 것이다. 자신의 삶을 사랑하고 당당하고 도덕적인 인생을 살고자 한다면, 무엇보다도 타인의 주머니에 기생하려는 복지에 대한 환상을 거두어야만 한다. 내 인생을 타인이 혹은 정부가 책임지고 관리하고 조종하며 통제한다는 것은 스스로의 삶에 대한 조롱이다.

몇십 년 전 우리나라 대중가요 가운데 이런 가사가 있었다.

　　내 인생은 나의 것, 그냥 나에게 맡겨 두세요. 나는 모든 걸 책임질
　　수 있어요.

　타인의 자선에 기대거나 타인의 호주머니에 기생해서 사는 삶이 결
코 훌륭한 삶이라고 할 수 없다. 그것은 비겁한 거지근성이며, 도덕
적이지 못한 비굴한 삶이다. 복지를 확충하라고 목소리를 높일 것이
아니라 '나는 내 자신의 노력에 기초하여 내가 내 자신이라는 것을 증
명하고 싶다. 나는 나 자신의 운명의 책임자이고자 한다'(루드비히 에
르하르트 전 서독 수상)고 외치며 스스로가 우뚝 서는 모습이 당당하
고 아름답지 않은가.

3. 중앙냉방에 모두 만족하지 못하는 이유

필자가 근무하는 학교에 대규모 에어컨 공사가 있었다. 그전에는 대학의 특성상 교수들 연구실과 강의실에 작은 개별 에어컨이 설치되어 있었다. 방 창문마다 실외기가 붙어 있어 외관상 보기에 좋지 않

았다. 사람이 없는 방에 에어컨이 켜져 있는 경우도 많아 전력낭비도 있었다. 2010년 여름, 방학이 시작되자 학교에서 개인 에어컨을 모두 뜯어냈다. 대신 천정에 중앙에서 통제할 수 있는 최신의

〈그림 2-1〉 필자 연구실에 설치된 중앙통제식 에어컨

에어컨이 설치되었다.

이명박 정부가 내세운 가장 중요한 국정과제 중의 하나가 녹색성장이었다. 그 일환으로 노후된 건물들의 에너지 효율을 촉진하기 위해 중앙에서 통제가 가능한 에어컨으로 교체할 것을 장려했었다. 학교의 에어컨도 에너지 효율화의 일환으로 교체된 것이다.

우리나라는 대부분의 에너지를 수입해서 써야 하는 나라이기 때문에 에너지를 효율적으로 사용해야 한다는 취지에 반대할 수는 없다. 중앙냉방의 특징은 중앙에서 통제가 가능하기 때문에 에너지 사용 총량을 통제할 수 있다는 장점이 있다. 운용시간이 아닐 때에는 전원을

차단할 수 있어 사람이 없는 방에 냉방이 되는 경우도 예방할 수 있다. 무엇보다도 에어컨을 중앙에서 관리하기 때문에 유지관리 비용이 적게 든다.

중앙냉방, 모든 사람이 불만

최신식 중앙통제 에어컨이 설치되고 난 후 연구실에서의 여름은 매우 힘든 여름이 되어버렸다. 필자의 경우 열이 많아서 더위를 많이 타는 편이다. 연구실에서 땀을 많이 흘리면서 힘든 여름을 보내야만 했다. 어떤 교수님은 춥다고 카디건 같은 것을 걸치고 여름을 났다. 에어컨을 끄면 너무 덥고, 켜면 춥기 때문에 긴 팔을 입는 수를 낸 것이다. 주변에 있는 사람들 중에서 중앙통제 에어컨이 설치된 이후로 좋아졌다고 말하는 사람은 한 사람도 없었다. 에어컨이 어떤 온도로 설정되든 많은 사람들이 불만을 토로했다.

〈그림 2-2〉 필자 방의 온도통제기

문제의 원인은 바로 온도통제기에 있었다. 중앙통제식 에어컨은 이 온도통제기를 통해서 온도를 설정하는데, 대체로 사람들이 "평균적으로" 쾌적하게 지낼 수 있는 온도로 설정된다. 가끔씩은 정부가 정한 온도에 맞춰지기도 한다. 하지만 온도가 평균에 설정되는 순간 대부분의 사람들을 만족시킬 수 없게 된다. 이유는 사람들이 더위를 견디는 정도가 서로 다르기 때문이다. 좀더 시원한 냉방을 원하는 사람은 더워서 불만일 것이다. 좀

80

더 약한 냉방을 원하는 사람은 온도를 높이기 위해 에어컨을 자꾸 꺼야 한다. 간혹 평균 근처의 온도를 좋아하는 몇 사람을 제외하고는 대부분의 사람은 불만이 생길 수밖에 없다.

공동시설에서 중앙냉방을 제공하려는 것은 냉방이 경제학에서 얘기하는 공유자원(*common resource*)의 성격을 가지고 있기 때문이다. 공유자원이란 사람들이 많이 쓰면 닳아 없어지나 사람들이 사용하고자 할 때 막기는 힘든 자원이다. 이런 성격을 가진 자원은 사람들이 과도하게 사용하는 경향이 있다. 이런 문제를 공유자원의 문제(*common-pool problem*)라고 한다. 학교 전기의 경우도 이용하는 학생과 교직원들의 공유자원이라고 볼 수 있다. 전기를 절약하고 싶어 하는 학교 당국은 전기 배분에 직접 개입하여 온도를 제어하는 방식을 통해 총량을 배분하고 싶어 한다.

효율적인 공공재 공급과 발로 하는 투표

MIT 공대의 폴 사뮤엘슨(P. Samuelson)은 국방이나 복지와 같은 공공재는 사람들이 얼마나 원하는지 알 수 있는 방법이 없어서 근본적으로 효율적인 공급이 어렵다고 말했다.[2] 시장을 통해서 공공재를 공급할 수 없기 때문에 정부가 직접 시장에 개입하여 시장 대신 공공재를 공급하면 경제의 효율성을 향상시킬 수 있다는 사실이 잘 알려져 있다. 문제는 중앙정부가 재화를 공급하기 시작하면 국민들을 차별하여 공급할 수가 없기 때문에 획일적인 기준을 적용하여 공급할 수밖에 없다는 점에 있다.

노스웨스턴대학의 티부(C. Tiebout)는 공공재를 잘 살펴보면 중앙

---

2) Samuelson, Paul A. (1954), "The Pure Theory of Public Expenditure," *The Review of Economics and Statistics*, 36(4), pp. 387~389.

정부에서 제공하는 공공재와 지방정부에서 제공하는 공공재로 구분이 된다고 말했다.[3] 중앙정부에서 제공할 수 있는 공공재로는 국방, 소득재분배 정책, 경제안정화 정책 등이 있다. 한편, 지방정부에서 제공할 수 있는 공공재로는 교육, 치안, 소방, 복지정책 등을 들 수 있다. 티부는 중앙정부가 제공하는 공공재의 경우 사뮤엘슨의 이론처럼 수요를 파악할 수 있는 방법이 없다는 사실은 인정했다. 하지만, 지방 공공재의 경우에는 수요를 알 수 있는 방법이 존재할 수 있음을 보였다. 지방정부가 각 지방 유권자의 수요를 반영할 수 있도록 공공재 수준을 조정할 수 있다면 효율적인 공급메커니즘이 존재한다는 것이다. 이른바 발로 하는 투표(voting with feet)의 개념을 도입한 것이다. 예컨대, 학교를 보내야 하는 어린 자녀들이 많이 사는 지역에는 어린이집과 학교가 좀더 많아야 한다. 반면 노인들이 많이 사는 지역에는 학교보다는 공원, 요양시설 등이 많은 것이 좀더 효율적이다.

지방에서 충분히 공급할 수 있는 재화를 중앙정부에서 획일적으로 제공하면 각 지역주민의 선호의 다양성을 반영하지 못하게 된다. 결국에는 공급자 입장에서 결정하여 정작 서비스를 사용하는 주민의 선호를 잘 반영하지 못한다. 모든 사용자가 불평불만을 구조적으로 가질 수밖에 없다.

집단주의는 시작은 모든 것을 중앙에서 통제해야 한다는 엘리트주의에서 시작된다. 그리고 종국에는 아무도 만족할 수 없는 상태에 이르게 된다.

---

3) Tiebout, C. (1956), "A Pure Theory of Local Expenditures," *The Journal of Political Economy*, 64(5), pp. 416~424.

중앙정부 위주의 세입구조 문제없나

우리나라 헌법은 제117조, 제118조에 지방자치와 관련한 조항을 규정하고 있다. 특히 제117조 1항은 "지방자치단체는 주민의 복리에 관한 사무를 처리하고 재산을 관리하며, 법령의 범위 안에서 자치에 관한 규정을 제정할 수 있다"로 명확히 지방자치에 대한 권한을 규정하고 있다. 하지만 중앙의 권한이 실제로 그리고 충분히 지방으로 이양되고 있지는 않다.

조세 수입구조로 보면 2009년도 209.7조 원 수입 중에서 78.5%인 164.5조 원이 국세이고 나머지 21.5%인 45.2조 원이 지방세이다 (〈표 2-1〉 참조). 지방세의 비중은 연방제가 발달한 미국과 독일과 비교했을 때 현저하게 낮은 수준이다. 영국을 제외한 비연방제 국가들과 비교했을 때도 매우 낮은 편이다.

반면 지출구조를 보면 2009년 중앙 대 지방의 비율이 34.7% 대 65.3%이다. 다시 말해서, 수입의 대부분은 중앙정부가 가지고 있지만, 지출은 중앙정부가 약 35%밖에 쓰고 있지 않고, 지방정부가 대부분을 사용하는 구조를 가지고 있다. 예컨대, 지방교부세(57.2조 원)와 국고보조금(29.8조 원)의 명목인 지방이전재원이 약 89.6조 원 정도 된다. 이외에도 교육교부금 등의 명목으로 지방교육지원이 32.4조 원 정도 이전되고 있다.

다시 말해서 지방정부가 돈을 쓸 곳은 많은데 돈이 부족해서 중앙정부에서 받아와야 하는 형편이다. 달리 말하면, 수입이 부족한 지방이 다른 지역의 세금을 통해서 이를 충당하는 셈이다. 중앙정부는 지방정부가 돈을 어떻게 써야 하는지에 대해 통제하고, 그 과정에서 전국적으로 획일적인 기준을 적용하게 된다.

경상도에 사는 사람과 강원도에 사는 사람은 주변환경이나 여건,

〈표 2-1〉 OECD 주요국의 국세·지방세 비중

(2007년 기준, 단위: %)

	연방제국가		비연방제국가			
	미국	독일	영국	프랑스	일본	한국*
국세	56.1	50.4	94.2	75.5	56.6	78.5
지방세	43.9	49.6	5.8	24.5	43.4	21.5

주: 한국의 경우 2009년도 예산 기준임.
자료: OECD Revenue Statistics(2009년판).

선호 등이 다르다. 그렇기 때문에 주민들에게 제공되는 공공재의 패키지가 달라야 한다. 그래야만 지역주민의 수요가 제대로 반영된다. 지역의 다양한 수요를 반영하기 위해서는 지방정부의 세수기반을 확보시켜주면 된다. 지역의 필요에 따라서 세금수준을 조정하도록 하면 된다. 그리고 부족한 부분은 중앙정부에서 포괄적 교부금(block grant) 방식으로 지원하면 된다. 혜택을 보는 지역이 사업비의 일정부분을 자체 세원을 통해 부담하게 함으로써 무임승차의 위험을 최소화하는 대신 사용하는 방식에 대해서는 지역의 수요에 맞게 사용하도록 하는 것이다. 현재의 제도는 이와는 정반대로 구성이 되어 있다. 중앙정부가 세수를 독점하고 있고, 교부금도 대응교부금(matching grant) 방식으로 지원되고 있다. 평등과 정책의 통일성을 강조한 결과이다.

비용을 치르게 하라

다시 연구실 에어컨 문제로 돌아가 보자. 문제의 해결책은 매우 간단하다. 방마다 계량기를 달고 쓰는 만큼 전기세를 지불하면 된다. 학교에서는 사용량에 따른 가격부분과 학교가 얼마의 기본요금을 부담할 것인지만 사전에 공지하면 된다. 필자처럼 체질이 더운 사람은 충분한 가격을 지불하고서라도 시원한 여름을 연구실에서 보내고 싶은 용의가 있다. 이리하면 수요에 따라 전기사용이 효율적으로 이루어질 것이다.

4. 국가는 스스로 돕는 자를 도와야

조두순 사건과 국민성금

2008년 12월 안산시에 있는 교회 안의 화장실에서 8세 여아가 강간상해를 당한 사건이 벌어졌다. 세간에는 조두순 사건으로 알려졌다. 이 사건으로 피해아동의 신체가 큰 손상을 입었다. 검찰은 범인 조두순에게 무기징역형을 구형했으나 법원은 12년형을 선고했다. 형량 가혹을 이유로 조두순은 항소와 상고를 하였으나 모두 기각되어 12년형이 확정되었다. 하지만 국민들은 조두순이 저지른 악행에 비해 처벌이 가볍다는 항의를 했다. 대통령이 나서서 국무회의에서 "평생 그런 사람들은 격리시키는 것이 마땅하지 않나 하는 생각까지 할 정도로 마음이 참담하다"는 심경을 밝혔다. 그리고 이귀남 법무부장관은 조두순에 대한 가석방은 없을 것이라고 말했다.

보험회사는 사건의 긴급함을 고려해 4천만 원의 보험금을 서둘러 지급했다. 국민들도 여러 방면으로 성금모으기 운동을 했다. 네이버 '해피빈' 등 인터넷 포털사이트 등을 통하여 1억 6천만 원 정도의 성금이 모였다.[4] 국민들의 따뜻한 마음이 피해아동 가족에게 잘 전해지는 듯했다. 하지만 문제가 생겼다.

기초생활보장제도의 가치

피해아동의 가족은 기초생활보장제도(이하 기초생보) 수급가구였다. 가구의 소득이 일정수준에 미치지 못해 정부로부터 소득지원을

---

4) 〈중앙일보〉, 2009년 11월 17일자.

받고 있었다. 5) 그런데 기초생보의 경우 가구가 매년 벌어들이는 소득, 보유하는 자산, 그리고 부양할 수 있는 사람들의 유무를 고려하여 수급자격을 정하고 있다. 피해아동의 가족이 사는 안산의 경우 분류상 중소도시에 해당된다. 부동산과 금융자산 등 기본재산액이 3천 4백만 원 이상인 가구의 자산은 소득으로 환산해 소득인정액에 포함시키고 있다. 그리고 소득인정액이 최저생계비를 초과하는 경우에는 기초수급자 자격을 중지시킨다. 피해아동의 가족이 국민성금을 받으면 이것이 재산으로 인정돼 더는 수급자 자격을 유지할 수 없는 상황이 발생하게 된 것이다. 이로 인해 피해아동의 가족은 국민의 따뜻한 성금을 덥석 받을 수 없게 되었다.

이후에 이 문제는 국민기초생활보장사업지침의 수급권자의 재산범위와 관련된 특례규정을 적용하면서 해결되었다. 6) 보건복지부는 지방생활보장위원회라는 기구를 통해 피해아동의 가족이 받은 국민성금을 재산범위에서 제외하도록 조치하였다. 그리고 범죄피해구조금 및 성금 등을 제외할 수 있도록 제도개선을 하는 것으로 마무리되었다.

조두순 사건과 관련하여 한 가지 흥미로운 점은 이 사건을 통해서 기초생보제도의 가치가 드러났다는 점이다. 피해아동 가족이 국민성금 1억 6천만 원을 받는 것을 미루었던 선택으로부터 간접적으로 파악이 가능하다. 피해아동 가족이 받던 기초생보제도의 현재가치7) 가 적어도 1억 6천만 원보다는 크다는 것을 알 수 있다. 만약 기초생보제도가 주는 혜택이 작다면, 피해아동의 가족이 국민성금을 받고 기

---

5) 정확히는 정해진 수준의 소득을 보장받고 있었다.

6) 보건복지부 보도해명, 〈국민일보〉(2009. 11. 17), "나영이 성금 전달 못하는 이유는?" 기사관련 해명자료.

7) 현재가치(*present value*) 란 미래에 발생할 혜택 혹은 비용을 할인율을 이용하여 현재의 가치로 전환한 것이다.

초생보를 포기할 수도 있었을 것이다. 하지만, 그렇게 하지 않았으므로 기초생보제도의 가치가 그보다는 클 것이라는 점을 얼추 유추해 볼 수 있다.

우리나라 공공부조제도의 역사

우리나라의 가난한 세대에 대한 지원체계의 근간은 IMF 경제위기 후에 도입된 국민기초생활보장제도이다. 역사적으로 보면 우리나라에서 저소득층 지원을 위한 제도는 고구려의 진대법으로 거슬러 올라갈 수 있다. 진대법은 춘궁기에 백성들에게 곡식을 꾸어주었다가 추수기에 갚도록 한 제도이다. 금융기관이 없었던 시기에 나라가 금융기관의 역할을 하면서 백성들의 생계보장을 도왔다는 점에서 공공부조의 시초라고 볼 수 있다. 고려시대에는 상평창과 의창 등의 제도를 두었다. 조선시대에도 상평과 환곡제도를 두어 저소득 백성의 소득보전에 대한 제도를 마련했다.

현재 기초생보제도의 근간이 되는 생활보호법은 1961년에 제정되었다. 생활보호법 제 1조는 "노령, 질병, 기타 근로능력 상실로 인하여 생활유지의 능력이 없는 자 등에 대한 보호와 그 방법을 규정하여 사회복지의 향상에 기여함을 목적으로 한다"고 밝히고 있다. 근대적인 공공부조제도의 시초라고 볼 수 있다. 대표적인 생활보호사업이 잘 알려진 취로사업이다. 하지만 1960~1970년대의 개발시기를 거치면서 생활보호제도의 기능은 매우 제약적이었던 게 사실이다. 1982년 1차 생활보호법 개정이 되면서 생활보호제도가 본래의 기능을 수행하게 되었다. 생활보호대상자의 실질적인 최저생활을 보장하는 동시에 자활보호와 교육보호가 추가되었다. 하지만 여전히 생활보호제도의 기본성격은 잔여적인 복지제도[8] 라고 할 수 있다.

기초생보를 포기할 이유가 없다!!

2000년부터 본격적으로 시행되는 국민기초생활보장제도는 현재까지 최종적인 사회안전망의 기능을 하고 있다. 실업, 가족해체, 장애, 질병, 노령 등의 사회, 경제적 요인에 의해 생계유지가 어려운 사람들의 최저생활을 보장하고 있다. 더불어 수급자가 일할 수 있는 능력이 있는 경우에는 스스로 독립해서 자활 및 자립을 도모하는 것을 목적으로 하고 있다. 기본적으로 가구를 대상으로 하고 보장가구에 속하는 모든 가구원에게 혜택을 제공하고 있다.[9]

기초생보 수급자로 선정되기 위해서는 이른바 소득 및 자산조사를 통과해야 한다. 평가방법은 소득평가액과 재산을 소득으로 환산한 소득환산액을 고려한 소득인정액을 계산하여 수급여부를 판단하게 된다. 여기에 부양의무자 기준을 적용한다. 1촌 직계혈족과 그 배우자를 부양의무자로 정한다. 부양의무자의 소득이 최저생계비의 130% 미만인 경우 기초생보 수급자 대상이 될 수 있다.

이렇게 수급자가 되고 나면, 총 일곱 가지 급여를 받게 된다. 생계급여, 주거급여, 교육급여, 해산급여, 장제급여, 의료급여 및 자활급여가 그것들이다. 예컨대 2010년을 기준으로 살펴보면, 4인가구의 경우 월 114만 원 정도의 현금급여를 받을 수 있다. 이는 4인가구 최저생계비 136만 원에서 22만 원 정도의 의료비, 교육비 및 타법 지원액(국민연금, 건강보험, 주민세 및 TV 시청료 등), 주거급여, 소득인정

---

8) 본인과 부양가족의 경제능력을 통해 생계를 유지하고, 궁극적인 생계보장이 안될 경우에만 생활보호대상자 신청을 할 수 있었다.

9) 제도 운영상 특정 가구원의 질환, 교육 등의 사유로 최저생활 유지가 어려운 가구에 한해 개인단위 보장의 특혜제도(교육, 의료 및 자활특례 등)를 운영하고 있다.

액을 제하고 지급받는 것이다. 10) 그러니까 정부가 4인 수급가정에
지원하는 최대금액은 현금으로 약 136만 원 정도라고 볼 수 있다. 일
하지 않고 4인가정이 20년 동안 정부로부터 현금급여(생계급여와 주
거급여)를 받게 되면, 기초생보의 현재가치는 약 2억 원이 조금 넘는
수준이 된다. 11) 단순한 비교를 해본다면 국민성금 1억 6천만 원을
받고 기초생보를 포기할 유인이 없다는 말이다.

　기초생보제도는 명목적으로는 위에서 열거한 일곱 가지의 급여를
제공하는 제도이다. 하지만 실질적으로 보면 기초생보가 주는 혜택
은 이보다 훨씬 많다. 정부가 추진하는 상당수의 저소득층 관련 대책
들이 '기초생활보장수급자'라는 자격조건을 내세우고 있다. 기초생보
를 제외하고서도 40여 개 이상의 저소득 지원정책이 기초생보수급을
자격기준으로 하고 있다. 물론, 이러한 현상은 중앙정부가 지원기준
을 일원화하여 지원자격을 통일시키려는 노력의 결과물이다.

일할 이유가 없다

　기초생보 수급자격을 상실한다는 것은 이렇게 많은 정부혜택을 포
기해야 한다는 것을 의미한다. 이런 현상을 경제학적 용어로 암묵적
한계세율이 높다고 표현한다. 세금을 눈에 보이게 직접 부과하는 것
은 아니다. 하지만 일을 해서 돈을 벌었을 때, 지금까지 받아왔던 혜
택이 줄어들기 때문에 마치 세금을 부과하여 소득을 뺏어 가는 것과
같게 된다. 그런 의미에서 암묵적 조세라고 볼 수 있다. 그리고 그
세율은 경우에 따라 100%에 가깝다. 소득세율이 100%, 즉 번 소득

10) 보건복지부(2010), 2010 국민기초생활보장사업 안내.
11) 할인율은 5%로 계산했다. 물론, 소득인정액이 있어 현금급여액이 감소하거
　　나 수급기간이 감소하면 현재가치가 이보다는 낮아지게 된다.

을 모두 국가에서 세금으로 징수해 간다면 과연 누가 일을 할 것인가? 당연히 기초생보 수급자는 일할 이유가 없다.

복지의존성, 복지함정이라는 것은 바로 이런 수급체계에서 발생하는 것이다. 이런 현상은 수급자의 도덕성, 윤리성과는 아무런 상관이 없다. 이런 상황에서는 어떤 성인도 굳이 힘들여 일할 이유가 없게 된다. 복지정책의 유인체계가 잘못 설계되어 있어 발생되는 일이다.

정부도 이런 상황을 잘 알고 있다. 자활사업을 통해 탈(脫)수급을 유도하는 노력을 하고 있다. 희망리본 프로젝트 같은 사업이 대표적이다. 하지만, 기본적으로 이러한 정책들은 큰 효과성 없이 어차피 탈수급이 되는 사람들이 보너스로 받아가는 횡재효과(windfall effect)만을 가지고 있는 경우가 많다. 그나마 탈수급이 되었다가도 다시 수급자로 돌아오는 현상도 빈번히 발생하고 있어 탈수급 성과도 의심스러운 상황이다. 복지혜택이 겨울 날씨에 아랫목처럼 아주 따뜻하기 때문이다.

기초생보 수급자들 중에서 일할 수 있는 능력이 있는 사람이 모두 집에서 놀고 있는 것은 아니다. 하지만 일하고 나서 소득이 올라가 수급자격을 유지할 수 없게 되는 경우를 걱정할 수밖에 없다. 그런 경우 국세청을 포함한 정부에서 근로여부를 파악할 수 없도록 비공식 부문에서 일하는 경향이 증가하게 된다. 현금을 주고받는 일용직이나 단기 계약직으로 일하면서 소득을 올리면서도 수급자 자격을 유지한다. 결과적으로 기초생보제도가 이른바 지하경제의 규모를 증가시키는 것이다. [12]

〈그림 2-3〉에 따르면 기초생보 수급자는 꾸준히 증가하고 있다. 2005년 151만 명 수준에서 2009년 157만 명 수준으로 증가했다. 전

---

12) 박명호·우석진·빈기범(2011), "신용카드가 지하경제 축소에 미치는 영향에 관한 연구,"〈여신금융〉2011년 1월호.

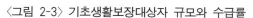

〈그림 2-3〉 기초생활보장대상자 규모와 수급률

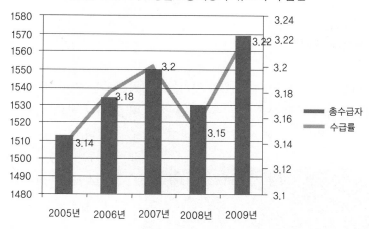

체 국민 중에서 기초생보 수급자 비율을 나타내는 수급률 역시 2005
년 3.14%에서 2009년 3.22%로 증가하고 있다. 수급 가구수도 2005
년 81만 가구에서 2009년 88만 가구로 증가하였다.

점감구간의 신설과 욕구별 복지가 해답

이런 문제에 대한 해답은 앞에서 설명한 암묵적 한계세율에 있다.
암묵적 한계세율, 즉 기초생보를 받으면서도 일하는 사람이 받는 패
널티가 줄어들면 수급자의 근로유인을 좀더 높일 수 있다. 일을 할
때 받을 수 있는 소득이 일하지 않았을 때보다 많도록 디자인해야 한
다. 경제학자들이 말하는 이른바 점감(phase-out) 구간에 대한 세밀한
디자인이 필요하다. 그리고 복지혜택의 수급자격을 기초생보 수급자
로 통일시킬 것이 아니라 욕구에 따라 필요한 혜택을 받을 수 있도록
다원화, 중첩화시키는 것이 바람직하다.

5. 여대생에게 샤넬백을 허(許)하라

샤넬이 대세다

한동안 루이비통 핸드백이 인기였다. 지하철을 타면 앞뒤 14개의 자리에 진품이든 짝퉁이든 루이비통 핸드백 2~3개 정도는 쉽게 발견할 수 있었다. 가히 국민명품이라고 할 수 있었다.

루이비통이 흔해지기 시작하자, 여성들은 다른 핸드백을 찾기 시작했다. 연예인들과 사회 명사들이 방송에, 파티에, 영화 시사회장에 샤넬백을 들고 나타났다. 그리고 샤넬백을 든 여성과 샤넬백을 들지

〈그림 2-4〉 샤넬 핸드백

않은 여성으로 구분되었다. 샤넬백을 화두로 4시간 정도는 시간 가는 줄 모르고 얘기할 수 있는 정도가 되었다. 결혼식 혼수에서도 신랑이 신부에게 꼭 사주어야 하는 머스트-아이템(must item)으로 포함되었다.

심지어 샤테크라는 말이 나오기도 하였다. 새 제품이 비싸기는 하지만 샤넬제품 가격이 빠르게, 그리고 큰 폭으로 오르기 때문에 샤넬 핸드백을 들고 다니다가 1~2년 뒤에 팔아도 남는다는 얘기이다. 1955년 2월에 처음 출시되었다고 해서 이름 붙여진 2.55 빈티지 미디엄의 가격이 2008년 7월에 356만 원이 되었다가 2011년 5월에는 639만 원으로 80% 가까이 올랐으니 아주 틀린 말은 아니다. 13)

샤넬백을 들고 다니는 여자는 자신감이 있다. 비가 오면 가방을 머

리에 이고 비를 막는 것이 아니라 가방이 비에 젖을까봐 품안에 싸고 뛰기 시작한다. 그만큼 소중하고 아껴가면서 써야 하는 물건이다. 문제는 가격이다. 다른 백들에 비해서 아주 가격이 비싸다. 그리고 최근 몇 년 사이에 너무 가파르게 올랐다. 제품에 따라 차이가 있지만 착한 가격 샤넬백이 5백만 원에서 6백만 원 정도이다.

이런 샤넬백을 갖지 못한 여성들은 자괴감이 들 수도 있다. 일부 여대생이 샤넬백을 들고 다니는 경우 캠퍼스 내에서라면 위화감이 조성될 수도 있겠다. 여대생의 경우 샤넬백을 사기에는 주머니 사정이 뻔할 테니 아르바이트를 하거나 심지어 술집 접대부로 나가는 경우도 있을 수 있다는 생각이 든다. 어쩌면 운 좋게 샤넬백을 사줄 수 있는 남자친구를 만날 수도 있다. 좀더 생각해보니, 샤넬백 때문에 결혼도 늦춰지고, 그에 따라 가뜩이나 심한 저출산 문제가 더 심각해질 수도 있겠다는 생각이다. 샤넬백을 사주지 못한 부모들은 혹은 남자친구들은 굉장히 괴로워질 수도 있다.

이 정도면 정부가 개입해서 이 문제를 해결해야 할 필요가 있을 것 같다. 샤넬백 때문에 여대생들 사이에 위화감이 커지는 것은 국민통합 차원에서 바람직하지 않겠다. 정부가 재정을 이용해서 모든 신입 여대생에게 샤넬백을 조달하여 지급하는 정책을 생각해 볼 수 있다. 1학년 여학생이 약 17만 명 정도이므로 샤넬과 협상을 통해 개당 4백만 원대에 구입이 가능하다면 1년 예산 대략 6천 8백억 원 정도면 된다.

모든 여자 신입생들이 행복해할 것이다. 혹시 샤넬백이 꼭 필요하지 않은 학생들은 중고시장에 내다 팔아 현금화도 가능하다. 정부가 이 안에 소극적인 자세를 취하면, 광화문 광장에 모여서 촛불시위를 하면 될 것 같다. 촛불시위 규모가 커지면 정치인들이 반응할 것이다.

---

13) 〈조선비즈〉, 2011년 6월 13일자 기사.

94

특히 투표하는 여대생의 규모가 늘어날수록 각 정당은 샤넬백 전면 무료화 정책을 공약으로 내걸 가능성이 높아지게 될 것이다. 매일 밤 토론프로그램에서는 패널들이 나와 이 문제를 두고 뜨거운 논쟁을 벌이게 될지도 모른다.

물론 위의 얘기는 가상의 우화이다. 현실에서 벌어질 수 있는 상황은 아니다. 샤넬백을 정부 재정을 통해 한정된 계층에게 제공하는 것 자체가 말이 안 된다. 모든 사람들이 부담하는 세금을 가지고 개인이 능력에 따라 구매해야 하는 제품을 구매해주어서는 안 된다. 그건 수혜자들이 모두 갈망한다고 해줄 수 있는 것이 아니다. 하지만, 이 우화에 포퓰리즘 정책의 속성이 들어 있다.

중산층과 표를 교환하다

캠브리지 사전은 포퓰리즘을 다음과 같이 정의하고 있다.

> 보통사람의 필요와 욕구를 반영하고자 하는 정치적 사상 혹은 활동 (*political ideas and activities that are intended to represent ordinary people's needs and wishes*).

보통 포퓰리즘이라고 하면, 1930~1940년대 유행했던 중남미의 포퓰리즘을 떠올리게 된다. 1930년대 브라질의 바르가스 정권, 멕시코의 카르데나스 정권, 1940년대 아르헨티나의 페론 정권이 대표적인 포퓰리즘 정부이다. 이들 정부는 중산층이 주로 혜택을 받는 사회보장제도를 구축했다. 권력과 비교적 가까웠던 군인, 공무원, 직업정치인에 대해 복지혜택이 대규모로 확대되었다. 또한 노동조합에 소속되었던 중산층 노동자들은 정부와 개별협상을 통해 사회급부를 받았다. 그러한 복지혜택은 정치적 지지로 이어졌다. 중산층들이 복지급여와 표를 교환하였다.

정부의 예산당국은 정부부처의 사업을 한곳에 모아 놓고 심의한다. 모든 정책사업의 수혜자에게는 그 사업이 대단히 절실하고 필요한 사업이다. 하지만 예산당국은 심의과정을 통해 사업의 우선순위를 배정하게 된다. 필요하나 효율성과 효과성이 상대적으로 떨어지는 사업은 심의과정에서 탈락시키기도 한다. 정부가 쓸 수 있는 재원이 한정되어 있기 때문이다. 우선순위가 높은 사업들은 사업의 목적을 화폐단위로 실현시키기 위해 예산을 배정하고 사업을 진행하게 된다.

포퓰리즘은 정책의 우선순위를 국민의 표와 연결시킨다는 것이다. 국민의 의사가 정책으로 실현되는 것이 민주주의 원리가 아니냐는 의견이 있을 수 있다. 하지만 민간에서 해결할 수 있는 부분은 민간에서 해결하는 것이 효율성 측면에서 바람직하다. 정부는 시장이 실패하는 분야나 정책적으로 개입해야만 하는 당위성이 있는 부문에 국한해서 개입해야 한다. 민간에서 시장의 가격조정 기능을 통한 자원배분이 충분히 가능함에도 불구하고 정부가 개입해서 배분하기 시작하면 비효율적 자원배분으로 연결되기 마련이다. 국민, 특히 두터운 중산층이 원하는 재화를 정부가 시장 대신 공급하기 시작하면 자원배분의 비효율성이 급증하게 된다.

더군다나 정부의 재정지출을 지원하기 위해서는 세금을 좀더 거두거나 국공채 발행을 통해 차입해야 한다. 국공채를 발행하는 것은 현세대의 행복을 위해 다음 세대의 살을 파먹는 행위이다. 경제위기와 같이 부득이한 경우를 제외하고는 부담을 다음 세대로 넘기지 않는 것이 바람직하다. 현 세대가 부담을 스스로 지기 위해서는 세금을 거두는 방법밖에 없다.

하지만 조세를 걷게 되면 민간이 정부에 내는 세금 이외에도 비용이 추가적으로 발생하게 된다. 예컨대 정부가 세금을 5조 원을 걷게 되면, 민간이 부담하게 되는 비용은 조세 5조 원 외에도 세무대리비용, 세무공무원의 세무행정비용, 세금부과로 민간의 선택이 왜곡되는 후생비용(*welfare cost*) 등이 발생한다. 이른바 초과부담(*excess burden*)이 발생하게 되는 것이다. 부과되는 세목마다 차이는 있지만 우리나라의 경우 약 세액의 30% 정도로 추정된다.[14] 5조 원의 세금을 걷는 경우 민간은 세금 포함해서 약 6조 5천억 원 정도 지불해야 한다는 의미이다. 이러한 초과부담은 세율의 제곱의 비율로 늘어나는 특성이 있다. 예컨대, 추가세수 확보를 위해 세율을 두 배로 증가시키면 경제가 부담해야 하는 비용은 네 배로 증가하게 된다. 수많은 재정학자들이 넓은 세원 낮은 세율을 주장하는 것도 바로 이것 때문이다. 좁은 세원에 높은 세율로 세금을 걷으면 경제 전체가 많은 손해를 보게 된다.

투표하는 대학생이 투표권 없는 아동 착취

민간에서 해결할 수 있는 문제를 정부가 나서야만 할 경우는 정책의 필요성과 동시에 우선순위가 앞설 때이다. 표가 된다고 앞세우고 표가 되지 않는다고 무시하고 외면한다면 정부의 존재이유에 반하는 것이다. 최근에 문제가 되는 반값등록금도 이와 같은 경우이다. 교육은 공공재가 아니다. 굳이 정부가 공급할 필요가 없다. 다만, 어느 정도의 공공성은 가지고 있다. 민주시민의 양성을 위해 어느 수준의 국민교육은 필요하기 때문이다. 또한 교육수준이 높으면 질서의식이나 윤리의식이 높아지는 경향이 있어 사회적 자산이 늘어나기도 한다. 따라서 어느 수준까지는 교육의 공공성도 필요하다.

---

14) 김승래 · 김우철, "우리나라 조세제도의 효율비용 추정: 주요 세목간 비교를 중심으로," 한국조세연구원, 2007.

우리나라는 재정여건상 중학교까지를 의무교육으로 규정하고 있다. 고등학교 교육도 필요하지만 아직까지 이는 의무교육에 포함되지 않았다. 대학교육은 80% 정도가 대학에 진학함에도 불구하고 여전히 사적인 인적 자본 축적을 위한 고등교육이다. 특수한 상황을 제외하고는 본인이 본인부담하에 투자하는 것이 효율적이다. 특히나 최근처럼 80% 이상이 대학을 진학하는 고등교육 과잉투자가 이루어지는 경우에는 더더욱 그렇다.

우리나라는 현재 재정여력이 부족하여 아동에 대한 복지도 매우 부족하다. 재원이 그렇게 많이 드는 것은 아니지만 빼올 구석이 만만치가 않다. 많은 경제학자들은 어릴 때 선제적인 투자가 아동간의 인지적 혹은 비인지적 능력의 격차를 줄여준다는 사실을 발견하였다. 궁극적으로 성인이 되어 노동시장에 진입했을 때 사람들간의 임금격차를 줄일 수 있게 한다. 성인인 대학생에게 장학금의 형태로 지급하는 것보다는 좀더 어렸을 때 조기개입하는 것이 비용-효율적인 측면에서 보았을 때 훨씬 좋다.

하지만 불행히도 어린 아이들은 투표권이 없다. 대학생은 있다. 그리고 촛불을 들고 광장에 나가 있다. 정치인들이 대학생들 곁을 맴돌며 귀에 듣기 좋은 목소리로 속삭이고 있다. 재정지출의 효율성을 생각한다면, 재정여건이 허락하는 한 어린 아이들부터 그 혜택을 볼 수 있도록 하는 것이 요긴하다. 하지만 아무도 투표권이 없는 어린 아이들에게 돌아갈 몇 천억을 챙겨주지 않는다. 대신 촛불을 들고 있는 대학생을 위해서는 1인당 매년 약 4백만 원의 혜택이 돌아가는 사업을 여야 할 것 없이 앞다투어 외친다.

만약 반값등록금이 가능하다면 그보다 적은 비용이 드는 샤넬백 사업을 못할 이유가 없다. 여대생에게 샤넬백을 허(許)하라. 아니면 반값에라도.

제3장

유턴하는 대한민국 : 빈곤으로의 예정된 길

김 상 겸*

1. 인기를 위해 다수를 희생하는 부동산정책

2011년 현재 정책논쟁의 화두는 이른바 '반값'이라 할 수 있다. 반값등록금 논란이 그것이다. 사실 '반값' 논의는 이전에도 있었다. 바로 2006년 즈음에 한참 논의가 되었던 반값아파트 정책이다. 당시에는 부동산 가격급등 문제가 사회적 관심거리였기 때문에, 반값아파트 정책 역시 사회적 반향이 높았었다. 이러한 관심을 반영하듯 당시 집권당이었던 열린우리당과 야당이었던 한나라당 모두 반값아파트 정책을 내놓았다. 하지만, 주지하다시피 2011년 현재 반값아파트 주장을 내세우는 사람은 아무도 없다. 부동산가격이 안정된 때문이기도 하지만, 지금 주장해보아도 별반 관심을 끌지 못한다. 만약 당시의 주장대로 그게 그렇게 혁신적이고 바람직한 정책이라면 왜 지금은 논의 자체가 사라져버렸는가? 인기를 위한 포퓰리즘적 정책이었기 때문이 아니었을까?

---

* 단국대 경제학과 교수.

반값아파트 정책은 실효성과 실현가능성이 모두 부족

반값아파트 정책의 핵심 아이디어는 '주택가격이 너무 높으니 이를 반액으로 공급하자'는 것이었다. 외형적으로는 여당과 야당의 주장이 같은 것으로 보이지만, 그 내용은 조금 다르다. 열린우리당의 반값아파트 정책은 '환매조건부 주택'이라 하여 주택을 정부가 싸게 분양한 뒤, 일정시점이 지난 후에 소유자가 의무적으로 정부에 싸게 되파는 방식이다. 반면 한나라당의 반값아파트 정책은 '대지임대부 주택'이었는데, 토지는 정부소유로 하되 주택공급자는 정부로부터 토지를 임차하고 건물만 지어서 파는 형태였다. 전자가 주택소유에서 발생하는 자본이익환수에 초점을 두었다면, 후자는 주택을 저렴하게 공급하는 것에 초점을 맞춘 것으로 이해된다. 두 정책 모두 거창하고 외견상 그럴듯해 보이기는 하지만, 경제적 관점에서 볼 때 타당성이나 실현가능성이 모두 부족한 제안이었다. 충분히 낮은 가격, 즉 반값이 되기도 어려울 뿐만 아니라, 실제로 해당주택에 대한 시장형성도 장담하기 어려운 일이었다.

시장경제를 채택하는 대부분의 국가에서 주택이란 두 가지 상이한 가치, 즉 사용가치와 보유가치를 함께 지닌 재화이다. 전자는 문자그대로 주택을 사용하는 데서 발생하는 편익이나 효용을 의미한다. 반면 보유가치란 주택을 자산개념으로 보아, 보유기간 동안 발생하는 자본이익(*capital gain*)까지 포함한 개념이다. 우리나라에서의 주택 역시 이 두 가지 가치를 모두 가지고 있다.

이러한 차원에서 보자면 반값아파트 정책은 현실적인 문제에 봉착한다. 반값아파트의 개념은 주택의 사용가치만을 인정하자는 것인데, 이 경우 주택은 단지 내구기간이 긴 소비재와 같아진다. 이는 쉽게 말하면 아주 튼튼한 자동차를 고가에 구매해서, 수년간 타고난 후에 폐차시키는 것과 유사한 이치이다. 이 경우 과연 주택에 대한 수요자가 있을 것인지에 대해서는 심각한 의문이 든다. 반값이라고는 해도 수도권의 아파트 가격은 대개 수억을 호가하는데, 억대의 비용을 들여가면서 단순소비재를 구매하는 사람이 과연 얼마나 있을까? 물론 주택을 주거서비스를 제공하는 단순한 소비재로 인식하는 사람들의 경우라면 구매에 나설지도 모르겠다. 하지만 비슷한 비용으로 큰 위험부담 없이 주거서비스를 이용할 수 있는 전세주택과 비교해 보고도 주택구매에 적극적일지는 미지수이다.

진짜 반값아파트가 되기 어려운 이유

반값아파트 정책이 가진 더욱 심각한 문제는 진짜 반값이 될 수 있느냐는 것이다. 한나라당에서 제시했던 방안, 즉 대지임대부방식은 공급가격 가운데 토지비용을 빼서, 가격을 낮추겠다는 것이다. 언뜻 그럴듯해 보이지만 여기에는 심각한 오류가 존재한다. 외형적으로는 단순히 정부가 땅을 빌려준다는 논리이지만, 실제로는 토지를 이용하게 되므로 정부가 해당토지를 완전히 무상임대를 해주지 않는 한, 주택구매자는 토지에 대한 임대료를 내야 한다. 이론적으로 임대료란 토지사용의 가치를 반영하는 것이므로, 시장이 완전하다면 현재가치로 환산된 미래임대료의 총합은 토지의 매매가격과 같아진다. 즉, 토지의 매매가격은 영구한 임대료의 합과 같아지는 것이다. 영구한 임대료라 하면 무한한 가치가 될 것이니 매우 클 것으로 생각되지만, 이를 현재가치로 환산하면 그리 크지 않다. 특히 주거기간 이후(대략 30~50년 이후)에 발생하는 임대료의 현재가치는 더욱 그러하다. 설명을 위해 다음과 같은 간단한 예를 들어보자.

연간 3백만 원의 임대료가 발생하는 토지를 생각해보자. 임대료는

〈표 3-1〉 임대료의 현재가치

(단위: 만 원)

임대료	1년	10년	20년	30년	50년	100년
연간임대료	300	185.3	108.5	63.5	21.8	1.5
누적임대료	300	2,386	3,782	4,599	5,358	5,749

주: 연간 발생임대료 3백만 원, 할인율 5.5% 가정.

100년간 발생하며, 현재가치화를 위한 할인율은 정부의 공식적인 타당성분석에 적용되는 사회적 할인율 5.5%로 가정하자. 현재가치로 계산된 임대료는 첫해에 3백만 원, 둘째 해에는 284만 원, 세 번째 해에는 269만 원, 이런 식으로 계속 감소하게 된다. 현재가치로 환산한 임대료의 총합은 30년 후에는 4천 6백만 원이 되며, 50년 후에는 5,360만 원가량이 된다. 그런데 51년차 이후 50년간(51년차~100년)의 임대료 총합은 389만 원 정도에 불과하다. 즉, 100년간의 임대료 총합이 5,740만 원인 것이다. 따라서 50년간의 임대료 총합이나 100년간의 임대료 총합이 별반 차이가 없다. 이는 임대료가 영구히 발생하는 경우를 가정해도 마찬가지이다.

이상에서 살펴본 바와 같이, 토지사용에 따른 임대료를 주거기간 동안만 지불한다고 하더라도 매매가격보다 현저히 낮아지지는 않는다. 즉, 대지임대방식을 취한다고 하더라도 반값이 되기는 어려운 것이다. 만약 극단적으로 정부가 토지임대료를 전혀 받지 않는 경우에는 어찌되겠는가? 이 경우 반값아파트를 구매하는 사람들은 임대료를 내지 않는 만큼의 이익을 보게 된다. 그런데 이익을 보는 사람이 있으면, 반드시 손해를 보는 사람도 있게 마련이다. 그렇다면 누가 손해를 보는가? 외형적으로는 정부가 손해를 보게 된다. 비록 장부상에는 손해로 기록되지 않더라도, 정부는 얻을 수 있는 임대료를 포기하는 것이므로 기회비용이 발생하기 때문이다. 그런데 정부의 손해란 실상 국민의 손해에 다름 아니다. 즉, 반값아파트 구매자의 이익(임대료를 안 내는 데에서 오는 이익)이란 결국 다수의 국민들이 마땅히 얻어야 하는 수익(임대료를 정부가 받아 재정수입으로 충당하는)을 포기한 결과인 것이다.

이를 보다 더 쉽게 설명하면 다음과 같다. 반값아파트에 투입되는 토지가 정부소유가 아니라면, 그 땅을 빌리기 위해서 정부가 토지임대료를 대신 내줘야 한다. 정부는 반값아파트 구매자들에게 땅을 무료로 빌려주는 것이므로, 이 경우 정부는 토지임대료만큼을 손해보게 된다. 그런데 이때 정부가 손해보는 액수는 누가 부담하는가? 정부는 생산의 경제주체가 아니므로, 이때의 부담은 세금을 내는 다수의 국민들이 된다. 결국 다수의 국민들이 돈을 모아, 이를 반값아파트의 구매자들에게 주는 것과 동일한 것이다. 반값아파트가 진짜 반값이 되지 못하는 이유가 바로 여기에 있다.

결국 부담의 주체는 다수의 국민

반값아파트는 누군가의 손해를 통해 반값을 만든다는 측면에서 진짜 반값은 아닌 정책이다. 누군가가 기꺼이 손해를 본다 해도, 다양한 실행상의 문제가 존재한다. 한나라당의 대지임대부 정책을 생각해보자. 먼저 토지확보의 문제가 발생한다. 우리나라는 국가소유의 토지가 그리 많지 않은(22%) 나라인데다가, 여기에는 주택건설에 적절하지 않은 토지까지 포함되어 있어 수요가 많은 수도권이나 대도시권에는 가용할 만한 땅이 많지 않다. 만약 정부가 토지확보를 위해 매입을 시도한다면, 여기에 소요되는 재원만도 천문학적일 것이며 토지보상비로 지급된 돈이 다시 부동산시장으로 유입되지 말라는 보장이 없다. 이러한 보상비는 또 다른 가격불안요인으로 작용하게 될 것이다.

열린우리당의 환매조건부방식도 마찬가지이다. 환매조건부방식은 싸게 공급하는 것이 핵심인데, 이 경우 싸게 공급하는 데에 소요되는 재원은 누가 부담할 것인가? 언제나 그렇듯이 정부가 부담해야 한다 할 것이다. 그런데 이 돈은 어디서 조달되는가? 다양한 방법이 모색될 수 있지만, 결국에 부담의 최종 귀착지는 국민의 세금이 된다. 또한 환매조건부방식은 일정기간 주택에 주거해야 한다는 의무조건을 포함하고 있다. 일정기간 동안 의무적으로 거주해야 한다면 주거이전과 관련된 국민의 자유가 심각하게 침해될 수도 있는 일이다.

전세가격 상한제는 어떠한가?

반값아파트 정책은 비록 외견상으로는 자비롭고 정의로운 정책으로 보이지만, 사실 논리적으로는 맞지 않는 정책이며 실제 추진상에도 문제가 많은 부실한 정책이었다. 그렇기 때문에 현재에는 논의 자체가 없는 정책으로 묻히게 된 것으로 보인다. 문제는 대중의 요구라는 명분하에 타당성과 실현가능성이 없는 수많은 유사정책들이 지금도 마구잡이식으로 제기되고 있다는 점이다.

주거와 관련된 최근의 논의는 전세가격 상한정책이다. 전세가격 상한정책은 2010~2011년 발생한 전세가격 폭등문제에 대응코자 제안된 것이다. 이에 대해 민주당이 내놓은 제안의 핵심은 '전월세 계약기간 갱신 때 전월세 인상률을 연 5% 이내로 제한'하는 것이다. 이는 물론 세입자가 너무 큰 부담을 받지 않도록 하겠다는 취지에서 제안된 정책으로 이해된다. 하지만, 우리는 이와 유사한 정책의 부작용을 잘 알고 있다. 1990년대 후반 도입되었던 '임대차보호법'과 2000년대 초반 도입되었던 '상가임대차보호법'의 경우가 그것이다. 두 법률안 역시, 건물주의 횡포로부터 서민과 영세상인들이 보호받을 수 있도록 하자는 취지에서 도입된 것이었다.

하지만 그 결과는 어땠을까? 전세가격과 임대료가 폭등하여 오히려 영세상인들을 더욱 곤경에 빠지게끔 하는 결과를 낳았다. 왜냐하면 임대료 상한정책으로 발생할 수 있는 손실을 예상하여, 건물주들이 사전에 임대가격을 올렸기 때문이다. 또한 시장임대료 상승분이 상한보다 더 오른 경우에는 다음 계약 때 손실분 만회를 위해 임대료를 그만큼 더 올렸기 때문이다. 이는 건물주가 마냥 탐욕스럽고 이기적인 존재이기 때문이 아니다. 사유재산이 인정되는 국가에서 내 물건은 누구에게나 소중한 것이다. 예를 들어, 독자 여러분이 아끼는 자기 소유의 물건(예컨대, 컴퓨터)을 남에게 빌려주는 경우를 가정해 보자. 이 경우 어찌하겠는가? 꼭 필요한 사람이 빌려가는 것이니, 아무 보상도 없이 마음대로 쓰라고 하고 빌려주겠는가? 더구나 일정기간(예컨대 2년간) 동안은 무조건 돌려받을 수 없도록 법률로 정해져 있다면 어찌하겠는가? 큰 이익은 아니라 하더라도 적정하다고 생각되는 대가는 받고 싶을 것이다. 소소한 물건도 이럴 텐데, 가치가 매우 큰 부동산의 경우에는 어떻겠는가? 전세가격 급등은 분명 심각한 문제이지만, 그렇다고 하여 임의로 그 가격을 규제하는 것은 세상 돌아가는 이치를 도외시한 처사일 수밖에 없다.

정부기능의 일방적 강조는 바람직하지 않다

반값아파트 정책이나 전월세가격 상한제 도입과 같은 정책사례들은 자연스러운 경제원리를 정부가 규제하려 드는 행태이다. 경제학

자들은 이와 같은 경제원리를 무시한 정책들을 '반시장적'이라 부른
다. 경제원리는 자연법칙과 같이 그 자체로 중립적인 일종의 준(準)
자연법칙, 즉 사회법칙이다. 경제원리란 천재적인 누군가가 어느 날
뚝딱 만들어낸 것이 아니라, 인류가 오랫동안 살아오면서 경험적으
로 터득한 것을 집대성한 것이다. 그런데 이러한 사회법칙이 마음에
들지 않는다고 하여, 규제하게 되면 반드시 그 대가를 치르게 된다.
일부 학자들은 '시장의 복수'라는 표현을 써가면서까지 이를 경계하곤
한다.

근래에 정치권에서는 자꾸 정부기능을 확장하려고만 한다. 수년
전의 반값아파트 정책이나 최근의 전세가격 상한제 논의가 좋은 예이
다. 하지만, 정부기능이 커지면 비효율도 그만큼 커진다는 사실을 주
지할 필요가 있다. 정부는 전지전능한 존재가 아니며, 정부정책도 실
패할 수 있음은 주지의 사실이다. 개인이나 기업이 잘못된 선택을 하
는 경우에는 그 피해가 상대적으로 제한적이지만, 정부정책의 실패
는 그 파급효과가 비교할 수 없을 만큼 크다. 이때의 피해는 모든 국
민이 고스란히 감내해야 하는 것이다. 정책이 포퓰리즘적으로 흐르
는 경우에는 더더욱 그와 같다.

2. 편 가르기식 세금부과 문제 있다

언제부터인가 조세관련 이슈가 제기될 때마다 부자감세라는 말이 단골손님처럼 등장하기 시작했다. 단어 자체에서 대강의 의미는 파악할 수 있되 논문이나 교과서에서 사용되는 학술적 용어는 아니니, 필경 특정한 의도에서 만들어진 정치적 용어일 것이다. 최근에는 감세를 주장했던 집권여당에서 오히려 '부자감세를 철회하자'는 말도 나오고 있다. 과연 감세정책은 부자들을 위한 정책일까? 과연 감세정책을 추진했던 많은 국가들은 부자들만을 위해 정책을 추진했던 것일까?

끊이지 않는 부자감세 논란

이명박 정부는 출범 초기부터 조세정책의 큰 방향을 '감세'에 두고 소득세율과 법인세율의 인하 등 몇 가지 중요한 감세정책을 추진해왔다. 하지만 이러한 정책은 당초의 계획대로 잘 진행되지 않고 있다. 낮은 세율은 인하조치 되었지만, 높은 세율은 부자감세 논란에 휩싸여 그대로 유지되고 있다. 감세정책이란 문자 그대로 내는 세금을 줄여주는 것이기 때문에, 현재 세금을 많이 내는 이들에게 일시적으로 더 큰 혜택이 돌아가는 것이 사실이다. 부자감세라는 말은 바로 여기에 근원한 듯하다.

본래 감세정책이란 세부담을 낮춰주는 데 초점을 맞춘 것이 아니라, 조세가 발생시키는 비효율을 억제하고 경제의 자생적 활력을 높여 더 큰 경제성장을 달성하는 데에 있다. 즉, 특정계층의 세부담 완화를 목표로 추진되는 것이 아니다. 조세정책은 다양한 기능을 발휘하기는 하지만, 그 근간은 세수확보에 있다. 현대국가에서 조세를 거두는 이유는 국가가 수행해야 하는 모든 일들이 경제적 자원, 즉 돈을 요구하기 때문이다. 국방, 치안, 환경, 교육 등 국가가 제공해야 하는 공공서비스는 모두 경제적 자원을 필요로 한다. 조세란 이에 소요되는 재원을 가장 안정적으로 조달하기 위한 방안이다.

감세의 목적은 세금을 깎아주는 데 있지 않아

하지만 조세는 그 본질상 비효율을 발생시킨다. 조세의 부과는 극히 예외적인 경우를 제외하면 경제적 잉여손실을 가져오는데, 이를 경제학에서는 조세의 초과부담(excess burden of tax)이라고 한다.[1] 이때 잉여란 소비자나 생산자가 경제활동에서 얻는 것에서 지불하는 것을 뺀 차이를 의미하는데, 이와 같은 잉여(소비자잉여+생산자잉여)는 조세가 전혀 부과되지 않을 경우 가장 큰 것으로 알려져 있다.

조세가 비효율적이라고 하는 이유는 조세가 부과되면 이러한 소비자잉여와 생산자잉여의 일부분이 소비자, 생산자, 정부 등 어느 경제주체에도 귀속되지 않으면서 그냥 사라지게 되기 때문이다. 따라서 조세의 효율성이란 조세부과로 확보하는 세금액수에 비해 상실되는 사회적 잉여가 얼마나 작으냐에 대한 개념으로도 볼 수 있다. 이와 같은 조세의 초과부담은 세율에 매우 민감하게 반응하는데, 세율이 높아질수록 급격히 증가하게 된다. 세율이 두 배가 되면 초과부담은 네 배로 증가하는 식이다. 따라서 조세의 효율성이 높아지기 위해서는 세율은 가급적 낮게 유지하는 것이 좋다. 대부분의 선진국들이 지속적으로 세율인하에 나서는 이유도 바로 여기에 있다. 우리나라 역

---

[1] 쉽게 말하면 납세자는 100원의 세금을 납부한 것으로 인식하지만, 정부가 실제로 거둔 세금액수는 70원~80원 정도 된다는 의미이다. 이때의 차액이 조세의 초과부담이 되는 것이다.

시 이 점을 인식, 이미 수년 전부터 법인세와 소득세의 적용세율을 단계적으로 인하조정하는 중이다.

감세정책은 다양한 수단을 통해 추진될 수 있지만, 이 가운데 대표적인 것이 세율인하이다. 세율을 낮추면 그만큼 세금부담이 감소하기 때문에 가계에는 소득이, 기업에는 투자여력이 증가하게 된다. 이는 더 많은 소득과 더 많은 일자리가 창출될 수 있음을 의미한다. 정부의 세금수입이란 과세기반(tax base)에 세율(tax rate)을 곱해서 결정되므로 세율인하는 단기적으로 세수감소를 유발할 수 있다. 하지만, 세율을 인하하여 더 많은 경제활동이 창출되면 더 많은 과세기반이 확보되므로 정부의 세수입은 더 증가할 수 있다. 따라서 더 낮은 세율로도 더 많은 세금을 걷을 수 있다.

경제학 이론에서는 이러한 점을 인식, 일찍이 감세정책을 중요한 경제활성화 수단으로 규정하고 있다. 그런데 감세정책은 그 본질상 내는 세금을 줄여주어서 경제활성화를 꾀하는 정책이기 때문에 정책의 효과가 온전해지기까지에는 세금을 많이 내던 사람들이 더 큰 혜택을 보게 될 수 있다. 그런데 이는 자연스러운 현상이다. 마치 쌀이 맛있는 밥으로 변하기 위해서는 뜸 들이는 과정이 반드시 필요한 것과 같은 이치이다. 이러한 이행과정까지 부자감세라는 선정적인 말로 비난하기 시작하면, 감세정책은 적절히 시행되기 어렵다. 실제로 우리나라에서 감세정책이란 부자들의 세금만 깎아 주는, 그래서 대단히 정의롭지 못한 정책쯤으로 잘못 인식되는 경향이 강해지고 있다. 경제활력 제고와 성장에 대단히 효과적인 정책을, 편향된 주장 때문에 제대로 활용하지 못하게 된다면 우리나라는 영영 감세정책을 사용하지 못할 것이다.

세제개편안의 친서민적 조세정책

2008년 8월 발표된, 2009년 세제개편안에서는 친서민 정책코드가 제시된 바 있다. 출범당시 이명박 정부가 천명한 조세정책의 큰 기준은 한마디로 '감세'로 요약될 수 있다. 하지만 이와 같은 조세정책의 기조는 반년 만에 '친서민적 세제개편'으로 바뀌게 된다. 이러한 전격적 방향전환은 정부정책의 전반적 기조변화 때문이었다. 이명박 정부는 출범당시 많은 국민적 기대를 얻었으나, 광우병파동을 겪으면서 불과 몇 개월 만에 심각한 어려움에 봉착하게 된다. '친서민' 코드가 등장한 것은 이러한 정치적 어려움을 극복하기 위함이었다. 대통령과 행정부가 일제히 친서민을 외치는 상황에서 조세정책 역시 이를 외면하기 어려운 일이었다.

기본적으로 감세정책의 틀 안에서는 서민친화적인 조세정책은 구현되기 어려운 게 사실이다. 왜냐하면 본디 서민층은 세금부담이 높지 않기 때문에, 감세정책을 통해 이를 낮추어줄 여지가 별로 없기 때문이다. 특히 전통적으로 형평성이 강조되었던 우리나라 조세정책의 특성상, 중산층과 서민층에 대한 배려는 조세체계 내에 이미 충분히 구현되고 있었다. 뚜렷한 서민친화적 정책이 나타나기 어려운 상황에서, 우리나라 조세당국은 파격적인 정책을 내놓는다. 바로 세금납부의무의 소멸, 즉 세금탕감이 그것이다. 구체적으로, 폐업한 영세자영업자들의 경우 5백만 원까지의 세금납부의무를 소멸시켜주기로 한 것이다. 이 같은 정책의 배경에는 폐업한 자영업자들이 다시 건전한 경제활동주체로 재기할 수 있도록, 즉 패자부활의 기회를 제공하고자 한 의도가 있었다. 이러한 정책의도는 사실 인간적이고 아름다운 것이다. 하지만 의도가 좋다고 해서 결과까지 좋으리라는 법은 없다. 자칫 크나큰 사회적 대가를 치러야 할 문제요인으로 작용할 수도 있는 까닭이다.

납세는 헌법에서 규정한 국민의 의무

본디 납세의무라는 것은 법적 절차에 따라 '국가가 확정'한 것이다. 일찍이 벤저민 프랭클린은 '죽음과 세금처럼 확실한 것은 없다'(*In this world, nothing is sure but death and taxes — Benjamin Franklin*)는 말로 납세의무의 엄중함을 설파한 바 있다.

국가가 한번 확정한 세금을 다시 국가가 소멸시켜준다는 것은 자칫 심각한 도덕적 해이 문제를 야기할 수 있다. 대다수의 납세자들은 경제적 어려움에도 불구하고 꼬박꼬박 성실하게 세금을 납부하고 있다. 그런데 납세의무를 이행하지 않는 소수의 사람들에게 친서민이라는 명분으로 혜택을 주게 되면, 대다수 성실한 납세자들은 상대적 박탈감을 받지 않겠는가? 또한 '안내고 버티면, 언젠가는 탕감해주더라'라는 나쁜 선례를 남겨줄 가능성은 없겠는가?

이래서는 조세정책의 기강이 설 수가 없다. 차라리 납세의무를 연기해주는 것이 더 나은 정책이 아니었나 하는 아쉬움이 남는다. 지금 당장은 내지 못해도, 형편이 나아지면 세금을 내도록 하는 방법(사실 이것도 대단한 혜택이다)이 혜택과 부작용의 조화를 달성할 수 있는 보다 효과적인 방안이 아니었을까 하는 생각이다. 결국 이러한 정책은 법과 원칙을 정립하고 엄중히 집행해나가야 하는 정부가 국가적 책무를 스스로 허문 경우라 평가된다.

세금폭탄 논란

조세정책에서의 대표적 포퓰리즘의 사례는 종합부동산세의 도입에서 찾을 수 있을 것이다. 참여정부는 당시 심각한 문제 가운데 하나였던 부동산 가격급등의 문제에 대응하기 위해 종합부동산세를 도입하였다. 종합부동산세는 부동산 수요를 억제하기 위해, 고액부동산 보유자들을 대상으로 보유세 부담을 대폭적으로 증가시킨 정책이다. 즉, 수요감소를 통해 가격안정화를 꾀하려는 것이었다. 하지만, 정책이 도입되는 과정에서 종합부동산세에는 조세이론에 맞지 않는 여러 가지 무리한 요소들이 반영되었다. 정치적 의도가 개입한 때문이었다.

본디 부동산 보유세라는 것은, 지역밀착형 특성을 가지고 있기 때문에 국세보다는 지방세로 도입하는 것이 맞다. 지방세는 지방정부가 제공하는 각종 행정서비스, 즉, 교육, 치안, 교통, 환경 등의 서비스에 대한 대가로 지불하는 성격을 가지고 있기 때문에 보유세는 지방세로 운영하는 게 타당한 것이다. 극히 예외적인 경우만을 제외하면, 전 세계 대부분의 국가들에서 부동산 보유세를 지방세로 운영하는 까닭이 바로 여기에 있다. 2)

그럼에도 불구하고 우리나라의 종합부동산세는 부동산가격 억제라는 정책목표 때문에 국세로 도입되었다. 지방세로 도입하는 경우 지방정부 마음대로 세율인하를 추진할 수도 있다는 우려 때문이었다.

종합부동산세가 안고 있는 가장 심각한 문제 가운데 하나는, 세부담이 과도하게 설정되어 납세자의 부담이 지나치게 높아질 수 있다는

---

2) 부동산 보유 관련 조세를 국세로 운영하는 외국의 사례는 영국의 NNDR과 일본의 지가세가 유일하다. 하지만 일본의 지가세는 오래전에 과세정지되어 있는 상태이다.

것이다. 도입 당시 종합부동산세의 세부담 수준은 부동산 보유액에 따라 상이해질 수 있지만, 부동산 보유로 발생하는 소득 대비 세부담이 50%를 넘어설 수도 있다는 문제가 지적된 바 있다. 이는 독일법원이 순부유세에 대한 위헌판결에서 제시한 '반액과세의 원칙'이라는 과세원칙에 부합하지 않아, 위헌논의까지도 제기되게 한 일이었다. 3)

이외에도 종합부동산세가 가진 문제는 이중과세 및 과잉금지원칙에 위배될 수 있다는 법률적 문제부터, 지방자치제도의 위축문제에 이르기까지 실로 다양하게 지적된 바 있다. 그럼에도 불구하고 종합부동산세는 정치적 명분, 즉 소수 부유층만 부담하는 세금이라는 주장에 힘입어 도입이 강행되었다.

세금이 국민에 대한 폭탄이어서야 되겠는가

종합부동산세가 당초의 도입목적을 달성했는지는 뚜렷하지 않다. 이는 종합부동산세는 과세기간이 아직 충분히 길지 않아, 도입효과에 대한 연구가 충분히 축적되지 않았음에도 기인한다. 하지만 몇몇 연구에 따르면 종합부동산세가 지향했던 정책목표들, 즉 부동산가격 안정이나 형평성의 제고효과는 미미한 것으로 평가되고 있다. 실제로 많은 전문가들이 현재의 부동산가격의 안정은 종합부동산세의 도입 덕분이 아니라, 총부채상환비율(DTI) 규제 때문인 것으로 평가하고 있고, 과세형평성의 제고효과 역시 거의 나타나지 않은 것으로 인식된다. 이러한 문제점을 파악하여, 과세당국 역시 세제 정상화의 측면에서 종합부동산세의 폐지를 검토하고 있다고 한다.

종합부동산세의 도입은 그 자체로 조세포퓰리즘적 성격을 띤 대표

---

3) 최명근 외, "종합부동산세 도입정책에 대한 평가 및 정책제언", 한국경제연구원, 2004.

적 사례라 할 수 있다. 특히 도입과 관련된 과정에서 이른바 세금폭탄 논란을 불러일으킨 세금이다. 도입논의 당시 종합부동산세의 도입을 주장하던 한 국회의원은 '종합부동산세는 부자들에게만 작동하는 고성능 세금유도탄'이라는 선정적 용어까지 사용했다. 또한 '전체 국민들 가운데 오직 1%만이 부담하는 세금폭탄'이며 '대다수 국민들은 세금과 무관하니 안심하시라'는 말까지 덧붙였다. 4) 이러한 자극적, 선정적 표현은 다분히 국민들의 정서에 영향을 미쳤으며, 그 결과 종합부동산세는 이른바 홍길동식의 정의로운 세금으로 인식되기에 이르렀다.

합리적 시각으로 보자면, 세금폭탄 운운하는 언급은 대단히 무책임한 발언으로 보인다. 국가재정의 근간을 이루는 세금이 어찌 폭탄일 수 있겠는가? 설령 그렇다손 치더라도 제 나라 국민들에게 세금폭탄을 던지겠다는 말이 어찌 정상적이라 할 수 있겠는가? 경제적 처지를 기준으로 국민들 사이에 편을 가르려는 주장은 결코 책임 있는 사람이 할 말이 아니다.

전쟁이나 내전상황에 처한 국가들로부터 전해지는 뉴스에서는 실제로 폭탄이 터지는 모습을 볼 수 있다. 많은 경우 폭탄이 터지면 목표했던 대상은 물론, 주변의 엉뚱한 사람들까지 상하게 하는 경우가 많다. 만약 세금이 폭탄이 된다면, 이 경우도 엉뚱한 사람들까지 상해를 입을 가능성이 높다. 그 범위는 실제 폭탄의 경우보다도 훨씬 더 넓고 광범위하며 치명적일지도 모른다.

---

4) 법적인 납세의무자와 실제 세부담을 지는 사람은 전혀 다를 수 있기 때문에, 조세이론에 비추어 볼 때 이와 같은 표현은 옳지 않은 것이다. 이를 엄밀히 따져보기 위해서는 조세귀착(*tax incidence*)을 살펴보아야 하는데, 종합부동산세의 세부담은 많은 부분 중산/서민층에 전가될 수 있는 것으로 판단된다.

3. 지역개발 포퓰리즘, 재정낭비 초래

선거가 다가오면 지역별로 굵직한 지역개발정책들이 쏟아진다. 지역 유권자들에게 호소할 수 있는 방안을 모색하려다보니 이른바 '숙원사업'들이나 '지역현안' 등의 명목으로 제안된 개발사업들이 무더기로 쏟아져 나오기 때문이다. 지역 입장에서는 민의를 전달하고 이를 관철시킬 수 있는 절호의 기회이므로, 적극적으로 나설 수밖에 없다. 이러한 개발사업들이 모두 타당성이 없다고는 할 수 없고, 경우에 따라서는 국가발전에 순기능적 역할을 할 수도 있다. 하지만, 문제는 타당성이 뚜렷하지 않은 사업들이나 더욱 심각하게는 타당성이 전혀 없는 지역이기주의적인 사업들마저도 지역균형개발이라는 명분하에 함께 추진된다는 사실이다. 타당성 검토의 과정을 거쳐, 사업이 진행되는 경우에는 큰 문제가 없겠지만 대선공약이나 선거공약이라는 명분으로 사업이 강행되는 경우라면 심각한 재정낭비요인이 될 수도 있다.

기업도시, 혁신도시사업은 난항중

이러한 예는 수없이 많지만, 대표적으로 기업도시 및 혁신도시 건설사업을 꼽을 수 있다. 기업도시 및 혁신도시사업은 지역균형개발을 명분으로 2002년 대선당시 약속된 공약이었다. 제주, 대구, 진천, 원주 등 전국 10여 곳에 역량을 갖춘 신도시를 건설하여 지역거점으로 성장시키겠다는 목표로 추진된 것이다. 당초 이 사업은 지역의 필요성에 의해 제기되었다기보다는, 정치적 의도에서부터 시작되었다고 보는 것이 정설이다. 공약이행이라는 차원에서 사업시행에만 관심을 두고 진행하다보니, 제대로 된 타당성 평가가 이루어지지 않았고 당초의 계획과는 달리 사업추진이 제대로 되고 있지 못하다. 실제로 기업도시 및 혁신도시 건설은 2012년 말 완공예정으로 계획되었지만, 사업대상 10여 지역 가운데 계획대로 사업이 진행되는 곳은 한 곳도 없다. 대부분이 터닦기에 머물러 있는 중이며, 심지어 아직 토지매입조차 완료되지 않은 곳들도 있다. 문제는 이들 지역에서의 문제가 단순히 사업지연으로만 국한되지 않을 것 같다는 점이다.

혁신도시 사업의 경우 대부분 공공기관 이전계획도 함께 포함되어 있다. 새로이 건설되는 지역거점 도시에 공공기관을 우선적으로 이전시키고, 이를 동력으로 하여 관련 민간기관들의 입주를 도모한다는 것이다. 하지만, 새로운 도시의 건설은 인위적인 추진으로 단기간에 완료되는 것이 아니다. 도시가 온전하게 기능을 수행하기 위해서는 직장과 주거가 일치하는 자족성이 갖추어져야 한다. 따라서 공공기관 이전과 함께 반드시 진행되어야 하는 것이 주택의 공급이다. 문제는 공공기관 이전과 같은 사안은 다소 늦어지는 한이 있더라도 정부의 의지대로 진행될 수 있지만, 민간주택의 공급은 장담할 수 없다는 것이다. 이 경우 당초의 계획대로 자족기능을 갖춘 지역거점 도시의 건설은 불가능해진다. 많은 전문가들이 우려하는 바가 바로 이것이다. 사업의 경제적, 정책적 타당성에 대한 철저한 검토 없이 지역적 이해와 영합한 정치적 의도로 추진되는 바람에, 당초의 계획과는 전혀 다른 부실사업이 될 가능성이 높아졌다. 물론 재정손실 역시 적지 않을 것이다.

아직 성패를 가늠하기는 어렵지만, 행정복합신도시 역시 대선 당시의 공약으로 추진되는 사업이다. 당초 수도이전(천도)의 규모에서 시작되었고, 진행과정상의 문제들로 사업내용이 대폭 수정된 바 있으며, 그러고도 사업 자체의 타당성 논란이 끊이지 않았던 사업이다. 2009년 사업추진여부까지 포함한 전면적 재검토가 다시 진행된 바 있지만, 논란 끝에 계획대로 진행하기로 결론이 지어졌다. 거의 1년 여에 걸친 당시의 논의는 사안의 중요성을 고려할 때, 큰 비용은 아 니라고도 볼 수 있겠다. 하지만 사업의 계획단계에서부터 보다 정교 하게 검토되었더라면 치르지 않아도 될 여론분열과 국력낭비를 발생 시켰음은 부인하기 어렵다. 이 사업 역시 정치적 포퓰리즘으로 인한 국가적 손실의 전형적 사례이다.

포퓰리즘적 사업의 경우에는 비록 사업이 실제로 진행되지 않아도 심각한 문제를 발생시킨다. 물론 사업이 강행되지 않았기 때문에 소 중한 재원을 아낄 수 있었다는 긍정적 측면은 존재하지만, 그렇다고 해서 모든 문제로부터 자유로워지는 것은 아니다. 경우에 따라서는 심각한 정치적 혼란이 발생할 수도 있으며, 이 역시 재정낭비만큼이 나 심각한 사회적 비용이다. 2011년의 동남권신공항 건설논란은 이 의 좋은 예라 할 것이다.

정치적 혼란도 심각한 사회적 비용

동남권신공항 건설사업은 2007년 대선 당시 한나라당 이명박 후보 의 공약이었다. 영남권의 대표라 할 수 있는 김해국제공항이 용량포 화 상태에 직면함에 따라 김해공항 확장을 비롯한 다양한 대안들이 제안된 바 있는데, 이 가운데 유력하게 모색된 것이 동남권신공항 건 설사업인 것이다. 동남권신공항사업은 부산 가덕도와 경남 밀양의 두 곳을 후보지로 하여, 인천공항에 필적할 만한 대규모 국제공항을 건설하려는 계획이었다. 계획상에 제시된 공사기간만도 10년에 이르 는 데다가, 소요자금 역시 10조 원에 이르는 대규모 역사였다. 이와 같은 사업이 추진되는 경우 공사기간 동안은 물론, 공항이 운영/유지 됨에 따른 고용, 소비 등의 경제적 과실이 엄청나기 때문에 후보지역의 유치노력은 필사적이었다. 왜 자기 지역이어야 하는지를 설득하려는 광고는 물론이려니와, 유치가 실패하는 경우에는 가만있지 않겠다는 과격한 홍보도 서슴지 않았다.

사업추진의 결정이 임박해오자, 해당지역에서는 설득보다는 협박성 으름장마저 등장하기 시작했다. 그러나 평가위원회에서 두 지역모두 사업추진의 타당성이 없는 것으로 결론을 맺고, 최종적으로 사업추진은 백지화되었다. 그러자 경쟁을 벌이던 부산과 밀양지역에서는 평가결과에 대한 극심한 반발과 함께, 이명박 정부의 퇴진요구까지 제기하기에 이르렀다. 이러한 정치적 혼란은 결국 대통령이 직접대국민 담화를 통해 사과에 나섬으로서 일단락되는 모습을 보이고 있지만, 아직도 문제가 온전히 해결된 것으로 보기는 어렵다.

사실, 공공투자사업에 대하여 정부가 타당성 평가를 수행하고, 그결과에 따라 사업추진을 중단한 것은 합당한 일이다. 예비타당성 조사 등 공공투자사업에 대한 평가를 수행하는 이유는 사업타당성에 대한 보다 엄밀한 검증을 통해 재정지출의 효율성을 높이기 위함이다. 세금낭비는 누구나 싫어하는 것 아닌가? 이러한 맥락에서 동남권신공항 건설사업에 대한 일련의 과정은 자연스럽고도 당연한 것이었다. 그럼에도 불구하고, 심각한 정치적 저항이 발생한 이유는 정부가 사업의 전 과정에서 보여왔던 모습이 '합리적이고 당연한 결론'이라는 말만으로는 설명되지 못하는 석연치 못한 구석이 있기 때문이다.

전술한 바와 같이 동남권신공항사업이 공론화된 데에는 정치적 요인이 매우 큰 비중을 차지한다. 비록 사업추진의 필요성이 인정되는 사업이었다 하더라도, 사업규모나 지역경제적 파급효과가 큰 사업에 대해서는 보다 조심스러운 접근이 필요했었다. 당장의 정치적 이익이나 선거에서의 표를 의식하여, 마치 당장 추진해줄 것처럼 쉽게 약속해서는 안 되었다는 것이다.

문자 그대로 공약은 공식적 약속이다. 모든 약속은 중요한 것이지만, 약속의 대상자가 다수라는 측면에서 공약이 담고 있는 무게는 사적인 그것과는 비교되지 않는다. 동서고금을 막론하고, 모든 사회가 약속을 중요시하는 이유는 약속의 이행여부가 신뢰를 좌우하기 때문이다. 약속을 지키지 않는 사람은 거짓말쟁이라고 하여, 그 사람의 능력이나 지위와 무관하게 그 인격을 폄하하는 것도 모든 사회에서 공통적으로 발견되는 현상이다. 따라서 약속은 항상 이행가능성을 염두에 두고, 조심스럽게 행해져야 하는 것이다. 동남권신공항의 사례에서처럼, 이행가능성은 도외시한 채 정치적 이해타산을 이유로 막무가내로 공약화하는 것은 무책임한 일이다.

공약검증 시스템의 구축이 필요

그럼에도 불구하고 우리나라에서는 대선은 물론, 총선 및 지방선거 등에서도 검증되지 않은 포퓰리즘적 공약들이 남발되고 있다. 물론 경제에 미치는 부정적 영향은 큰 규모의 사업을 다루는 대선의 경우가 훨씬 더 크지만, 총선 및 지방선거에서의 소소한 공약들 역시 재정에 부정적 영향을 미치기는 마찬가지이다. 이와 같이 무책임한 공약들이 빈발하는 이유는 선거과정에서 공약의 타당성에 대한 검증이 적절히 이루어지지 않기 때문이다. 즉, 공약의 타당성에 대한 검증과 이를 통한 정책평가의 엄격성이 낮기 때문에, 실현가능성보다 심정에 호소하는 자극적 공약들이 남발되게 되는 것이다. 실제로 고 노무현 대통령도 행정수도 이전사업이 정치적 목적에서 비롯되었음을 후술한 바 있으며, 이명박 대통령 역시 과학벨트 충청권 유치는 표를 의식한 것이라 고백한 바 있다. 5)

이와 같은 문제를 제어하기 위해서는 허황되고 졸속으로 만들어진

120

공약을 선거기간 동안 제대로 검증해낼 장치가 마련되어야 한다. 객관적 입장에 있는 전문가들로 하여금, 공약의 실현가능성과 경제적, 정책적 타당성을 엄격하게 평가하도록 하여 이 같은 결과가 선거결과에 충분히 반영될 수 있도록 해야 한다. 이러한 제도적/비제도적 장치를 구축하는 것은 실제 작동과정에서 졸속으로 작성된 공약의 남발을 억제하는 데 효과적일 뿐만 아니라, 제도구축의 여부만으로도 표만을 목적으로 만들어지는 허황된 공약의 출현을 방지할 수가 있을 게 틀림없다.

이러한 방안이 유효성을 갖기 위해서는 제안된 공약을 엄격히 평가할 수 있는 충분한 시간이 확보되어야 한다. 실제로 2011년 지방선거에서는 한나라당과 민주당 후보가 내세웠던 정책공약들이 며칠간의 유세기간 동안 뒤바뀌는 경우도 있었다. 공약이 졸속으로 제작되었음을 반증하는 사례이다. 따라서 공약발표 기한을 사전에 정하고, 이를 평가할 수 있도록 해야 한다. 또한 이러한 노력이 보다 뚜렷한 효과를 거두기 위해서는 아무래도 이를 검증하는 장치가 보다 공적인 영역에서 제도화될 필요가 있다. 실제로 과거 유권자 단체를 중심으로 이와 유사한 공약검증 활동이 있었으나, 평가결과가 실제 선거에 영향을 미치도록 하는 피드백 수단이 부재한 한계로 인해 유야무야 흐지부지된 경험이 있다. 물론 이러한 방식은 상당규모의 시간적, 경제적 노력을 요구한다. 하지만 공적 제도를 통한 공약검증체계의 구축은 표를 의식한 포퓰리즘적 사업의 충동적 제안이나, 이로 인한 경제적, 사회적 문제를 상당부분 완화시킬 수 있음에 틀림없다.

---

5) "(충청권) 신행정수도 건설을 주제로 지난 대선에서 재미를 좀 봤습니다", "대선 당시 표를 의식해 과학벨트 충청유치를 공약으로 내세웠다," 〈국책사업 새 틀을 짜자〉, 〈조선일보〉, 2011. 5. 18.

4. 무상의료, 정말 공짜인가

주지하는 바와 같이 2010년 지방자치단체장 선거시 가장 큰 이슈 가운데 하나는 전면무상급식 정책이었다. 선거결과에 고무된 한 단체는 내친김에 무상의료 정책까지 이슈화하기에 이른다. 주장된 내용은 대략 1인당 1만 천 원가량(가구당 약 2만 8천 원)을 현재보다 더 내면, 1인당 병원비가 1백만 원을 넘지 않도록 할 수 있다는 것이다. 만약 이와 같이 될 수 있다면, 그야말로 꿈같은 일이 아닐 수 없다. 가족건강에 관심이 많은 국민이라면, 특히 병원비 지출이 큰 노령계층의 경우에는 1년에 단돈 1만 천 원을 더 내고 병원비 고민에서 자유로워질 수 있다는데, 이런 제안을 누가 마다하겠는가? 하지만 경제학을 공부하는 사람의 입장에서 보면, 이는 별로 신뢰가 가지 않는 주장이다. 왜 그러한지 살펴보자.

1만 천 원은 매우 비현실적인 계산

먼저, 1인당 추가로 더 내야 하는 액수, 즉 1만 천 원의 추정근거가 그리 미덥지 못하다. 이슈를 제기한 측의 주장에 따르면, 1만 천 원이란 무상의료를 위해 추가적으로 필요한 액수(건강보험의 소요액) 12조 원을 모으기 위한 가입자 1인당 평균부담액이라는 것이다. 현행 건강보험체계에 따르면, 건강보험재정은 가입자(환자)와 가입자의 소속기관(기업), 그리고 정부가 분담하는 구조로 되어 있다. 부담률은 가입자와 기업이 같고, 이 둘의 부담액 합의 20%는 정부가 부담한다. 예컨대 가입자가 1만 원을 내면, 가입자의 소속기관도 1만 원을 내고, 이 둘의 합인 2만 원의 20%(4천 원)는 정부가 부담하는 구조이다. 이러한 방식대로 가입자가 5조 원을 모으면, 기업이 5조 원을 부담하고, 여기에 정부가 2조 원을 보태서 무상의료(실제로는 무상의료에 가까운)에 소요되는 재원인 12조 원을 조달한다는 것이다.

이러한 계산은 언뜻 별로 잘못된 것이 없는 것처럼 보이지만, 이와 같이 단순한 덧셈, 뺄셈이 현실에도 척척 들어맞을지에 대해서는 회의적이다. 이는 의료서비스의 가격형성 과정, 즉 수요와 공급 그리고 균형가격이 현재수준에서 고정됨을 가정한 결과이기 때문이다.

수요와 공급이란 매우 다양한 요소에 의해 영향을 받는다. 경제학 이론에서는 수요와 공급이 상황변화에 따라 유기적으로 변화될 수 있음을 오랜 기간 설파해왔다. 따라서 의료서비스 시장에서 수요와 공급이 현재와 같이 고정됨을 가정한 무상의료 주장은, 경제학 이론에 비추어보자면 사실 매우 비현실적인 주장이다.

제도가 시행되면 의료서비스 수요는 폭증할 것

그렇다면 무상의료 정책이 도입되는 경우, 수요와 공급은 어떻게 변화될 것인가? 먼저 서비스 수요자, 즉 환자들의 측면을 살펴보자. 무상의료란 의료서비스의 가격이 낮아짐을 의미하므로, 제도시행에 따라 상당수준의 수요증가가 발생할 것을 예상할 수 있다. 평소 비용 부담 때문에 받지 못하던 의료서비스가 있었다면, 이제 환자들은 10% 정도의 부담만으로도(건보부담 90%) 의료서비스를 원하는 대로 소비할 수 있을 터이므로 병원을 찾는 이가 폭증할 것은 자명하다. 이와 같은 상황만으로도 건강보험재정에는 큰 부담으로 작용할 것이다. 전보다 많은 진료가 이루어지면 건강보험의 입장에서는 수입보다 지출이 당연히 많아질 것이기 때문에 즉각적인 재정악화가 발생할 것이다. 따라서 수요증가 상황만으로도 당초에 계획했던 1만 천 원의 무상의료는 지속하기 어려워진다.

　문제는 이와 같은 수요급증 문제에 효과적으로 대응할 만한 수단이 별로 없다는 점이다. 한번 생각해보시라. 무상의료를 위해 1만 천 원을 추가적으로 더 지불한 환자들 입장에서, 내 몸의 고통과 불편을 참아내면서까지 건강보험재정의 악화를 걱정할 것인지를. 환자의 입장에서는 1만 천 원을 더 지불했기 때문에 의료서비스를 더 많이 받는 것이 당연하다고 생각한다. 건강보험의 재정악화를 방지하기 위해, 의료서비스의 양이나 질을 제한하는 방법도 생각해볼 수는 있을 것이다. 하지만 이 역시 합리적인 대안은 아닌 것이, 양이나 질을 제한하는 방안은 수요를 억제하는 것이 되며, 그렇다면 결국 정책을 왜 도입했는지, 즉 정책도입의 취지가 무색해지는 문제가 발생한다. 결과적으로 1만 천 원으로 무상의료가 실현될 가능성이 별로 없어 보이는 이유는 바로 여기에 있다.

무상의료 정책은 의료시장의 지속가능성을 훼손

　그렇다면 공급측면은 어떻게 변화할 것인가? 앞서 살펴본 바와 같이 의료서비스 시장에서의 수요증가는 자연스럽게 가격인상을 가져올 것이다. 이는 건강보험의 수가인상을 의미한다. 이는 건강보험의 지급액수의 증가 및 건강보험재정의 악화로 이어질 것이다. 혹자는 건강보험의 의료수가를 억제하면 될 것이라 생각할지 모른다. 의료서비스는 그 본질상 공공성을 배제하기 어려우므로, 부분적으로 가격억제의 명분이 인정되기 때문이다. 경제학에서는 이미 오래전부터 이와 같은 현상을 분석해온 바 있는데, (이를 경제학에서는 가격규제 —price regulation — 라 한다) 이 같은 현상은 생각보다 다양하고 심각한 부작용을 발생시키는 것으로 알려져 있다.

124

이와 같은 가격규제(이 경우에는 가격상한제 — price ceiling)가 발생했을 때, 가장 흔하게 발생할 수 있는 문제가 공급의 감소이다. 즉, 건강보험의 의료수가 억제는 의료서비스의 공급감소를 야기할 수 있다. 낮은 의료수가로 의사나 병원이 기대보다 돈을 벌지 못하는 상황이 지속되면, 의사를 하겠다는 사람도 줄어들고 그 중에는 운영이 어려워 문을 닫는 병원도 발생하게 될 것이다. 즉, 공급감소가 발생하는 것이다. 수요증가의 경우와 마찬가지로, 시장에서 공급의 감소는 가격인상을 의미한다.

결국 1만 천 원으로는 무상의료가 현실적으로 가능하지 않은 것이다. 물론 건강보험재정에 심각한 어려움이 닥치기 이전, 즉 정책도입 이후 짧은 시간동안에는 계획했던 무상의료가 가능할지도 모르겠다. 하지만, 새로운 정책으로 수요와 공급이 본격적으로 반응하는 중장기적으로는 지속가능성을 장담하기 어려운 구조인 것이다.

복지수준의 제고는 누구나 원하는 것, 하지만 반드시 부담이 따르는 것

복지수준의 제고는 누구나 원하는 것이다. 건강, 교육, 환경 등과 같이 국가의 지속가능성과 관련된 복지수준이 높아지는 것은 비록 내가 직접적인 수혜자가 아니더라도 반대할 까닭이 없기 때문이다. 하지만 우리가 간과해서 안될 것은, 이러한 복지에는 반드시 비용이 따른다는 점이다. 누군가는 반드시 그 비용을 부담해야 한다는 것이다. 그렇다면 이러한 복지비용은 누가 부담해야 하는가?

많은 사람들이 복지비용은 내가 아닌 정부가 '당연히' 부담해야 하는 것으로 생각한다. 하지만, 정부는 생산을 하는 경제주체가 아니기 때문에 결국 그 부담은 세금이나 준조세(연금, 의료보험의 납입액)의 형태로 가계나 기업에 고스란히 전가된다. 물론 모든 납세자가 이러한 비용부담을 균등하게 지는 것은 아니다. 소득이나 보유한 재산에 따라 어려운 사람은 형편이 되는 대로 조금씩, 부유한 사람은 보다 넉넉히 부담하게 될 것이다. 혹자는 고소득자와 대기업은 여력이 많을 테니, 고비용을 부담하는 것이 당연하다고 생각할지도 모르겠다. 하지만 현재의 건강보험도 저소득층은 본인 납부액의 일곱 배가량을 받는 반면, 고소득층은 납부액의 70% 정도만 받고 있는 것이 사실이다. 혜택기준으로는 열 배가량 저소득층이 유리한 구조인 것이다. 무상의료 정책이 도입되는 경우 이와 같은 차등부담은 더욱 심각해질 것이다.

　기업에게 부담을 지우는 것은 어떠한가? 기업이 부담한다는 것은 세금을 더 내는 것이나 부담률을 높이는 형태로 나타나게 될 것이다. 하지만 세금이나 부담금은 그 속성상 전가, 즉 부담 떠넘기기가 가능한 것이다. 겉으로 드러나는 법적 납세의무자와 실제로 세금을 부담하는 주체는 완전히 다를 수 있는데, 경제학에서는 이러한 분석을 조세귀착(tax incidence)이라 한다. 즉, 외형적으로는 대기업에 세금을 부담시킨다 하더라도, 실제로는 그 부담은·기업이 지지 않을 수 있는 것이다. 그렇다면 기업에 부과된 세금은 누구에게로 전가될까?

　법인에 부과되는 세금은 대체로 전방전가와 후방전가가 모두 가능한 세금으로 알려져 있다. 세금부담이 주주배당액에 부과되는 경우에는 후방전가, 기업이 판매하는 제품가격에 부과되는 경우에는 전방전가가 된다. 따라서 기업에 세금부담을 더한다는 것은 주주들의 배당액을 통해서, 또는 소비자 가격의 인상을 통해서 전가될 수 있는 것이다. 후자의 경우는 의료비용의 부담이 일반소비자에게 전가됨을 쉽게 알 수 있다. 전자의 경우에는 대주주가 더 많은 부담을 지겠지만, 이때 기업의 주식을 소유한 소액주주들 역시 부담을 공유하게 된다. 따라서 무상의료정책의 부담은 부자들만이 아닌, 일반국민들 모두에게 전가될 수 있는 것이다.

선정적 구호보다는 합리적 대안이 필요

무상의료를 주장하는 측에서 강조하는 1만 천 원이란 평균적인 개념일 뿐이므로, 가입자가 5조 원을 더 모아야 한다면 많이 내는 사람의 부담이 더 커질 수밖에 없다. 앞서 살펴본 바와 같이 현재에도 건강보험의 의료비 부담은 상당히 누진적으로 구성되어 있는데, 무상의료 정책을 수용하는 경우에는 이와 같은 차등부담은 더욱 심화될 것이다. 이와 같은 차등적 부담의 심화가 합당하고 또 바람직한 것인지에 대해서는 다시 한 번 진지하게 생각해 볼 필요가 있다. 비용부담의 일차적 주체가 단지 내가 아니라는 이유로, 또는 부자이니 그가 비용을 내는 것이 마땅하다고 주장하는 것은 결코 성숙한 국민의 자세라 할 수 없다. 우리가 단지 오늘만 살고 말 게 아닌 다음에야, 과연 새로운 제도가 지속가능한지를 따져보는 것이 옳지 않겠는가?

모든 국민이 보다 편안하게 살기 위해서는 의료부담이 작아지는 것이 좋을 것이다. 이러한 관점에서 의료비 부담을 낮추자는 주장은 장기방향성 측면에서 일리가 있다. 하지만 모든 정책은 현실적 제약을 토대로, 득과 실을 꼼꼼히 따져가면서 추진해야 하는 것이다. 건강보험의 재정상태는 현재도 그리 낙관적이지 않은 것으로 알려져 있다. 현재 진행중인 고령화의 문제만으로도 건강보험재정은 위태위태하다. 벌써부터 적자문제가 터져 부담액을 인상하지 않았는가? 포퓰리즘을 위한 선정적 구호보다는 합리적인 정책대안이 필요한 시점이다.

5. 사회보험, 책임성이 강조돼야

학생들에게 보험의 원리에 대해 설명할 때, 이해를 돕기 위해 필자는 다음과 같은 예를 들곤 한다. 100명이 사는 어떤 사회에서, 무슨 이유에서인지 경험적으로 1년에 한 명은 사고를 당해 다친다고 하며, 사고를 당했을 때 치료를 위해서는 100만 원이 소요된다고 한다. 이 사회에 있는 모든 사람들은 비록 작은 확률이지만 자신이 사고를 당했을 경우를 염려하여 불안해하며, 이로 인해 비효용(dis-utility)을 경험하게 된다.

보험시장의 작동원리

이제 어떤 (현명한) 사람이 나서서 다음과 같은 보험상품을 조직한다. 구성원 100명이 각자 1만 원씩을 내서 치료비 100만 원을 적립하고, 사고를 당한 사람에게 이를 지급하는 것이다. 보험에 가입한 사람은, 불행한 사고를 당할 경우 보험금을 지급받게 될 것이므로 큰 비용의 부담에서 벗어날 수 있다. 비록 사고를 당하지 않았다 하더라도, 보험에 가입한 이후에는 잠재적인 비용부담에서 자유로울 수 있으므로 안심할 수 있다. 따라서 이때에 부담금 1만 원이란 마음의 평화를 얻기 위한 비용이라 할 수 있다.

만약 이 상황에 직면한다면 독자 여러분은 어떻게 하시겠는가? 1%라는 것은 충분히 낮은 확률이므로 1만 원을 아끼기 위해 보험가입을 거부할 것인가? 아니면 1만 원을 내는 한이 있더라도 안심을 위해 보험에 가입하시겠는가? 아마도 대부분의 사람들은 1만 원을 내더라도 안심하고 지내는 편을 택할 것이다. 대부분의 사람들이 위험기

피적(*risk-averse*) 성향을 가지고 있기 때문이다. 보험시장은 이러한 원리에 따라 형성되고 운영되는 것이다.

보험시장이 안고 있는 문제점 : 도덕적 해이, 역선택

그런데 현실은 이렇게 간단하지만은 않다. 만약 사고를 당하는 사람이 2명으로, 즉 위험률이 2%로 증가되면 어찌될까? 이제 보험금을 지급받아야 하는 사람이 2명으로 증가하기 때문에 보험급여는 2백만 원으로 늘어야 하며, 보험을 유지하기 위해서는 보험가입자 1인당 2만 원씩을 부담해야 한다. 이처럼 보험부담액은 위험률에 매우 민감하게 반응한다. 따라서 보험부담액이 낮게 유지되기 위해서는 보험가입자들의 사고예방 노력이 지속되어야 한다. 그러나 현실에서는 그렇지 못한 것이, 보험에 가입하게 되면, 아무래도 위험률을 낮추려는 노력을 등한시할 것이기 때문이다. 예컨대, '불이 나면 모든 것이 끝'이라는 생각으로 철저하게 화재예방 노력을 기울이던 사람이, 보험가입 이후에는 어차피 불이 나도 보험회사에서 피해보상을 해줄 것이라는 생각으로 예방노력을 덜 하는 것이다. 이는 대부분의 보험상품에서 흔히 찾아볼 수 있는 현상이다. 자동차 보험가입 후에는 안전운전 수칙을 덜 준수하는 것이나, 의료보험 가입자가 보험가입 후에는 전보다 위생이나 운동에 덜 신경쓰는 것도 비슷한 이치이다. 이러한 사람들이 많아지게 되면, 보험가입자 전반에 걸친 위험률은 평소보다 더 높아지게 된다. 경제학에서는 이러한 현상을 도덕적 해이(*moral hazard*)라고 부른다.

만약 도덕적 해이를 보이는 사람들이 더 많아지면 어찌될까? 위험률이 높아져 기존의 보험부담액으로는 더 이상 보험상품이 유지되기 어렵게 된다. 따라서 계속 보험이 유지되려면 가입자들 모두 전보다 더 많은 부담액을 내야 한다.

하지만 이러한 상황이 지속되면, 평소대로 위험률을 낮추고자 노력한 사람들은 보험부담액이 너무 커서 불공평하다고 생각하게 되고, 궁극적으로는 보험시장을 떠날 것이다. 반면, 위험률을 높인 사람들, 즉 도덕적 해이를 보이는 사람들은 보험이 꼭 필요할 것이므로 지속적으로 보험시장에 머무르려 할 것이다. 결국 보험시장에는 위험률이 높은 사람들이 점차 많아지게 된다. 이러한 상황이 충분히 지속되는 경우, 보험시장에는 고위험자들만 남게 된다. 사고확률이 높은 고위험자들이 증가할수록 위험률이 높아지므로, 보험액은 당초보다 훨씬 더 높아진다. 저위험자들은 지속적으로 보험상품에서 이탈하게 될 터이므로, 결국 보험시장에는 위험률이 높은 사람들만 남게 될 확률이 높다. 이를 경제학에서는 역선택(adverse selection)이라고 한다. 역선택이 발생하게 되면 보험시장이 더 이상 유지되기 어렵게 되며, 궁극적으로는 시장붕괴가 발생할 수 있다. 결국 사회적으로 바람직한 상품이 더 이상 공급되지 않는 것이다.

보험이 공급되지 않는 경우, 가장 큰 피해를 보는 사람들은 사고발생시 처리비용을 감당하지 못하는 사람들, 즉 경제적 취약계층이다. 도덕적 해이나 역선택의 문제는 보험시장에서 흔히 발견되는 문제이며, 실제로 이에 대응하기 위해 민간보험회사들은 많은 노력을 기울이고 있다. 위험률을 높이는 고위험군의 보험가입을 거부하거나, 이른바 보험사기를 방지, 적발하고자 지속적으로 감시하는 것들이 바로 그러한 노력들이다. 의료보험에서 당뇨환자나 고혈압환자의 보험가입에 제약을 두는 것, 또는 사고경력이 많은 운전자나 사고율이 높은 자동차에 대해서는 자동차보험의 가입을 거부하는 것 등이 좋은 예라할 것이다.

사회보험은 어떠한가?

이상의 예는 보험의 작동원리를 통한 현실적 문제를 매우 간단한 예를 들어 설명한 것이지만 우리가 사는 세상은 이보다 훨씬 더 복잡하며, 민간의 역량으로는 충분히 공급되지 못하는 보험들도 있다. 의료, 연금, 실업 등 공적 영역에서 제공하는 사회보험이 그것이다. 우리나라에서도 운영하는 건강보험, 국민연금, 실업보험 등은 정부가 제공하는 사회보험이다.

사회보험은 민간보험과 비교할 때, 작동원리는 동일하지만 차별화되는 뚜렷한 특징이 몇 가지 있다. 먼저 사회보험은 조건이 훨씬 덜 구체적이다. 즉, 특정 상황이 발생했을 때, 이것이 보험금 지급사유에 해당되는지를 민간보험에 비해 덜 따진다. 이는 사회보험의 도입 이유가 '국민복지의 증진'에 있기 때문이다. 민간보험은 보험가입자의 이해관계에 따라 조직된 것이기는 하지만, 기본적으로 보험을 운영하는 주체가 기업이기 때문에 기업의 존재이유, 즉 이윤과 지속가능성에 매우 민감하게 반응한다. 따라서 민간보험에서는 보험금을 지급할 때, 적절히 지급되어야 하는 정상적 상황인지, 혹시 문제요건은 없는지를 꼼꼼하게 따지게 되는 것이다. '어떤 보험회사는 보험금 지급상황에서도 돈을 순순히 내주지 않는다더라'는 식의 말들은 바로 이러한 이유 때문에 나타난 현상이다. 반면 사회보험은 보험공급자의 이윤보다는 가입자의 복지증진이 목적이기 때문에 보험금 지급시 민간보험보다는 덜 구체적으로 접근한다. 사회보험이 민간보험보다 너그러운 이유는 여기에 있다.

그러나 사회보험 역시 보험이기 때문에, 그 작동원리 자체는 민간보험과 같다. 따라서 사회보험이라 하더라도, 민간보험이 안고 있는 도덕적 해이나 역선택의 문제에서 자유로울 수는 없다. 즉, 사회보험 역시 위험률이 높은 사람들만 가입할 가능성이 높다. 이 경우 민간보험과 같이 사회보험도 존속되기 어려워진다. 이러한 문제에 대응하기 위해, 대개의 사회보험은 가입의무를 강제적으로 정해둔 경우가 많다. 위험률이 낮은 사람들을 의무적으로 가입하게 하여, 가입자 전반에 걸친 위험을 낮은 수준으로 유지하려는 것이다. 이러한 맥락에서 보자면, 사회보험은 복지혜택의 유지를 위해 다수의 저위험군들이 참여하고 보조하는 형태를 띠는 것이다.

사회보험은 안전한가?

사회보험은 가입의 강제성으로, 민간보험보다는 안정적으로 유지되는 편이다. 그런데 문제는 보험혜택을 받는 사람들이 늘어나는 경우에 발생한다. 보험금을 많이 지급하게 되면 사회보험이라 하더라도 필연적으로 보험재정상의 어려움이 발생한다. 즉, 들어오는 돈(가입자들의 부담액)보다 나가는 돈(보험금 지급액)이 많아지면 적자가 발생할 수밖에 없는 이치와 같다. 적자가 누적되면 보험 자체가 존립되기 어려워지므로, 보험유지를 위해서는 가입자들의 부담액을 증가시켜야 한다. 보험부담액이 증가하게 되면, 가입자들은 점점 불만을 품게 된다. 나는 별로 혜택을 받지 못하는데 내야 하는 돈은 점점 늘어나기 때문이다. 또한 위험률이 높아질 수도 있다. 돈을 내고만 있던 사람들이 위험저감 노력을 등한시하면 전반적인 위험률이 높아지게 된다. 이러한 상황이 지속되면 사회보험도 더 이상 지탱하기 어려워진다. 극단적으로 사회보험이 폐지된다면, 민간보험과 마찬가지로 보험혜택이 진정으로 필요한 사회적 약자들이 가장 큰 피해를 보게 된다.

우리나라의 대표적 사회보험은 국민연금과 건강보험이다. 그런데 유감스럽게도 두 보험 모두 지속가능성에 대한 심각한 의문에 직면하고 있다. 재원조달방식이 안정적인 구조로 되어 있지 않기 때문이다. 우리나라의 사회보험은 '부과방식'(*pay as you go*)이라고 하여, 비록 내가 충분한 부담금(기여금)을 내지 않았더라도, 지급사유가 발생하면 일단 돈을 받는 구조로 되어 있다. 국민연금을 예로 들면, 비록 짧은 기간만 보험금을 납입한 노령층이라 하더라도 같은 시대에 사는 젊은 사람들이 낸 납입금을 통해 연금을 우선 지급받는 방식이다. 시간이 흘러 앞서 돈을 낸 젊은 사람들이 연금을 받아야 할 시기가 오면, 그 시점에서 보험을 납입하는 다음 세대 젊은 계층의 납입금을 통해서 받게 된다. 이러한 방식은 복지 차원에서 매우 효과적이다. 돈이 필요한 사람들에게 우선적으로 지급할 수 있기 때문에, 복지수준이 큰 폭으로 제고될 수 있기 때문이다.

하지만, 이러한 방식은 재원안정성 측면에서 취약하다. 즉, 지급액을 부담해야 하는 계층이 충분치 않으면, 연금재정이 곧바로 적자로 돌아설 수 있기 때문이다. 우리나라의 공적 연금, 즉 국민연금과 건강보험의 지속가능성이 문제가 되는 이유이다. 우리나라가 겪는 심각한 문제가 바로 '저출산, 고령화' 문제이다. 우리나라는 세계에서 인구고령화가 가장 빠르게 진행되는 국가 중 하나이다. 이는 사회보험 측면에서 보자면, 수혜자는 매년 큰 폭으로 증가하는데, 이를 부담해야 하는 계층은 점점 축소되고 있음을 의미한다. 흔히 듣게 되는 국민연금 재원이 언제 고갈된다더라, 건강보험 재정이 언제 적자가 된다더라 하는 말이 바로 여기에 연유하는 것이다.

무엇을 해야 하는가? : 사회적 책임성의 강조

주지하는 바와 같이 우리나라 사회보험은 지금 현재의 예상만으로
도 적자를 모면하기 어려울 것으로 보인다. 그런데 현재 논의되는 이
야기들은 이러한 문제를 해결하기보다는 더욱 악화시키는 방향으로
진행되는 것 같다. 건강보험의 재정적 어려움은 외면한 채, 수혜폭의
확대만이 강조되고 있기 때문이다. 만약 기여금을 부담하는 사람들
이, 나도 혜택을 받아야겠다고 돌아서면 국민연금과 건강보험의 재
정파탄은 예상보다 훨씬 빨리 다가올지도 모른다.

혜택수준을 파격적으로 높이자는 주장은 사실 누구나 할 수 있는
말이다. 혜택의 적정수준이란 정해진 바가 없기 때문에, 그 상한이
어디인지는 아무도 모른다. 복지수준을 높이자는 데에는 반대할 사
람도 별로 없다. 그런데 복지수준을 높이자는 주장은 현실적으로 도
움이 되지 않을 뿐더러, 매우 무책임하기까지 한 일이다. 중요한 것
은 혜택을 높이되 어찌하면 실현가능해질지를 보다 합리적으로 제시
하는 것이다. 전술한 바와 같이 사회보험 재정이 부실화되면, 그 부
담은 결국 국민들에게 고스란히 돌아오게 된다. 극단적으로 사회보
험이 폐지되는 경우에는 그 혜택이 꼭 필요한 경제적 약자들이 가장
큰 피해를 보게 된다. 사회보험을 어떤 식으로든지 유지하기로 한다
면, 결국은 누군가는 그 돈을 내야 할 것이므로 궁극적으로는 세금으
로 감당할 수밖에 없다. 만약 현 시대의 세금으로 충당되지 못한다
면, 그 짐은 고스란히 미래세대에게 넘어가게 될 수밖에 없다. 이러
한 현실적 문제는 도외시한 채, 복지수준을 높이는 데에만 열중하는
것은 매우 무책임한 행동이다.

이 글에서는 사회보험을 위주로 설명했지만, 반값등록금이나 무상
복지 등의 논의도 이와 크게 다르지 않다. 내 등록금의 반을 정부가

134

내라고 요구하는 것은, 등록금 부담을 나의 부모님 대신에 남의 부모
님께 요구하는 것과 별로 다르지 않다. 남의 부모님으로도 감당하지
못한다면 결국은 내 아들과 딸들에게까지 그 짐을 넘기게 될 것이다.
혜택은 내가 보고, 그 부담은 남의 부모나 우리 후손들에게 떠넘기는
것은 결코 책임 있는 사람의 선택이 아닐 것이다.

제4장

포퓰리즘 덫에 걸린 기업

우석진·권혁철*

1. 3백, 그리고 스파르타 복지 중소기업

우리나라 예산편성제도

우리나라의 예산편성은 국가재정운용계획이라고 불리는 중기재정에 대한 계획을 수립하면서 시작된다. 매년 1월 말까지 각 부처는 중기사업계획서를 작성하고 이를 기획재정부에 제출한다. 기획재정부는 이에 기반하여 5년짜리 중기재정계획을 수립하게 된다. 중기재정계획이 확정되면, 이른바 탑-다운 예산제도(*Top-Down Budgeting*)에 따라 대통령은 재정전략회의에서 각 부처의 지출한도를 정해주게 되어 있다. 이렇게 할당된 지출한도 내에서 부처는 예산요구서를 작성하고 6월 말까지 다시 기획재정부에 제출한다. 예산실은 예산심의를 통해서 예산안을 작성하고 9월 국무회의를 거쳐 정부 예산안을 확정하게 된다. 확정된 예산은 10월 2일까지 국회에 제출하도록 되어 있다.

* 우석진: 명지대 경제학과 조교수.
  권혁철: 자유기업원 시장경제연구실장.

제출된 예산안은 국회에서 심의한다. 부처별 소관 상임위원회에서 예비심사를 하고 이에 대한 보고서를 제출하게 된다. 그리고 예산결산특별위원회에서 종합심사를 받고 본회의로 넘어간다. 본회의에서는 12월 2일까지 의결해야 한다고 규정되어 있다. 국회의 예산심의 과정에서 삭감할 수는 있지만, 임의로 항별 예산을 증액하거나 새로운 비목을 설치할 수는 없다. 헌법 제57조는 그런 경우 정부의 동의를 받을 것을 규정하고 있다. 예산안 심의 마지막에 다선의 국회의원들이 대기하고 있던 정부 관료들에게 쪽지 예산을 밀어 넣는 것은 바로 이런 과정이 필요하기 때문이다. 우여곡절이 많긴 하지만 이러한 과정을 통해서 정부지출이 확정된다.

분야별 지출규모

2010년을 기준으로 살펴보면, 약 295조 원 정도의 예산이 책정되었다. 분야별로는 교육이 38조 원으로 약 13%를 차지하고 있다. 그 다음으로는 국방이 29.6조 원으로 10%를 살짝 넘는 수준이다. 제일 많은 분야는 보건, 복지, 노동이 더해진 분야인데 81.2조 원으로 약 28%를 차지하고 있다.

이 중에서 우리나라 공공부조의 가장 대표적인 국민기초생활보장 제도에는 얼마나 많은 예산이 지출되는지 살펴보자. 2002년 2조 원 규모였던 것이 연평균 9.2%씩 증가하여 2009년에는 3조 9천억 원 규모에 이르렀다.

〈그림 4-1〉 2010년 분야별 예산

(단위: 조 원)

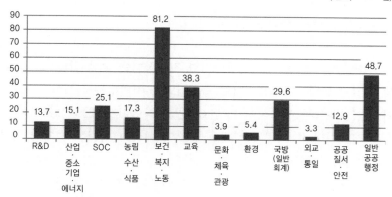

자료: 기획재정부 보도자료(2011).

중소기업분야 지출규모는 기초생활보장제도보다 세 배 이상

산업, 중소기업, 에너지분야에 투입되는 예산은 15.1조 원으로 약 5.13%를 차지하고 있다. 이 예산 중에서 중소기업과 관련된 예산만을 골라내어서 살펴보면, 2010년도를 기준으로 중소기업에 대한 지원예산은 8.8조 원이 된다. 이는 중소기업청의 예산이고 이외에도 고용노동부, 교육과학기술부, 농림수산식품부, 환경부, 지식경제부 등도 중소기업 관련 지원사업을 하고 있는데, 이들 전 부처의 중소기업 예산까지 모두 합하면 2010년 한 해에만 9.3조 원의 중소기업 관련 예산이 집행되었음을 살필 수 있다. 다른 분야에 대한 예산지출 규모와 비교해보면 작지 않은 규모임을 알 수 있다. 2009년 기초생활보장제도 지출과 비교해보면 3.5배 정도 된다. 2009년에 글로벌 금융위기로 인한 중소기업 관련 지출이 과다발생하였다는 점을 고려한다 하더라도 2010년 기초생활보장제도 지출수준과 비교해 두 배 이

138

상이 된다.

중소기업 관련 사업 2천 6백 건 이상

2010년을 기준으로 보면 중소기업 지원정책은 중앙부처에 1,294건
의 사업이 있다. 지자체에서도 중소기업을 지원하는 사업이 1,351건
의 사업이 있다. 통틀어서 약 2,645건의 사업이 중소기업 지원과 관
련된 사업이다.[1] 이렇게 막대한 규모의 예산과 막대한 수의 사업이
중소기업과 관련되어서 지원되고 있으니 가히 중소기업 지원정책이
산업정책이라기보다는 일종의 복지정책이라고 하여도 과언이 아니지
싶다.

중소기업 지원이 중소기업 성장을 더디게 한다

업종별로 차이가 있지만 중소기업과 중견기업을 구분하는 기준은
상시근로자 3백 인을 기준으로 보면 된다. 좋은 아이디어를 가지고
막 창업한 작은 기업들이 자금이나 경영 노하우가 부족해서 사장되는
것보다는 정부의 도움을 받고 안정된 기업으로 성장해 나가는 것이
경제의 효율성 측면에서 좋다. 그런 의미에서 정부가 적극적으로 개
입하여 창업기업을 도와주는 것은 정말 필요한 사업이다. 또한 기술
력과 사업성은 있으나 자금이 없는 경우에도 정부가 금융시장에 개입
하는 것은 필요하다.

이러한 지원사업들을 상시근로자 3백 인 미만의 중소기업이면 지
원받을 수 있고, 3백 인이 넘어가면 받을 수 없다. 기업들이 3백 인

---

1) 비즈인포, 등록기준, 건수. www.bizinfo.go.kr

미만의 중소기업으로 남아 있을 유인이 너무 크다. 기업이 시간이 지나서 안정화 궤도에 들어서기 시작하면 투자도 늘리고, 고용도 늘리면서 점점 더 큰 기업으로 성장하기 마련이다. 하지만 편하고 따뜻한 중소기업에 대한 혜택이 있는 한 굳이 중견기업으로 되어서 많은 혜택을 포기할 필요가 없어진다.

통계청 자료에 따르면 IMF 외환위기가 발생했던 1997년에 우리나라의 사업체수는 약 285만 개였다. 12년 뒤의 2009년에는 약 16% 순증한 329만 개의 사업체로 증가했다. 기업규모별로 나누어 보았을

〈표 4-1〉 중소기업 지원예산 추이

(단위: 백만 원, %)

	2007	2008	2009	2010
중소기업청 (A)	8, 253, 095 (89. 8)	7, 855, 262 (89. 1)	14, 825, 611 (92. 9)	8, 808, 106 (94. 6)
고용노동부	100, 452	93, 905	143, 647	84, 711
교육과학기술부	12, 955	13, 121	9, 234	1, 901
농림수산식품부	601, 580	654, 249	652, 697	257, 159
문화체육관광부	20, 596	22, 786	20, 113	10, 342
방위사업청	–	–	–	1, 344
산림청	4, 369	7, 669	12, 666	10, 971
식약청	–	–	315	290
지식경제부	4, 083	3, 659	113, 148	6, 325
통일부	29, 183	8, 807	8, 416	6, 785
특허청	14, 434	17, 312	23, 962	16, 193
환경부	146, 431	135, 878	144, 888	110, 641
소계 (B)	934, 083 (10. 2)	957, 386 (10. 9)	1, 134, 086 (7. 1)	506, 722 (5. 4)
총계 (A+B)	9, 187, 178	8, 812, 648	15, 959, 697	9, 314, 828

자료: 예산정책처.

<표 4-2> 기업규모별 사업체수

(단위: 개)

구분	합계	영세기업		소기업		중기업		중견기업	대기업
		1~4인	5~9인	10~19인	20~49인	50~99인	100~299	300~999	1,000인 이상
1997	2,853,673	2,461,751	217,736	89,623	56,739	16,367	8,603	2,308	546
2009	3,293,558	2,723,977	318,883	135,434	75,498	25,022	11,692	2,588	464
증가율	1.16	1.11	1.47	1.52	1.33	1.53	1.36	1.13	0.85

자료: 통계청.

때 영세기업이 47%, 소기업은 33~52%, 중기업은 36~53% 그 수가 증가하였다. 하지만 상시고용인 3백 인 이상인 중견기업 수는 13% 증가하는 데 그쳤고, 대기업 수는 오히려 15% 감소하였다. 물론 기업수의 변화요인을 중소기업 정책에만 전적으로 돌릴 수는 없다. 하지만, 3백 인을 기준으로 해서 그 성장세에 큰 차이가 발생하는 것은 부인할 수 없다. 실제 우리나라의 중소기업 정책의 수혜자는 50인 미만의 업력 10년 이상의 기업들이 대다수 수혜를 입고 있다. 다시 말해 스스로 기업을 영위해 나갈 수 있는 중소기업들에게 지원의 혜택이 집중되고 있다는 것이다.

잘못된 중소기업 지원정책이 3백 인 미만의 복지중기를 키운다

2007년도 상반기에 100만 페르시아 대군과 맞서 싸운 스파르타 3백 용사들의 이야기를 다룬 영화 <300>이 아주 인기였다. 무엇보다도 레오니다스 왕을 연기한 제라드 버틀러를 비롯한 3백 용사들이 인위적인 컴퓨터그래픽에 의존하지 않고 강한 근육을 직접 단련하여 관객들에게 식스팩(복근)을 선보여서 더욱 인기였다. 물론, 남자들 사이에서 식스팩을 만드는 것이 유행이기도 했다.

그러나 우리나라 중소기업정책에서의 3백은 강한 중소기업 체질을 길러주는 것이 아니다. 오히려 장기간 따뜻한 아랫목에 머물게 함으로써 기업의 성장을 저해하는 역할을 하고 있다. 말하자면, 인위적인 컴퓨터그래픽 역할만을 할 뿐이다. 그 결과 중소기업은 강한 3백 용사의 중소기업이 아니라, 복지중기가 되고 있다.

2. 99-88의 불편한 진실

99-88의 의미

99와 88. 우리나라 중소기업정책의 근간이 되는 2개의 숫자이다. 이 2개의 숫자에 근거하여 우리나라 중소기업정책의 대부분이 만들어졌고 또 현재에도 만들어지고 있다. 현재 논란이 되는 동반성장과 관련된 정책도 사실 근저에는 99-88이라는 숫자가 자리잡고 있다.

99는 우리나라 전체 기업 중에서 중소기업이 99%를 차지하고 있다는 것이다. 88은 우리나라 고용의 88% 정도를 중소기업이 담당하고 있다는 말이다. 해서 99-88은 중소기업이 우리나라 경제활동과 고용의 대부분을 담당하고 있으므로 정부의 적극적이고도 전방위적인 지원정책이 필요하다는 근거로 사용된다. 하지만, 정말로 사업체의 99%와 고용의 88%를 중소기업이 담당하는지, 출처가 어디인지 확인되고 있지는 않은 것이다.

중소기업은 사업체 중에서 7%뿐

통계청에 따르면 2009년도에 등록된 사업체의 수는 3,293,558개이다. 하지만 전체 사업체 중에서 대부분은 상시고용인 10인 미만의 영세기업들이다. 정확히는 92.47%인 3,042,860개가 영세기업인 소상공인이다. 우리나라의 경우 소상공인에 대한 지원은 소상공인진흥원을 통해 별도로 지원하는 체계를 가지고 있다. 따라서 중소기업의 범주를 중소기업기본법에 따라 상시근로자 10인 이상 3백 인 미만의 기업이라고 정의한다면 그 비중은 대폭 감소하게 된다. 상시근로자 규모가 10인에서 50인 미만인 소기업은 약 6.4%인 21만 개, 50인에

〈그림 4-2〉 상시근로자 규모별 기업수의 분포

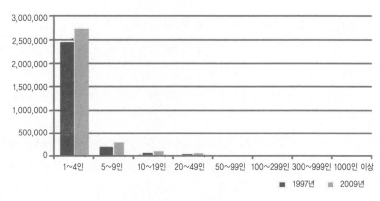

(a) 상시근로자 규모별 기업수(전체 기업수)

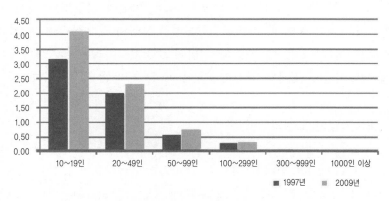

(b) 상시근로자 규모별 기업수(10인 이상 비중)

자료: 통계청.

서 3백 인 미만의 중기업은 1.15%인 3만 7천 개 정도이다. 따라서 중소기업 수는 24만 8천 개 정도이고, 전체 사업체 중에서 7.5%만을 차지하고 있다. 한편, 중소기업보다 큰 규모의 기업 상시근로자 3백 명 이상인 중견기업은 2,588개로 약 0.08%를 차지하고 있다. 상시근로자 천 명 이상인 대기업의 경우 464개로 전체 기업 중에서 0.01%이다. 중견기업과 대기업을 합하면, 전체기업 중 0.09%에 지나지 않는다.

아무리 봐도 중소기업의 숫자는 전체 사업체 중에서 99%를 차지하고 있지 않다. 오히려 7.5%에 지나지 않고 있다. 그러면 도대체 어디에서 99%가 나온 것일까? 답은 10인 이상 기업에 한정했을 경우에 그렇다는 것이다. 대다수를 차지하는 영세기업들을 제외하고 난 25만 천 개의 기업 중에서 중소기업의 비중이 얼추 98.8%에 해당한다. 다시 말해서 99-88의 99는 정작 도움이 필요한 93%의 영세기업을 제외하였을 때 99%의 기업이 중소기업이라는 얘기이다. 이 점에서 이는 모두에게 착시현상을 불러일으킨다고 할 수 있다.

중소기업은 고용의 45%뿐

이번에는 88의 의미에 대해서 살펴보자. 앞에서 언급했지만 88이란 전체 고용의 88%를 중소기업이 담당하고 있다는 의미이다. 2009년을 기준으로 보았을 때, 우리나라 기업이 고용하는 상시근로자수는 1,882만 명이었다. 이 중에서 영세기업이 고용하는 인원은 22.7%인 691만 명이었다. 소기업은 이보다 적은 405만 명을 고용하였고, 중기업은 355만 명을 고용하고 있었다. 중소기업이 고용하는 상시근로자는 760만 명, 45%에 이르고 있었다. 하지만 88%에는 크게 모자라는 것이다.

〈그림 4-3〉 상시근로자 규모별 고용분포

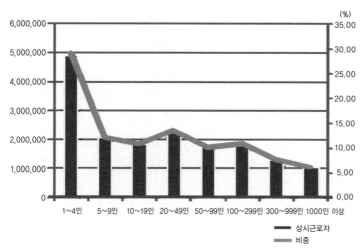

(a) 상시근로자 규모별 기업수(전체 기업수)

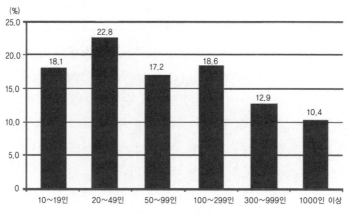

(b) 상시근로자 규모별 기업수(10인 이상 비중)

자료: 통계청.

146

중견기업과 대기업이 고용하는 상시근로자는 230만 명으로 약 13.7%에 이르고 있다. 중견기업이 전체 고용 중에서 약 7.6%를, 대기업이 6.1%의 상시근로자를 고용하고 있다. 앞에서 본 바와 같이 기업수가 0.1%에도 못 미치는 상황을 고려할 때 상당히 많은 고용을 유지하고 있는 것을 알 수 있다.

중소기업이 88%의 고용을 창출하기 위해서는 중소기업의 범주 내에 중견기업을 포함시켜야만 가능하다. 중견기업을 포함하여 계산하면 영세기업을 제외하고 약 89.6%의 고용을 창출하고 있다. 영세기업을 포함하게 되면, 그 비중은 52.8%로 떨어지게 된다.

중소기업은 부가가치 창출 측면에서도 크지 않아

한편, 중소기업을 구분짓는 다른 하나의 기준은 자본금 기준이다. 제조업은 자본금 80억 원 이하, 광업, 건설업, 운수업은 자본금 30억 원 이하를 중소기업으로 정의하고 있다. 이 범주에 속하는 기업들이 경제에 얼마나 기여하는지를 살펴보자. 자본금 규모에 따라 기업들이 경제적 부가가치를 얼마나 창출하는지를 직접 살펴보는 것은 매우 어려운 일이다. 하지만 간접적으로 살펴볼 수 있는 방법은 있다. 기업의 법인소득에 대한 법인세가 법인의 수익에 기초하고 있기 때문에 법인세수가 많을수록 수익이 많다고 볼 수 있다.[2] 따라서 자본금 규모에 따라 법인세 납부실적을 살펴보면 당해 연도에 얼마나 많은 부가가치를 창출하는지를 가늠해 볼 수 있다.

국세통계를 제공하는 국세통계연보가 정확히 자본금 30억 원이나 80억 원을 기준으로 법인세 납부현황을 제공하고 있지는 않다. 대신 50억 원 혹은 100억 원을 기준으로 살펴볼 수 있다. 자본금 50억 원

---

2) 세무조정을 거친 후의 수익이기 때문에 회계학적 수익과 차이가 있을 수 있다.

〈그림 4-4〉 자본금에 따른 법인수와 법인세수 비중(2009년)

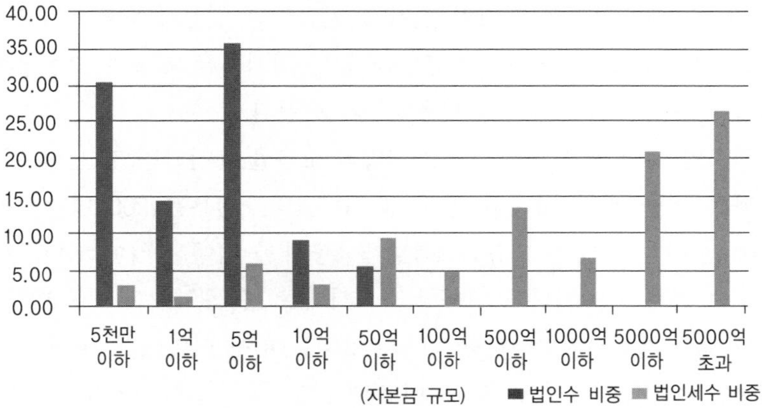

이하의 법인의 전체 법인세수는 98.4%를 차지하고 있다. 자본금 100억 원 이하 법인까지 포함하면 99%를 넘어선다. 하지만 자본금 50억 원 이하인 기업들이 납부하는 법인세수는 9조 6천억 원 정도로 약 25.7%에 그친다. 100억 원 이하인 기업들을 포함하더라도 전체 법인세수의 31.2%에 지나지 않는다. 자본금 천억 원 초과 기업들이 전체 법인세수의 68.8%를 납부하는 것이다.[3]

무용한 고용유지 정책

그렇다면 정부가 중소기업에 대한 대폭적인 지원을 해야 하는 이유는 무엇일까? 그래도 중소기업들이 현재 고용의 대부분을 유지하거나 창출하고 있기 때문에 고용정책의 일환으로 지원해야 한다는 주장이 있다. 예컨대, 최근에 임시투자세액공제 대신에 도입된 중소기업

---

3) 이러한 패턴은 자산기준으로 보아도 거의 유사하다.

고용창출세액공제를 예로 들 수 있다. 상시고용인원을 전년도보다
증가시킨 중소기업에 대하여 증가 인원 1인당 일정금액을 세액공제
하는 제도이다. 또한 중소기업청을 통한 정책자금 대출시 고용창출
기업에 대하여 우대금리를 적용해주기도 한다.

하지만 이런 정책을 통해 중소기업의 고용을 촉진하는 것은 역부족
이라는 것을 과거 사례를 통해 알 수 있다. 정부는 2004년 7월과
2005년 12월 사이에 '고용증대특별세액공제'를 시행한 적이 있다. 이
제도는 정부가 2003년도 고용이 카드사태로 큰 폭으로 감소한 데 놀
라 도입한 제도이다. 하지만 정책의 효과는 매우 미미했다. 한국노동
연구원의 사업체패널(WPS)을 이용하여 분석한 결과 정책대상 기업
의 고용은 2004년에서 2005년으로 오면서 고용이 약 0.1% 증가하였
다. 비록 효과의 크기는 작지만 고용과 연관된 세액공제의 효과가 있
었다고 볼 수 있다. 하지만 과거 2002년에서 2003년으로 올 때는 약
19.4% 증가했던 점을 고려하면, 고용관련 세제가 도입되고 나서 오
히려 고용이 감소했다고 볼 수 있다.[4] 다른 자료를 이용해서 살펴보
아도 이런 결과는 크게 변하지 않는다.

이렇게 재정지원[5]을 하였지만 고용창출 및 유지효과가 미미한 경
우, 중소기업은 횡재효과를 얻게 된다. 정부의 지원 때문이 아니라
원래 고용을 늘리려고 했던 기업이 매우 고마워하면서 정책의 수혜를
입었을 것이다. 이런 경우 대부분의 재정관련 전문가는 사업의 효율
성이 낮다고 보고 사업을 축소하거나 없앨 것을 주문한다.

---

4) 물론, 이 결과는 다른 변수가 통제되지 않았을 때 얻은 결과이다. 하지만
   기업의 다른 특성변수들을 통제한 후에도 결과가 질적으로 변하지는 않았다.
5) 엄밀하게는 조세지출이라고 보는 것이 정확하다.

괴롭고 불편한 진실 99-88

이상의 논의를 정리해보자. 먼저, 중소기업체수는 99%가 아니었
다. 전체 기업 중에서 7.5%에 지나지 않았다. 영세기업을 제하고
나서야 99%에 가까워졌다. 고용 측면에서도 중소기업이 88%의 고
용을 유지하고 있다는 것은 허구였다. 전체 고용 중 약 45%만이 중
소기업이 창출하는 고용규모였다. 영세기업을 제외하고 나서도 76.7%
에 그치고 있다. 더군다나 수익창출 면에서도 큰 규모를 차지하고 있
다고 보기 힘들다. 중소기업이 우리 경제에서 차지하는 규모는 99-88
이 전달하는 것만큼 크지 않다는 것이 불편하지만 사실이다. 하지만
실존하지 않는 99-88이 주는 신화 때문에 정치인들은 과감한 재정개
혁에 실패하고 있는 게 현실이다. 더 나아가서는 효과도 불확실한 정
책을 자꾸만 도입하려고 한다. 아무도 불편한 진실을 극복하고 현실
에 기반한 정책을 도입하려고 들지 않는다.

3. 대·중소기업 동반성장인가 동반몰락인가

이명박 대통령은 2010년 광복절 65주년 경축사에서 '공정한 사회'를 국정운영의 최우선 과제로 내세우면서 사회 전반에 걸쳐 이를 실현하기 위한 노력을 다각도로 펼치고 있다. 대·중소기업 동반성장도 그 중의 하나다. 사회 양극화의 최대원인이 대·중소기업 간 양극화이기 때문에 대기업과 중소기업 간 동반성장이 이루어지면 우리 사회의 양극화 해소에 큰 도움이 될 것이라는 시각이다. 이에 따라 2010년 말 대기업과 중소기업의 동반성장을 추진할 기구로 동반성장위원회를 출범시켰다. 그리고 이를 통해 2011년 4월 '삼성그룹·협력사 공정거래 및 동반성장 협약식'을 맺게 한 것을 필두로 LG그룹, 현대차그룹, 롯데그룹 등 많은 대기업들이 협력사들과 협약식을 맺게끔 했다.

동반성장? 노무현 정부의 상생협력과 다른가?

이명박 정부가 추진하는 공정사회 및 대·중소기업 동반성장정책은 사실 과거 노무현 정부 때 추진되었던 대·중소기업 상생협력정책과 별반 다르지 않아 보인다. 당시 노무현 대통령은 전경련 회장을 비롯한 경제단체장들과 대기업 및 중소기업 대표들을 참석시킨 가운데 '대·중소기업 상생협력 보고회의'를 수차례 열었다. 이 자리에서 대기업들은 대기업이 가지고 있는 휴면특허를 중소기업에 이전하고 협력업체들의 품질과 기술개발을 지원하는 등의 사업을 펼치겠다고 보고했고, 정부는 상생협력 정책대상을 1차 협력업체에서 2차 협력업체까지로, 또 제조업 중심에서 유통과 에너지 건설업종으로 확대하겠다고 밝혔다. 나아가 상생협력을 비정규직 문제와 저출산 문제 등의 해결방안까지도 포함하는 사회발전전략으로 확산시키고 국무총리를 위원장으로 하는 상생협력위원회를 설치해 각 부처의 사업을 총괄 조정하겠다고 했다.

상생협력정책에서 문제가 되었던 것은 다른 무엇보다도 정부가 주도적으로 나서서 강제 혹은 반강제적으로 대·중소기업 상생협력을 추진하는 것이 올바른 방향인가 하는 것이었다. '상생'이라는 말이 의미하는 바는 서로 원원하는 관계라 할 수 있다. 다시 말해 대기업이 중소기업에 지원하면 그것이 대기업에게도 이익이 되어야만 상생협력은 가능하다.

예를 들어, 기업 이미지가 기업경쟁력의 원천이 되는 오늘날에는 사회복지사업이나 봉사활동이 단순히 과거처럼 희생이나 부담만을 의미하지는 않는다. 따라서 수많은 대기업들이 사회복지사업이나 봉사활동에 열심이다. 대·중소기업의 상생협력도 마찬가지이다. 대기업들은 이미 많은 분야에서 중소기업의 R&D와 해외시장개척 등에 많은 지원을 하고 있다. 그것이 중소기업의 경쟁력을 높이고, 중소기업의 높아진 경쟁력은 대기업의 경쟁력 제고에 도움이 되는 선순환이 일어나기 때문이다.

정부의 명령에 따른 상생과 동반성장

정부가 나서서 대기업에게 중소기업을 위해 이러이러한 것을 하라고 지시하고 관리하는 것은 대기업의 일방적 희생을 강요하는 것이며, 결코 상생이라고 할 수 없다. 2차 협력업체에까지 확대하라거나 유통과 에너지 건설업종으로까지 범위를 확대하라고 정부가 관여하는 것은 과잉관여이다. 대기업의 직장 보육시설을 인근 중소기업 근로자들에게 개방하라는 것도 마찬가지이다. 기업은 필요하다면 자발적으로 할 것이고 그게 곧 '상생협력'이다. 사람들은 흔히 기업들이 '자본의 논리'만을 따른다고 비난하지만, 그 자본의 논리가 상생협력을 가능하게 한다. 만일 '반(反)자본의 논리'에 따라 기업경영을 하게 되면 중소기업에 대한 지원은 고사하고, 대기업 스스로도 몰락의 길을 가게 될 것임이 자명한 사실이다.

물론 현재 동반성장정책을 추진하는 주체라 할 수 있는 동반성장위원회는 과거 국무총리를 위원장으로 하는 상생협력위원회와는 달리 민간주도의 위원회로 알려져 있다. 업종별로 대표적인 대기업과 중소기업의 CEO, 공익을 대표하는 학계·연구계 전문가들로 구성한 민간위원회이다. 하지만, 그것이 정부의 입김으로부터 자유롭지 않은 무늬만 민간위원회일 뿐이라는 점은 누구나 다 알고 있다. 당초 동반성장위원회의 출범 자체가 정부의 '공정사회' 구현 실천의 일환으로 시작되었다는 점을 상기한다면 이러한 추론은 당연하다. 무엇보다도 민간이 자발적으로 위원회를 구성하지 않았으며, 정부의 지시에 의해 구성되었다는 점이다.

당연한 이야기이지만, 자발적 희생과 달리 강요된 희생과 봉사는 좋은 열매를 맺지 못한다. 대·중소기업 동반성장도 마찬가지이다. 정부나 위원회가 할 일은 우선 기업인들의 기업할 의욕을 살려서 투자가 활성화되도록 하는 일이다. 경제가 활기차게 돌아가야 상생협력도 가능하고 동반성장도 이루어진다. 그 다음으로 할 일은 상생협력을 통한 동반성장이 자발적으로 활성화될 수 있는 법적 제도적인 틀을 마련해 주는 일이다. 동반성장과 관련된 세제지원 등을 예로 들 수 있다. 그 이상의 관여는 과잉이며, 정부나 위원회가 기업에 대해 희생을 강제하는 것에 다름 아니다. 그 결과는 동반성장이 아니라 동반몰락을 가져올 가능성이 크다. 그 전초는 이미 여러 군데에서 목격되고 있다.

동반성장지수 개발이라는 과욕

대·중소기업 간 상생협력을 통한 동반성장을 굳이 강압적으로 몰고 가는 이유는 앞서 언급한 대로 자율적이고 자발적인 상생협력만이 긍정적인 효과를 가져 온다는 의미를 전혀 이해하지 못하고 있기 때문이다. 시장의 자율과 자생력을 믿지 못하고 자신들의 '머리'와 '계획'을 믿는 '치명적 오류', 즉 지적 오만을 범하고 있기 때문이다. 그 사례 중 하나가 얼마 전 동반성장위원회가 동반성장지수를 개발하여 각 대기업의 동반성장 이행노력을 평가하겠다고 발표한 일이다. 평가결과 우수 대기업에 대해서는 세제혜택을 주고 공정거래조사를 일정부분 면제해주겠다고 한다.

동반성장지수는 대기업의 중소기업에 대한 동반성장 이행노력 평가와 중소기업이 느끼는 동반성장 '체감도' 평가로 이루어진다. 업종과 업태(業態), 기업구조와 협력관계 등이 천차만별인 기업을 획일적인 잣대로 평가하고 순위를 발표하겠다고 하는 것 자체가 어처구니없는 일이다. '이행노력'이나 특히나 정량화할 수 없는 '체감도'를 갖고 평가하겠다는 것은 마치 '나는 모든 것을 다 알고 있다'는 식의 '지적 오만'을 한껏 부리는 것으로밖에는 볼 수 없다.

이런 기준에 따른 동반성장지수는 결코 사실을 적확하게 반영하지 못한다. 무엇보다도 사실을 적확하게 인지케 해줄 자료가 없기 때문이다. 결국에는 동반성장위원회가 자신들의 입맛에 맞게 가공된 자료를 바탕으로 자신들의 입맛에 맞게 지수를 개발하여 자신들이 의도하는 바대로 자의적으로 해석한 결과가 나올 게 틀림없다. 그리고 그 엉뚱한 결과를 바탕으로 순위를 매겨 기업들을 일렬로 줄 세울 것이다. 선두에 있는 기업은 다행이겠지만, 저 뒤에 서게 되는 기업으로서는 사회의 지탄을 받고 기업 이미지에 큰 손상을 입게 될 게 뻔하

다. 대기업이 지탄받고 기업 이미지에 손상을 입어 경영에 차질을 빚
는다면 그 대기업과 협력관계를 맺고 있는 중소기업은 온전할까?

이런 것을 통해 이익을 얻는 것은 대기업도 중소기업도 아닌 동반
성장위원회뿐이다. 기업들로서는 '줄서기'에서 뒤처지지 않기 위해
노심초사하고, 동반성장위원회의 일거수일투족에 관심을 갖고 눈치
를 보는 일 이외에 얻는 것은 아무것도 없는 것이다.

중소기업 적합업종 선정이라는 과욕

동반성장위원회가 의욕적으로 추진하는 또 하나의 일은 중소기업
적합업종을 선정하는 일이다. 그 발상은 이렇다. 중소기업이 운용해
야 '마땅한' 업종이 있는데, 대기업들이 이런 업종에까지 진출해서 중
소기업을 고사시키고 있다는 것이다. 따라서 중소기업 적합업종을
선정해서, 앞으로 대기업은 이런 업종에는 진출을 못하도록 막고, 이
미 진출해 있는 대기업이라면 기간을 정해 퇴출시키겠다는 것이다.
이렇게 함으로써 중소기업이 보호되고 대·중소기업 간 동반성장이
가능하다는 생각이다.

이 제도 역시 과거에 있었던 중소기업 고유업종과 별반 차이가 없
다. 오랫동안 유지되어 오던 고유업종제도가 아이러니하게도 노무현
정부 당시 폐지된 이유를 정부와 동반성장위원회는 진정 모르고 있단
말인가? 반시장, 반(反) 대기업 정서를 공공연하게 나타냈던 노무현
정부에서조차 고유업종제도를 폐지한 것은 그것이 중소기업에 전혀
도움이 되지 않았기 때문이다. 고유업종제도로 대기업의 진출이 금
지되어 있던 많은 업종에서 중소기업의 활약이 두드러진 것이 아니라
모두 외국의 대기업에 시장 전체가 넘어가버리는 부작용이 나타났기
때문이다.

과거의 고유업종제도나 다름없는 중소기업 적합업종을 선정하겠다고 하자 대기업과 중소기업이 공존하는 업종에서는 모두 들고 일어나 자신들의 업종이 선정되어야 한다고 목소리를 높이고 있다. 모두 230여 개 품목, 약 천 개의 표준품목이 신청되었다고 한다. 어떤 것을 적합업종으로 정할지도 오리무중이다. 자본금 규모로 할 것인지 종업원 수로 할 것인지 매출액으로 할 것인지도 불명확하고, 과거 중소기업으로 출발해서 대기업으로 성장한 기업은 어떻게 처리할 것인지 등 모든 것이 불투명하다. 정부나 정치권이 지적 오만을 부리는 경우는 여기에서도 확인할 수 있다. 이 와중에 중소기업에서 출발해 대기업으로 성장한 기업들은 울며겨자먹기식으로 퇴출되는 것이 아니냐며 노사가 모두 불안에 떨고 있다.

불명확하고 불투명한 일에 정부나 정부위원회가 나설 때에는, 앞서 언급했듯이, 반드시 자의적 판단과 해석이 난무할 수밖에 없다. 여기서도 결국은 동반성장위원회가 자의적으로 내리는 판단에 따라 수없이 많은 기업들의 운명이 롤러코스터를 타게 될 것이다. 여기서 이익을 얻는 것은 또 다시 동반성장위원회뿐이다. 왜냐하면 중소기업 적합업종을 통해 대기업은 물론이지만 중소기업도 결국 보호받는 것이 아니라 피해를 당하기 때문이다.

강제적인 동반성장은 중소기업에 유리할까?

의도와 실제가 일치된다면 얼마나 좋을까? 불행한 일은 동반성장지수나 중소기업 적합업종 정책 등 중소기업 보호를 목적으로 하는 정책이 실제로는 중소기업을 보호해주기는커녕 오히려 중소기업에 해를 끼친다는 점이다. 온실 속의 화초가 비바람을 견딜 수 없듯이 보호만 받아 온 중소기업들이 경쟁력을 갖추기는 어려운 일이다. 경쟁력이 없는 기업은 보호한다고 해서 성장하는 것이 아니다. 오히려 보호의 울타리 속에서 안주하며 달콤함에 빠져 있는 사이에 그 시장은 수입상품이나 외국 기업들에게 넘어가게 된다.

중소기업에 대한 갖가지 보호제도와 혜택은 중소기업으로 하여금 중견기업, 나아가 대기업으로 성장하는 것을 오히려 방해한다. 이른바 '피터팬 증후군'이 나타나게 된다. 중소기업에서 중견기업으로만 성장을 해도 당장 2백여 개의 지원이 끊기는 것은 물론이고 엄청난 수의 새로운 규제의 대상이 된다. 이를 겁내는 기업들은 기업을 2개, 3개로 쪼개 실질적으로는 중소기업이 아니면서 형식적으로는 계속해서 중소기업으로 남아 있으려 하는 것이다.

중소기업도 경쟁의 세계로 나가야 한다

동반성장지수를 개발하여 줄 세우기를 하며, 이미 과거에 쓰다 버린 중소기업 적합업종제도를 부활시킴으로서 강제적으로 대·중소기업 간 동반성장을 꾀하는 것은 실패가 예견된 정책이라고 할 수 있다. 강제해서 동반성장을 한 예가 어디 있는가?

그것은 동반성장이 아니라 동반몰락으로 가는 길이다. 일방적으로 희생을 강요당하는 대기업의 폐해는 말할 것도 없고, 보호되어야 할 중소기업의 폐해 역시 간과할 수 없는 수준이다. 중소기업의 경쟁력과 스스로 살아나갈 수 있는 자생력은 결코 온실 속에서는 키워지지 않는다. 경쟁력과 자생력은 경쟁을 통해서 비로소 습득되고 다져지는 것이다. '미운 자식에게 떡 하나 더 주라'는 말이 있다. 지금 동반성장위원회가 중소기업을 보호한다는 명목으로 중소기업에 대해 가하는 짓이 바로 이 꼴이다. 진정으로 중소기업을 위한다면 안타깝지만 가혹한 경쟁의 세계로 나아가도록 용기를 북돋워주어야 할 일이다.

4. 교과서에도 없는 초과이익공유제

노무현 정부는 처음부터 반기업, 반시장적 정서를 노골적으로 드러냈다. 2002년 대선에서 승리하자마자 제일 먼저 찾아간 곳이 노동조합이었다. '노(勞)와 사(社) 간에 힘의 균형이 맞지 않으므로 정부가 나서서 노측에 힘을 실어 균형을 맞추어야 한다'는 것이 그의 생각이었다. 폐지되었던 출자총액제한제도를 다시 부활시키고 증권 관련 집단소송제도를 도입하는 등 기업, 특히 대기업에 규제의 족쇄를 채웠던 것도 노무현 정부였다.

교과서에도 없는 용어, 초과이익공유제

그런데 이런 반기업, 반시장적인 노무현 정부조차도 감히(?) 언급하지 못했던 것들이 아이러니하게도 '비즈니스 프렌들리'를 표방하고 출범한 이명박 정부하에서 버젓이 논의되고 있다. 초과이익공유제도 그 중의 하나이다. 초과이익공유제란 간단히 말하면 대기업이 연초에 책정한 목표를 초과달성한 경우 그 초과이익을 해당 대기업과 협력관계를 맺고 있는 중소 협력업체들이 나누어 가져야 한다는 것이다. 대기업이 초과이익을 달성할 수 있도록 협력업체들이 기여했으므로 그 기여분에 맞게 협력업체들에 배분해야 한다는 논리다. 전직 서울대 경제학과 교수 및 총장을 지냈고, 이명박 정부하에서 국무총리를 역임했던 정운찬 동반성장위원회 위원장이 열심히 내세우고 있는 주장이다.

무엇보다도 초과이익공유제란 용어는 경제학 교과서 어디에도 등장하지 않는다. 한편 정운찬 위원장은, 앞서 언급했듯이, 경제학 교

수 출신이다. 그러기에 평생을 경제학과 함께 살아오신 분이 경제학
교과서 어디에도 없는 용어를 끌어와 대기업의 이익을 중소기업과 공
유해야만 한다고 강하게 주장하는 것은 대단히 기이하게 다가온다.

초과이익공유제, 현실 적용가능한가?

초과이익공유제와 관련하여 현재 우리 사회에서 주로 논의되는 것
은 이 제도가 현실에서 적용가능한가 여부를 둘러싼 논란이다. 초과
이익공유제는 대기업이 달성한 초과이익을 그 초과이익 달성에 기여
한 협력업체들의 기여도를 측정하여 그 기여도에 따라 협력업체들에
배분한다는 발상에 기초하고 있다. 여기서 문제가 되는 것은 과연 각
협력업체들의 기여도를 측정할 수 있느냐 하는 점이다. 대기업들은 1
차 협력업체들만 따져도 통상 적게는 수백에서 수천 개에 달하고 2차
및 3차 협력업체까지 따지면 그 수는 1만 개를 쉽게 넘긴다. 예를 들
어, 현대중공업의 경우 1차 협력업체만 해도 2천 2백 개, 2차 협력사
는 1만 3천 2백 개에 달한다(〈표 4-3〉 참조). 이들 협력업체 각각의
기여도를 측정하고 그에 근거해 이익을 배분한다는 것은 기술적으로
불가능하다.

기술적으로 해결 불가능한 문제, 객관적인 지표로 측정할 수 없는
문제를 해결하겠다고 덤벼들 때 정부나 정치권이 예외 없이 보여주는
행태가 자의적이고 독단적인 판단이나 정치적 흥정에 따른 해결이다.
초과이익공유제의 경우도 마찬가지일 것이다. 협력업체들의 기여도
측정과 그에 따른 공정한 배분이 기술적으로 불가능하므로 이 문제는
필연적으로 자의적 해석과 정치적 흥정, 정치적 판단에 따라 이루어
질 것이다. 그 결과 초과이익공유제는 애초의 기대와는 달리 기여도
에 따른 배분이 아니라 엉뚱하게도 '특정 중소기업 무조건 도와주기'

〈표 4-3〉 주요 기업의 협력사 현황

대기업	현대기아차	포스코	현대중공업
1차 협력사	339	1,585	2,200
2차 협력사	5,398	2,838	13,200

로 변질될 것이며, 이는 시장에 엄청난 왜곡과 비용을 초래할 것이다.

기업이 무생물인가?

사람들끼리의 관계에서뿐만 아니라 모든 정부정책에서도 의식적이든 무의식적이든 어떤 작용(action)에 대한 반응(reaction)이 있게 마련이다. 무언가 눈앞으로 날아오면 나도 모르게 눈을 감게 되고, 그것을 막으려 손을 휘젓기도 한다. 한 지역 또는 한 국가에서 세금이 과도하게 높으면 사람들은 탈출을 시도하거나 그것도 여의치 않을 경우 혁명을 일으켜 정부를 전복시키기도 한다. 사람과 마찬가지로 기업도 죽어 있는 무생물이 아니라 끊임없이 변화하는 조건에 따라 생존하기 위해 부단히 반응하고 변신의 노력을 기울이는 일종의 생물이다. 자신에게 쏟아지는 부담을 덜기 위해 부단히 노력하고, 부담이 과중하다 느끼면 탈출을 감행하며, 기업하기 더 좋은 환경이 있다면 그곳으로 이동한다.

많은 정책입안자들이 실수하는 지점이 바로 여기다. 경제주체인 사람이나 기업을 아무 반응이 없는 무생물로 간주하고 출발한다는 점에서 그들이 내세우는 정책은 이미 그 실패를 내포하고 있다고 할 수 있다. 대한민국에서 가장 부유한 부자 1~2%에게만 엄청난 세금을 물리면 그 돈으로 무상의료 등 엄청난 복지제도를 시행할 수 있다고 하는 이른바 '부유세' 주장의 배경에도 그 부자들이 가만히 앉아서 꼬박 꼬박 부유세를 낼 것이라는 암묵적인 가정이 깔려 있다. 결코 그 부자들이 가만히 앉아서 당하지만은 않을 것이라는 점을 누구나 쉽게 알 수 있음에도 불구하고 이상하리만치 정부와 정치권은 이를 무시한다.

초과이익공유제는 '덩어리 규제'의 시발점

초과이익공유제의 경우도 마찬가지다. 대기업이 연초에 설정한 목표이익을 초과달성할 경우 그 초과이익을 협력업체와 나누어 가져야 한다면 대기업들이 과연 어떤 식으로 반응할 것인가를 고려해야만 한다. 예상하건대 대기업들은 연초의 목표이익을 매우 높게 설정하여 초과이익이 발생할 여지를 거의 남겨두지 않으려 할 것이다. 흥미로운 것은 이에 반응하는 정부의 태도이다. 정부로서는 대기업의 이런 행태가 당연히 마음에 들지 않을 테고, 이를 감사하고 시정한다는 명목으로 또 다른 규제들을 만들어 낼 것이다. 규제는 꼬리에 꼬리를 물고 이어질 것이며, 결국 초과이익공유제는 새로운 '덩어리 규제'의 시발점으로 작용할 것이다.

협력업체들의 반응도 눈여겨볼 필요가 있다. 초과이익공유제는 협력관계를 맺고 있는 협력업체들에게 일종의 특혜를 제공하는 것으로 이들을 여타 중소기업들로부터의 도전과 경쟁으로부터 안전하게 보호하는 우산역할을 하게 된다. 이러한 특혜지원과 보호는 중소기업들로 하여금 현재의 편안함에 안주하게 만들며, 건강하고 혁신적인 기업과 퇴출되어야 할 기업을 구분하지 못하게 만든다. 중소기업의 경쟁력이 정체되거나 퇴보하는 것은 물론 이와 함께 대기업의 경쟁력도 정체되거나 퇴보하게 된다. 초과이익공유제는 대기업은 물론 이 대기업과 협력관계를 맺고 있는 중소기업에게도 타격을 가할 수 있는 양날의 칼인 셈이다.

사유재산보호는 어찌되는가?

이익공유제의 현실적합성 여부나 기업들의 반응여부보다 훨씬 더 주목해야 할 문제는 사실 따로 있다. 그것은 바로 초과이익공유제가 우리 사회를 구성하는 근본구성원리와 충돌하느냐 아니면 합치되느냐의 문제다. 만일 초과이익공유제가 우리 사회의 근본구성원리와 충돌한다면 그것은 우리 사회의 근간을 뒤흔드는 것으로서 절대로 받아들일 수 없는 것이 된다.

대한민국은 자본주의 시장경제 사회이다. 그리고 자본주의 시장경제를 구성하는 근본구성원리 중 하나는 바로 사유재산권이다. 사유재산권이란 개인이 재산을 소유하고, 그 재산을 제3자의 개입 없이 배타적으로 오로지 자신의 뜻에 따라 사용, 수익, 처분할 수 있는 권리를 말한다. 그리고 당연한 말이지만 기업의 이익은 주주의 몫이며 주주의 사유재산이다. 주주 이외의 생산에 기여한 경제주체들은 계약을 통해 생산과정에 참여하고 각각 임금이나 이자, 물품대금 등의 대가를 받는다. 이런 비용들을 제외한 나머지가 곧 이익이며, 이것이 주주의 몫이다. 즉, 기업의 이익은 불확실한 위험을 감수한 것에 대한 보상(F. Knight), 혹은 기업가의 혁신에 대한 보수(J. Schumpeter)를 의미한다.

이익이 주주의 몫, 주주의 사유재산이기 때문에 이익을 어떻게 처분할 것인가는 결코 침해당해서는 안 되는 주주의 고유의 권리이다. 만일 주주가 그 이익을 근로자에게 나누어 주겠다고 자발적으로 결정하면 이른바 보너스의 형태로 근로자에게 배분하는 것이며, 사회에 기부할 것을 자발적으로 결정하면 기부하게 된다. 만일 주주가 이익을 협력업체에게 배분하겠다고 자발적으로 결정하면 협력업체에게 배분하면 된다. 이것은 주주의 자발적인 선택이며 결정으로서 사유재산권에 대한 침해가 아니다. 그런데 만일 초과이익공유제처럼 기업의 이익을 협력업체와 공동으로 나누어가져야만 한다고 강제한다면 이는 사유재산권에 대한 중대한 침해가 아닐 수 없다. 사유재산권에 대한 중대한 침해는 곧 우리 사회의 근본구성원리에 대한 심각한 도전이며, 자본주의 시장경제를 부정하는 것과 다름이 없다. 그래서 초과이익공유제는 사회주의적 발상이라는 비판이 나오는 것이다.

초과이익공유제는 도덕적인가?

초과이익공유제는 도덕적인 면에서도 비판을 면하기 어렵다. 도덕적 비판은 크게 두 가지이다. 하나는 이른바 '단물만 빼먹는 행태'는 결코 도덕적으로 용인될 수 없다는 비판이다. 초과이익공유제는 대기업의 초과이익에 대해서는 협력업체들이 공동으로 소유해야 한다고 하면서도, 대기업의 손실에 대해서는 아무런 언급을 하지 않는다. 이익은 공유화하되 손실은 오로지 대기업의 몫으로 사유화해버리는 것이다. 이익을 공동으로 소유해야 할 권리가 있다고 한다면 손실도 공동으로 책임져야 한다고 해야 한다. 그것이 형평성과 어울린다. 단물만 빼먹고 책임은 지지 않겠다고 하는 것은 결코 도덕적이지 못하다.

또 다른 도덕적 비판은 초과이익공유제가 대기업 협력업체들의 기득권을 보호하고 협력업체가 아닌 이른바 '역외자'를 차별한다는 점이다. 현재 대기업과 거래관계를 맺고 있는 중소 제조업체는 전체 중소 제조업체 가운데 약 20%에 불과하다. 초과이익공유제는 이미 대기업과 협력관계를 맺고 있는 일부 소수의 중소기업들에게는 엄청난 특혜와 지원이 된다. 하지만 해당 대기업과 협력관계를 맺지 못하고 있는 대다수 다른 경쟁 중소기업이나 새롭게 시장에 진출하고자 하는 신생기업에게는 엄청난 부담이며 재앙이 될 것이다. 이미 시장에 진출해서 대기업과 협력관계를 맺고 있는 소수의 중소기업들의 기득권만 보호하고 대다수 다른 기업들을 배제하는 초과이익공유제가 과연 도덕적으로 옳은 일인가를 묻지 않을 수 없다.

시장과 기업의 자율에 맡겨라

협력업체들의 경쟁력 강화, 중소 협력업체들의 R&D와 혁신 등에 가장 관심을 가질 주체는 누가 뭐래도 동반성장위원회가 아닌 바로 대기업 자신들이다. 협력업체들의 경쟁력이 강화되는 것이 대기업 자신들의 경쟁력 강화에도 도움이 되기 때문이다. 동반성장위원회의 종용이 아니더라도 이미 대기업들은 협력업체들의 경쟁력과 자생력 제고를 위한 노력을 기울이고 있다(〈표 4-4〉 참조). 2011년에는 2010년에 비해 24.9%가 증가한 1조 808억 원을 협력업체에 지원할 계획이다. 해당 대기업보다 동반성장위원회가 협력업체들의 경쟁력 강화에 더 큰 관심과 노력을 경주한다고 하는 것만큼 억지스런 주장도 드물다. 사회주의적이고 비도덕적이며 현실적합성이 없는 초과이익공유제를 강요하여 커다란 사회적 분란과 비용을 발생시키기보다는 상호 윈윈하게 만드는 시장의 힘과 기업의 자율성을 믿고 맡겨두는 것이 현명한 선택이 될 것이다.

〈표 4-4〉 30대 그룹 협력사 지원실적 및 계획

(단위: 억 원)

	구매 · 판매지원	R&D	생산성 향상	보증 · 대출지원	인력양성	해외 동반진출	계 (증가율)
2010년 (실적)	3,342	2,343	1,745	838	316	68	8,652
2011년 (계획)	3,840	2,843	2,544	1,051	437	93	10,808 (24.9%)

5. 소비자가 봉인가

어릴 적 시골에 있는 초등학교를 다닐 때였다. 시골이었던 관계로 학용품을 살 수 있는 곳이라고는 학교 앞 구멍가게가 유일했다. 자동차가 다니는 비포장도로 길가에 위치해 흙먼지가 날리는 구멍가게에 진열된 새 학용품은, 새 것도 헌 것 같았었다. 헌 것 같은 새 학용품을 사는 게 내가 학용품을 사는 데 있어 선택할 수 있는 유일한 선택이었었다.

어린 시절 충격이었던 슈퍼마켓의 등장

그러던 어느 날, 읍내 중심가에 번듯한 건물이 세워지더니 슈퍼마켓이라는 것이 들어섰다. 갖가지 물건이 갖추어져 있는 것은 물론이고, 그 안에 학용품을 진열해 놓고 파는 코너까지 생겼다. 동네 주민들이 새로운 쇼핑환경에 즐거워한 것은 물론, 나로서는 환한 조명불빛 아래서 반짝반짝 빛나는 학용품들을 한참을 정신없이 바라보던 기억이 새록새록하다. 시골의 한 어린 아이에게는 새로운 세상을 보여주는 듯한 신선한 충격이었었다. 산뜻한 진열대에 깔끔하게 진열되어 종류도 많으니 물건을 고르고 비교하며 구매하는 일이 아주 편안하고 즐거웠다. 그 이후 급한 게 아닌 한 학용품은 항상 그 슈퍼마켓에서 구매했다. 그곳에서의 학용품 구입이 편안하고 즐거웠으니 달리 다른 곳에 갈 이유가 없는 일이었다.

만일, 학교 앞 구멍가게 주인아저씨가 슈퍼마켓이 들어서게 되면 자신의 장사에 피해가 된다며 슈퍼마켓의 설립을 결사반대하고, 이 의견에 귀가 솔깃해진 자치단체장이 슈퍼마켓의 영업을 불허했다면,

필자는 초등학교 내내 그 허름하고 불편한 구멍가게에서 먼지 쌓인 헌 것 같은 학용품만을 구입해야 했을 것이다. 그것은 학교 앞 구멍가게 주인아저씨의 피해를 방지하고 보호해야 한다는 명분하에 적게는 수십 명 혹은 많게는 수백 명에 달하는 학생들이 자기 마음에 드는 물건을 편안하게 구매할 수 있는 권리를 박탈하는 일이 되었을 게 틀림없다. 하지만 다행히도 당시 그런 일은 벌어지지 않았다.

소비자 울리는 SSM 규제

그런데 과거에도 일어나지 않던 일이 21세기 현재 대한민국에서 버젓이 벌어지고 있다. 이른바 대형슈퍼마켓(SSM: *Super SuperMarket*)을 둘러싼 논란이 그것이다. 기업형 슈퍼마켓이라고도 불리는 SSM은 대형 유통업체들이 운영하는 슈퍼마켓으로 일반 슈퍼마켓보다는 크고 대형마트보다는 작은 규모의 슈퍼마켓을 말한다. 대표적인 것으로는 GS리테일의 'GS슈퍼마켓', 롯데쇼핑의 '롯데슈퍼', 삼성테스코의 '홈플러스 익스프레스' 등이다.

SSM이 크게 환영받은 것은 이들의 뛰어난 영업형태 때문이다. SSM은 대형마트와 달리 주거지 중심의 근린상권에 위치하여 접근성이 뛰어나면서도 대형마트의 유통망을 이용하여 일반 슈퍼마켓이나 편의점 등에서는 갖추기 어려운, 농·축·수산물 등 1차 신선식품을 위시하여 가공식품, 가사용품, 문구류 등 다양한 물품을 취급한다. 대형마트의 장점에 편의점의 편리성까지 갖춘 새로운 혁신적인 영업형태이다. 가히 유통혁신인 것이다. 과거 구멍가게 시절 슈퍼마켓이 등장했을 때와 마찬가지로 소비자들은 환호했다.

그런데 SSM이 기존의 동네 슈퍼마켓이나 재래시장 상인 등 중소자영업자에게 큰 피해를 줄 수 있기 때문에 SSM이 들어오지 못하도록 막아야 한다는 목소리가 나오기 시작했다. 목소리의 주인공은 동네 슈퍼마켓 운영자나 재래시장 상인들이었다. 이들은 SSM이 입점하게 되면 지역경제가 몰락하고, 실업자가 급증할 것이라는 그럴듯한 명분을 내세워 SSM 입점에 반대하고 있다. 사실은 자신들의 밥그릇이 날아갈 것을 두려워하는 이기심이 가장 큰 이유였는데 말이다.

만약에 과거 슈퍼마켓이 동네에 생길 때 구멍가게 아저씨가 슈퍼마켓이 들어오면 동네 구멍가게는 다 망하고 지역경제가 몰락한다면서 슈퍼마켓의 진출을 막았다면 현재의 동네 슈퍼마켓은 설립되지 못했을 것이다. 과거에 자신들은 자유스럽게 진입했음에도 불구하고, 이제 와서 다른 사람들이 진입하는 것을 막는 것은 자의적이다. 이들은 자신들의 밥그릇을 지키고자 수많은 소비자들의 선택권을 빼앗고, 소비자들의 편익을 무시하고 있다.

특수 이익집단의 이익을 우선하는 정치권

정부와 정치권은 동네 슈퍼마켓과 재래시장 상인들의 외침에 재빨리 화답했다. SSM의 등록제를 허가제로 바꾸고, 재래시장 반경 5백m 혹은 1㎞ 이내에는 입점하지 못하도록 했다. 나아가 영업시간 단축, 영업품목 제한, 휴점일과 휴점일수 제한 등 갖가지 규제조치를 내놓고 있다. 한마디로 SSM 영업을 하지 말라는 이야기와도 같다. 이런 종류의 특정 이익단체들의 주장에 정부와 정치권은 거의 언제나 그런 식으로 응답한다.

그 이유는 올슨(M. Olson)이 이야기했듯이 소규모 집단과 대규모 집단의 차이 때문이다. 소규모 집단은 목소리가 크고 잘 뭉치고 열정적으로 활동한다. 반면 대규모 집단은 목소리도 작고 잘 뭉치지도 않고 활동은 지지부진하다. 예를 들어, 국회 앞 투쟁을 한다고 할 때

소규모 집단의 경우에는 누가 참석을 했고, 누가 빠졌는지를 속속들이 알 수 있다. 빠졌다가는 욕을 먹을 각오를 해야 한다. 반면 대규모 집단의 경우에는 누가 왔는지, 누가 안 왔는지 확인되지 않는다. 또 소규모 집단의 경우에는 일이 잘되어 이익이 생기면 그 소규모성으로 각 개인들에게 돌아가는 '콩고물'이 확실히 그리고 많이 떨어진다. 당연히 열성적으로 활동하게 마련이다. 반면 대규모 집단의 경우에는 일이 잘된다고 해도, 전체적으로는 엄청나게 큰 이익일지라도 각 개인들에게 돌아가는 '콩고물'은 눈에 보이지도 않을 정도로 적다. 당연히 열의가 떨어질 수밖에 없다. '내가 나서서 할 마음은 별로 없고, 당신이 열심히 해서 잘되면 그 덕이나 보면 되지' 하는 무임승차자(free-rider) 문제가 발생하는 것이 일반적 현상이다.

이런 관계로 소규모 집단에 반기를 드는 정치인은 극심한 반대를 겪을 각오를 해야 하고, 반면에 소규모 집단의 요구에 응하는 정치인은 그들의 열렬한 지지를 획득할 수 있다. 반대로 대규모 집단의 경우에는 개인적 이득이 크지 않기 때문에 누가 자신들에게 이익을 주는지 혹은 손해를 끼치는지 큰 관심이 없다. 따라서 자나 깨나 표를 생각하는 정치인이라면 대규모 집단의 이익과 손해에 대해 별다른 신경을 쓸 이유가 없다. 그러다보니 정치인들은 당연히 소규모 집단의 요구에 적극적으로 지지를 표명하고 그들의 요구가 관철될 수 있도록 조치를 취하게 마련이다.

국가의 이익, 국민 대다수의 이익이 아니라 특정계층이나 이익집단의 이익을 챙겨주고 표를 구걸하는 이런 정치인들을 우리는 '정치꾼'이라고 부른다.

소비자는 봉이 아닌 왕이다

　SSM을 둘러싼 논란에서도 마찬가지로 동네 슈퍼마켓이나 재래시장 상인들이 논의의 중심에 있었지, 소비자의 이익, 소비자의 마음, 소비자의 선택은 고려의 대상이 아니었다. 소비자들은 논의에서 철저히 배제되어 있었다. 동네 슈퍼마켓, 재래시장, SSM 등의 유통형태 중 누가 시장에서 살아남고, 누가 소멸될 것인가 하는 생사여탈권을 쥐고 있는 사람들은 다름 아닌 소비자들이다. 자신이 원하는 물건을 어디서 살 것인지 하는 것은 소비자의 선택권이다.

　소비자들은 자신에게 주어진 환경제약 속에서 자신에게 가장 적합한 유통형태, 자신에게 가장 큰 만족을 주는 쇼핑형태를 선택한다. 재래시장의 장점으로 꼽히는 '인간미 넘치는 시장'을 소비자들이 선호한다면, 재래시장은 나름대로의 경쟁력을 갖추고 생존할 것이다. 하지만, 소비자들이 '인간미'보다는 접근성, 쇼핑의 편의성, 시간절약 등에 더 큰 가치를 둔다면 재래시장이 설 땅은 점점 좁아질 것이다. 이렇듯 어떤 유통채널이 성장하고 또 어떤 유통채널이 시장에서 사라질 것인가 하는 것은 궁극적으로 소비자들의 선택에 달려 있다. 그럼에도 불구하고 정치꾼, 동네 슈퍼마켓, 재래시장의 상인들은 진정한 왕이며 심판자인 소비자들을 이 경우 철저히 배제했다. 소비자가 왕이며 자신들은 소비자를 섬기는 자들이라고 말은 하면서도 이들은 자신들의 이익을 챙기기 위해 오히려 소비자들을 왕이 아닌 봉으로 취급했던 것이다.

　이들이 SSM의 입점을 두려워하고 결사반대하는 것은 경쟁에 대한 두려움 때문이다. 경쟁은 누구도 좋아하지 않는다. 하지만 경쟁이 없다면 발전도 없다. 동네 슈퍼마켓이나 재래시장도 자신들이 가장 먼저 섬겨야 할 소비자들의 이익을 침해하면서까지 SSM의 입점을 결사반대만 할 것이 아니라 자신의 경쟁력을 강화하여 생존하는 방법을 선택하는 것이 현명한 전략이다. 경쟁을 하기도 전에 SSM과는 절대 같이 경쟁할 수 없다고 하는 것은 패배주의에 다름 아니다. 경쟁이 두려워 무조건 반대만 할 것이 아니라 생각을 바꾸고 경쟁력을 키우며 상생의 묘미를 배워나가는 일이 중요하다.

방송과 통신기술의 발달은 새로운 유통혁신을 잉태하고 있다. 홈쇼핑과 인터넷 쇼핑이 폭발적으로 성장하고 있다. 골목상권과 재래시장 보호를 내걸고 있는 정부와 정치권은 이들을 어떻게 막을 것인가? 또 동네 슈퍼마켓과 재래시장은 이들과의 경쟁을 어떻게 피할 것인가? 정부와 정치권을 움직여 보았자 그것은 단기간의 미봉책에 불과하다. 살아남기 위해서는 스스로 설 수 있도록 자신의 경쟁력을 키우는 길 외에 달리 방법이 없다는 것을 분명히 인식해야 한다. 소비자를 무시하고 우롱하면서 일시적인 규제와 통제로 살아남을 수 있다고 생각하면 오산이다.

SSM의 입점을 허용할 것인가 말 것인가는 주부들을 포함한 소비자들에게 물어보아야 그 정답을 알 수 있는 일이다. 소비자는 생산자나 공급자, 유통업자를 위한 봉이 아니다. 소비자는 왕이다.

제5장

칠레, 남유럽, 스웨덴의 포퓰리즘

최 창 규*

1. 과도한 복지는 경계해야

우리나라의 복지현황은?

우리나라의 경우 복지지출이 아직은 선진국에 비해 상대적으로 그렇게 큰 편은 아니다. 2011년 예산기준으로 GDP의 11.83%로 OECD 평균인 20.8%보다는 적은 것처럼 보인다. 그러나 한국의 비율이 낮은 것은 우리나라의 복지제도가 아직 성숙되지 않아 적립금이 복지지출금액보다 높아서 발생한 결과이다. 향후 이는 폭발적으로 증가할 것으로 예상된다. 대표적인 정책이 국민연금이다. 선진국은 오랫동안 연금제도를 운영했으므로 현재 지급액이 높아 전체 복지지출 규모가 높은 반면 한국은 아직 본격적인 지출시기가 오지 않았다. 그러므로 이러한 상황을 고려해서 국가간 비교를 해본다면 한국의 복지지출 비중이 절대 낮은 것은 아니다.

이러한 이유로 최근 수년 사이에 매우 빠른 속도로 복지관련 지출

---

* 명지대 경제학과 교수.

이 증가하고 있다. 다시 말하면 우리나라의 사회복지예산이 2005~
2011년 연평균 10% 이상씩 가파르게 증가하고 있다. 그리고 향후
출산율 저하와 고령화가 함께 진행되면서 국민연금의 고갈시점 또한
앞당겨지고 있다. 우리나라의 경우 현재 남북 대치상황으로 인해 전
체 예산의 10.2%를 차지하는 국방비부담이 큰 것도 사회복지지출
확대에 구조적인 제약조건이 될 수 있다. 그 외에도 남북 간에 통일
이 현실화되면 엄청난 통일비용이 예상되는 등 각종 재정수지나 혹은
사회보험 수지의 악화가 전망되고 있다.

　최근 국민들의 복지수준에 대한 기대치가 갑자기 커지고 또 정치인
들의 포퓰리즘적인 정책이 남발되고 있다. 그리하여 이러한 복지포
퓰리즘으로 인한 정부지출이 과연 우리 경제수준에 견주어 볼 때 지
속가능한 상황이 될 수 있을까라는 의문이 생긴다.

복지증대가 과연 삶의 질을 높이는가?

　복지지출의 증가는 많은 서민들에게 인간다운 삶을 보장해주는 긍
정적인 효과를 주고 있다고도 할 수 있다. 그리고 이는 양극화가 심
해진 사회계층간의 갈등을 완화시켜준다는 긍정적인 측면도 있다.
그렇지만 이러한 복지수준의 향상은 어디까지나 우리나라의 경제성
장이 지속가능한 수준을 유지할 수 있어야 한다는 사정이 전제가 되
어야만 한다. 그렇지 않다면 많은 국가들이 선진국 문턱에서 주저앉
게 되거나 혹은 선진국이라 하더라도 헤어나기 어려운 재정위기 상황
을 맞게 되는 경우가 많게 된다. 복지가 삶의 질을 높이는가라는 질
문에 대해 그렇지 않다고 말하기는 쉽지 않다. 그렇기 때문에 정치인
이나 국민들의 입장에서 복지확대와 재정위기 발생이라는 악순환의
포퓰리즘에 함께 빠져들면 거기에서 헤어나오기가 좀처럼 쉽지 않게

된다.

남미나 혹은 남유럽 국가들에서 보듯이 정치인들이 가장 손쉽게 국민들의 인기를 얻을 수 있는 것이 바로 복지공약이라 할 수 있다. 경쟁 정당과의 싸움에서 포퓰리즘적인 경쟁으로 국민들에게 호소하는 경우 대부분 갈 데까지 가게 된다. 종국에는 국민들의 삶을 팍팍하게 만들 가능성이 높아지게 되는 것이다. 그리고 국민들이 포퓰리즘의 폐해를 느꼈을 때에는 이미 늦게 되고 그 해결책도 어렵게 된다. 극단적으로 말하면 재정포퓰리즘의 가장 원조는 공산주의라고 할 수 있다. 능력에 따라 일하고 필요에 따라 분배한다는 슬로건은 어렵게 사는 모든 이들에게는 환상적으로 비쳤을 게 틀림없다. 국가가 일자리도 주고, 먹여주며, 입혀주고 모든 것을 해결해 준다고 하니 얼마나 고마운가? 이것이 거대한 사기극이라는 것을 깨닫는 데에는 거의 1세기의 기간이 필요했다. 그러고도 그 깨달음은 아주 조금이다. 이는 국민들이 국가의 노예가 되는 길을 걷게 됨을 의미한다.

굳이 민주주의의 틀 안에서 복지의 확대를 공산주의와 견주어 강조할 생각은 없다. 그리고 시장경제하에서도 시장에서 소외된 장애자, 노약자, 극빈층에 대한 최소한의 인간다운 삶에 대한 정부의 보살핌은 필요하고 그 과정에서 복지의 중요성도 강조될 필요가 있다고 생각된다. 다만 우려하는 것은 그 과정에서 개인의 의무라든가 부담은 도외시하고 오로지 정부의 재정지출에만 경쟁적으로 의존하려 하는 움직임이다. 그런데 진실에 대해 이야기하기를 꺼려하는 것은 정치인이나 국민들이나 비슷한 것 같다.

왜 복지지출은 무한대로 증가할 수밖에 없을까?

사회민주주의를 표방하는 유럽국가의 경우에도 결국은 재정에서 도덕적 해이를 가져와 경제발전을 침체시키거나 혹은 재정위기로 몰아가게 되는 경우가 많다. 조상세대의 과다한 복지지출이 결국은 후손세대들의 삶의 질을 저하시키는 경우로 나타나는 것이다. 특히 국가가 독점적으로 실시하는 국민연금에서 이러한 포퓰리즘 현상이 강하게 나타나고 있다. 이것은 많은 나라에서 흔히 볼 수 있는 복지포퓰리즘의 전형적인 예이다.

본인이 부담하는 금액보다도 더 많은 혜택을 보장해준다는 구호가 결국 포퓰리즘이다. 이는 단기적으로는 가능하나 중장기적으로 지속 가능하지 않다. 이것이 계속되면 결국 국민들이 스스로 미래를 준비하려는 열망이 흐려지고 그 의존 정도는 점차 높아지게 마련이다. 선동적인 인기위주의 정치과정은 모두가 미래의 결과를 생각하기보다 현재세대들의 지출확대에만 치중하게 만든다. 단기적으로 그게 국민들의 인기를 끌 수가 있기 때문이다. 상당한 시간이 지나고 나서야 그 폐해를 깨닫게 되고 그 후유증으로 인해 이를 시정하는 데 엄청난 시간과 비용이 소모되지만, 그건 미래의 일일 뿐이다.

복지영역이 확대되는 과정은 여러모로 정부의 역할을 키워 결국은 민간기업의 역할을 알게 모르게 축소시키고 기업인들의 기업하려는 의욕을 저해하게 만든다. 또한 국민들로 하여금 자립하려는 의지보다는 정부에 기대려는 성향을 높이게 되어 경제의 활력을 원천적으로 저하시키게 된다. 어떤 형태의 복지도 일단 도입하기는 쉬워도 문제가 있어 그것을 되돌리려고 하는 경우에는 국민들의 큰 저항에 부딪히게 된다. 그렇기 때문에 어떤 추가적인 복지정책을 도입하는 데 있어서는 충분한 검토와 중장기적인 효과 그리고 재원조달에 대한 방법까지도 꼼꼼히 챙겨 볼 필요가 있는 일이다.

국가 살림이 거덜 나도 국민의 삶이 향상될 수 있을까?

많은 사람들이 사회에 어떠한 문제가 발생하면 "정부가 돈을 내서 문제를 해결해주어야지"라고 말한다. 물론 정부가 개입해서 해결해야 할 일도 많지만 기본적으로 이해당사자가 이러한 문제를 해결하는 것을 원칙으로 하고 정부는 피치 못할 경우에만 개입하는 게 훨씬 현명한 시스템이다. 개인적으로도 어떤 불행을 항상 사회의 탓으로만 돌리고 본인의 잘못으로 생각하지 않는 사람이 있다. 또 한편으로는 본인의 불행을 전부 본인의 탓으로만 돌리고 사회의 책임을 생각해 보지 않는 부류의 사람도 있다. 그런데 사실 건강한 사회는 본인의 책임에 더 큰 비중을 두는 개인이 많을 때 가능할 수 있다. 모든 사람들이 문제해결을 개인이 아닌 사회 혹은 국가의 탓으로만 돌릴 때 개인의 집합으로 이루어진 그 사회는 결국 근로의욕과 사업의욕을 저하시키고 경쟁력을 잠식하여 허약해질 수밖에 없게 된다.

모든 사람들이 국가에 대해 무한정의 복지를 요구하면 그 나라는 필연적으로 재정위기에 빠질 수밖에 없다. 우리가 선진국이라고 하는 미국, 일본, 영국 등 많은 나라가 지금 이러한 심각한 문제에 봉착하고 있다. 이들 나라의 경우에는 단순한 복지포퓰리즘 이외에도 금융포퓰리즘으로 인한 금융위기의 결과 재정이 거의 바닥난 지경이다. 방만한 금융행위로 거품을 키우고 이 거품이 커질 때에는 이득을 챙기고 거품이 꺼지는 경우에는 국민들의 세금으로 손실을 메우는, 일련의 도덕적 해이 과정을 통해서였다.

다음으로는 이러한 재정, 연금, 금융, 노동포퓰리즘의 일반원리에 대해 생각해보고 그 다음으로는 칠레, 유럽, 스웨덴의 사례들을 살펴봄으로써 우리나라가 얻어야 할 교훈들에 대해 생각해보고자 한다.

아래에서 살펴보는 여러 사례는 복지문제를 지나치게 국가에 의존하는 과정에서 한 나라의 경쟁력이 쇠약해지고 그럼으로써 국민들의 삶이 한계에 도달하게 되는 상황을 보여주고 있다. 우리나라의 경우 남북한 통일과정에서 겪게 될 엄청난 정부지출, 그리고 노령화로 인한 각종 연금지출의 증가, 미래에 겪을 수 있는 경제 및 금융위기에 대한 지원 등을 위해서도 이에 대한 대비가 필요하다. 그리하여 우리도 이를 잘못 대처할 경우에는 현재 남유럽이나 일본, 미국 등이 겪고 있는 재정위기 상황과 마주치게 될 수도 있으리라는 것은 너무나 자명하다.

2. 미래세대에 부담지우는 재정포퓰리즘

재정포퓰리즘이 왜 생기나?

재정이란 좁게는 정부가 국민들로부터 세금을 거두어서 이것을 재원으로 하여 정부사업을 집행하는 것이라고 할 수 있다. 그런데 많은 정치인들의 경우 기본적으로 재정포퓰리즘에 빠지기 쉬운 구조로 되어 있다. 즉, 세금은 적게 거두고 지출은 늘리겠다는 것이다.

재정포퓰리즘이란 일반적으로 정치인들이 현재 유권자들의 표를 의식하여 정부지출을 남발하는 것이라고 할 수 있다. 물론 이러한 유권자들의 요구 가운데에는 합리적이라고 생각되는 정부의 역할에 대한 요구인 경우도 있다. 그렇지만 나타나는 현상은 후보간의 과당경쟁으로 인해 그 합리적인 수준을 넘어가는 경우가 대부분이다. 물론 정부지출이 늘더라도 우리 경제의 경쟁력을 높이게 되어 미래세대가 혜택을 볼 수 있는 지출은 바람직하다. 사회간접자본에 투자하거나 혹은 교육비 지출 등은 현재세대뿐 아니라 미래세대에게도 그 혜택이 돌아가는 경우라고 할 수 있다.

현재세대들이 낭비적으로 지출하고 그와 관련된 미래의 조세부담을 후손세대에게 전가하는 게 포퓰리즘의 내면이다. 그런데 이 과정에서 미래세대는 현재 투표권이 없고 따라서 정치적 영향력도 없다. 그렇기 때문에 포퓰리즘의 결과는 후손세대에게 불리한 결과로 나타나게 되어 있다. 극단적으로 표현하면 양심 없는 부모세대가 아무것도 모르는 후손세대에게 태어날 때부터 짐을 안기는 것이라고 할 수 있다. 또 정치인들의 입장에서도 이러한 재정포퓰리즘의 후유증은 재직 당시에는 나타나지 않다가 대체로 후임 이후에야 보이는 경우가 많아 무신경의 장애를 야기한다. 해서 포퓰리즘은 현재세대 유권자와 현재 정치인들 간의 암묵적 담합 내지는 야합이라고 할 수 있다. 그런데 후임 정치인들의 경우에도 이러한 상황을 해결하기는커녕 한 술 더 떠 또 다시 후임자에게 문제를 전가하고 떠나가면, 그 과정에서 부실 덩어리는 눈덩이처럼 커져만 가게 되어 있다.

국민들이 잘 모르는 숨겨진 재정포퓰리즘

한편 정부의 수입과 지출에 의해서만 이러한 재정포퓰리즘이 생기면 우리가 쉽게 그 상황을 파악할 수 있을 것이다. 그러나 세금이 아니면서 세금같이 운영되는 건강보험금 같은 경우 유권자도 의식하지 못하는 사이 순식간에 부담이 증가하게 되는 경우가 많다. 이러한 준조세적 성격을 가진 자금징수의 경우 세금과는 달리 국회에서 결정되지 않기 때문에 언제라도 손쉽게 증가하게 되는 구조를 갖고 있다.

한편 정부지출은 아니지만 결국은 국민들의 부담으로 돌아오는 경우도 많다. 정부가 세금으로 조달해야 할 사업을 공기업의 채권발행을 통해 자금을 조달한 후 집행하는 경우 등이다. 이 경우 공기업의 적자는 최종적으로 국민들의 세금부담으로 나타나게 된다. 토지주택공사의 경우 엄청난 부채가 있는데, 지출명분은 대체로 서민주택 공급이라는 그럴듯한 목표로 포장되어 있다. 하지만 많은 사업들이 정치인들의 지역개발 포퓰리즘을 위해 수익성이 없거나 적자가 분명한 터무니없는 사업임에도 지출을 강행한 경우가 허다하다. 결국 지역공사가 적자투성이가 되어 쓰러지게 되면 한꺼번에 정부가 세금을 늘여 지원할 수밖에 없게 되어 있다.

이러한 사례는 금융부실 관련 지출에서도 많이 나타난다. 최근 발생하는 저축은행 부실의 경우에도 원래는 금융부실이 생겼을 경우 5천만 원 이내에서 예금자보호를 위해 예금보험공사에서 지원하게 되어 있다. 그런데 저축은행의 대주주 관련자들이 그들의 예금을 먼저 인출하게 되어 서민 예금자들이 피해를 보게 되는 상황이 벌어지게 되었다. 이런 경우 정부, 감독당국과 저축은행 관계자들의 불법행위를 먼저 거론해야 한다. 그런데 제일 먼저 나온 이야기는 정부가 예금보호한도와 관계없이 예금자들의 예금을 모두 다 구제해주어야 한다는 것이었다. 민간에서 관련당사자들끼리 벌어진 채권채무문제를 왜 아무 관계도 없는 국민들이 세금으로 구제해주어야 하는가, 한마디로 어처구니없는 발상이 아닐 수 없다.

물론 저축은행 예금자 중에는 정말 힘들게 저축한 돈을 날려버린 안타까운 사연들이 있을 수 있고, 또 많을 수 있다. 그렇지만 사기꾼에게 털린 사람의 피해를 국가가 국민의 세금으로 전부 구제할 수는 없는 일이다. 그리고 이 일로 모든 은행의 예금을 전액 정부가 보장한다고 한다면 그 나라는 금융위기 상황이 오면 재정이 거덜 날 수밖에 없게 된다. 결국 예금보험공사가 감당하지 못하게 되면 국민들의 세금이 투입될 수밖에는 없기 때문이다. 이러한 예는 정치인, 정부, 예금자 모두의 포퓰리즘이 극단적으로 나타난 현상이라 할 수 있겠다.

연금포퓰리즘

재정포퓰리즘 중에 가장 분명하게 우리 눈에 보이는 부분이 바로 연금포퓰리즘이다. 연금과 관련하여 연금료는 적게 징수하고 혜택은 크게 하겠다고 하면 국민들은 누구나 좋아한다. 그런데 이러한 좋은 연금구조는 미래세대들에 대한 엄청난 부담을 의미하고, 결국 미래세대에 대한 착취를 초래하게 된다는 것이다.

대부분의 공적 연금이 미래세대에 대한 부담을 키우면서 현 세대에는 그 혜택을 늘리는 구조로 되어 있다. 그리고 이러한 잘못된 구조는 특히 미래의 인구가 급격히 감소하는 경우 그 모순이 극적으로 나타나게 된다. 왜냐하면 적자가 뻔히 예상되는데도 거기에 대해 아무도 지적하는 쓴소리를 하기가 어려운 구조이기 때문이다. 특히 정치인들의 경우에는 더욱 그렇다. 그것은, 그땐 그때의 정치인들과 국민들이 알아서 해결하도록 내버려두고 우리는 지금 현재의 좋은 연금을 일단 누리자 하는 인식구조가 만연하는 탓이다. 우리나라의 경우에도 처음 국민연금이 도입될 때 연금료 부담에 비해 그 혜택이 과도하게 커지게 되어 결국은 엄청난 적자가 예상되고 있다. 문제는 이러한 제도를 도입한 후에는 연금료 추가인상이나 혹은 연금혜택의 축소변경을 재조정하기 어려워진다는 것이다. 그 모순이 피부로 느껴져서 사회문제가 될 때에 이르러서야 비로소 해결책을 찾게 될 것이다. 그 전에는 모든 당사자가 단지 문제를 연기하려고만 할 뿐이다.

한편 중앙집권적인 공적 연금의 운용과정에서 독점적인 공적 연금기관이 투자한 기업에 대해 적극적으로 의결권을 행사하게 되면 경영권을 간섭하게 되어 국가적으로 또 다른 큰 비용을 치르게 될 수 있다. 대부분의 후진국의 경우 연금운용과정에서 정부의 정책목표 달성을 위해 동원되거나 혹은 정책의 실패를 감추기 위한 목적으로 투자될 부작용이 항상 존재한다. 대부분의 후진국의 경우 정부가 은행을 소유하고 은행을 통해 기업을 통제하는 관치금융을 해오고 있다. 그리고 우리나라같이 일부 대기업의 경우 과거와는 달리 자금을 은행보다는 자본시장에서 조달하는 경우가 많은데 이 경우 정부가 영향을 미치는 공적 연금기관이 자본시장을 통해 기업에 직접적으로 영향을 미치게 되면 간접적인 관치금융 혹은 관치경제의 유혹을 원천적으로 차단하기 어렵게 된다. 극단적일 경우 기금사회주의가 도래하여 모든 민간기업들의 경영자율성을 침해하고 국가가 모든 기업을 장악하는 최악의 상태로까지 발전할 수도 있다.

금융포퓰리즘

아마 재정포퓰리즘 못지않게 심각한 것은 금융포퓰리즘이라고 할수 있을 것이다. 전형적인 형태는 글로벌 금융위기 과정에서 보는 바와 같이 무주택 서민들에게 주택을 마련해주겠다는 공약을 남발하는 경우이다. 서민들에 대한 맞춤 주택공급 정책을 내세우면서 저금리 정책, 방만한 대출 그리고 세제혜택 등을 해주는 것이다. 그런데 이 과정에서 금융자본과 정치세력이 결탁하면서 부동산 거품이 발생하는 경우에는 상호 엄청난 이익을 공유하게 된다. 금융가들은 이익을 누리고 정치인들은 이른바 반값아파트 혹은 일자리 창출의 목표를 일시적으로 달성할 수 있게 된다. 그러나 정작 부동산 거품이 꺼져 위기가 발생하면 금융회사, 건설회사 등의 부실을 국민들의 세금으로 메우는 비대칭적인 정책이 되고 만다.

이렇게 무주택자들에게 집을 소유하게 만들어주겠다는 공약은 정말 무주택자들에게는 매우 달콤한 약속이어서 정치꾼들에게 많은 표를 얻을 수 있게 해준다. 이를 위해서는 금리를 저금리로 묶어 놓아야 하고 주택 관련 대출을 방만하게 집행해야 하는데, 이는 부동산 거품을 키우게 된다. 대부분의 경우 이러한 정책의 경우 거품이 꼭대기에 도달하거나 혹은 일정한 시점이 지나면 부동산 가격은 하락하기 시작한다. 그런데 거품의 꼭대기가 높을수록 그 하락하는 속도나 폭도 심각해서 조만간 은행을 비롯한 금융기관의 시스템적인 위기를 유발하게 된다. 집단적으로 그리고 시간을 두고 이러한 부실이 누적되면 시장에서 도저히 소화되지 못하는 시점이 온다. 이러한 상황에서 국민들의 주택대출도 증가해 고금리 정책으로 돌아가기에는 정치적으로 너무 위험하게 된다.

대부분의 가계가 엄청난 가계부채를 소유하는 상황에서 모든 국민들이 계속 저금리를 원하는 상황이 상당기간 지속된다. 인플레이션을 우려하여 금리인상을 이야기하면 정치적으로 손해이기 때문에 정치인, 관료 모두 침묵하게 된다. 이런 거품상황은 결국 붕괴시점에 도달한다. 그리하여 금융위기가 발생하게 되면, 정부는 금융시스템이 붕괴되면 전체 경제가 위기에 처한다면서 국회와 국민들을 협박내지는 설득하여 중앙은행의 발권력을 동원하거나 혹은 국민들의 세금인 공적 자금을 동원해서 부실금융기관들의 뒤치다꺼리를 해주게된다. 이 과정에서 국민들의 세금부담이 커지는 것은 물론이고 거품가격으로 부동산을 구매한 많은 서민들이 고금리의 이자부담과 집값하락에 신음하게 된다.

이것이 바로 주택소유 포퓰리즘 혹은 금융포퓰리즘의 전형이라고 할수 있다. 미국, 남유럽 국가, 우리나라를 비롯한 대부분의 국가들에서볼 수 있는 전형적인 금융포퓰리즘이라고 할 수 있다. 이러한 금융포퓰리즘의 결과는 또한 정부부담을 키워 재정위기의 또 다른 원인이 된다.

노동포퓰리즘

노동시장에서도 포퓰리즘이 존재할 수 있다. 정부 돈으로 일자리창출하기, 높은 최저임금제도, 노동시장의 경직성 등이 그것이다.다 듣기 좋은 구호이다. 그러나 실제로 이러한 제도는 매우 포퓰리즘적인 것이다.

먼저 공공부문에서의 일자리 창출을 들 수 있다. 일자리는 공공부문에서 하는 것이 아니다. 일자리는 기업이 만드는 것이다. 정부가일자리를 만들기 위해서는 국민들로부터 더 많은 세금을 거두어서 민간인들의 일자리를 만들어야 한다. 돈을 거두어들이는 것 자체가 국민들의 부담을 증가시키는 것이다. 그리고 공공부문을 통한 자원배

분에서도 영리목적의 친시장적인 방법이 아니라 오로지 정부의 목적
성에 의하여 이루어지는 경우 낭비적이다. 그렇기 때문에 정부가 일
자리 창출을 기할 목적으로 거둔 세금만큼은 감세를 통해 국민들에게
돌려주어 민간에서의 투자활성화와 함께 진정한 일자리 만들기를 제
도적으로 정착시켜 가야 한다.

둘째로 높은 최저임금제도이다. 임금이 시장에서 결정되지 않고
정부가 인위적으로 임금의 하한선을 정해 시장을 강제하는 것이다.
얼핏 생각하면 최저임금제의 법정 하한선을 상향하면 근로자들에게
유리할 것이라고 생각할 수 있다. 그런데 실제 시장에서 결정되는 임
금보다 최저임금수준이 높게 결정되면 사용자들은 높아진 임금만큼
적게 고용하려고 하고 또 근로자들은 임금이 높아져 더 많이 일하려
고 한다. 결과적으로 최저임금제도가 실시되기 이전보다 일자리가
더 적어지게 된다. 그리하여 근로자들을 위한다는 명목으로 실시된
최저임금제도가 오히려 근로자들의 일자리를 빼앗는 결과를 가져오
게 된다. 많은 국가들에서 실시하는 최저임금제도는 항상 선동정치
인들에게는 매우 좋은 메뉴가 되어 계속 올라가는 경향이 있다.

또 하나는 노동시장의 경직성이다. 선동정치인들의 단골메뉴 중의
하나가 한번 취직하면 영원히 그 직장에서 일할 수 있도록 해준다는
구호이다. 기본적으로 고용은 기업이 정하는 것이다. 그렇기 때문에
정부가 기업의 고용형태에 간섭을 많이 할수록 기업은 그에 대해 고
용을 최소한으로 하려는 태도로 대응하게 된다. 그리고 노동 대신 자
본으로 생산요소를 대체하려는 유인이 커지게 된다. 어느 경우이든
지 고용을 축소시키는 결과를 가져오게 된다. 사회민주주의 국가들
의 경우 여러 가지로 기업활동을 위축시키는 제도가 많지만 그 중에
서도 이러한 노동시장의 경직성이야말로 경제활력을 꺾는 제도라고
할 수 있다.

3. 칠레는 왜 연금개혁을 했나

배 경[1)

칠레는 후진국에 속하는 국가였으나 다른 국가들에 비해 비교적 빠른 시기에 사회보장제도를 도입하였다. 1820년대에 이미 퇴직군인연금제도를 도입했다. 그후 공무원과 국영기업체 직원에게도 확대되었다. 1924년에 블루칼라 위주의 노동자사회보장기금을, 1925년에 사부문 피고용자 사회보장기금과 공공부문 및 언론인을 위한 국가사회보장기금을 창설하였다. 한편 1938년 인민전선정부는 중도좌파연합의 형태로서 정부의 경제개입을 강화하였다. 그리하여 1960년대부터 연금제도의 문제가 드러나기 시작했다. 1970년 선거에서 아옌데는 칠레 사회주의 정당들의 연합정당인 인민연합(스페인어: Unidad Popular, 칠레 사회민주당과 칠레 공산당의 연합정당) 후보로 출마하여 같은 해 9월 4일 근소한 차로 승리했고, 이후 몇 년간 급진좌파가 집권하게 되었다.

아옌데는 급진적인 사회주의 개혁을 시도하고 팽창적인 재정 및 통화정책을 실시하였다. 그 결과 1973년 칠레의 물가는 605.1%, 재정적자는 25%를 기록하였다. 또 1972년과 1973년 경제성장률은 각각 -1.2%와 -5.6%를 기록하였다. 민중주의적인 정책으로 인해 급진주의자들이 사유재산 국유화와 소득재분배를 요구하면서 경제는 더욱 어려워지게 되었다. 아옌데는 모든 경제분야에서 정부개입을 강화하고 기업과 금융기관을 국유화하게 되었다. 1970년대 말에 이르러서

---

1) 이 부분은 김원호, 〈21세기의 도전, 일자리 문제: 전망과 대책 포퓰리즘의 유산과 뒤늦은 개혁의 고통: 중남미의 경험〉, NSI 정책연구보고서 2005-10, 국가경영전략연구원을 참조하였다.

는 기존 연금제도의 문제가 커지게 되었으나 제도의 부분적 수정에만 국한했다. 그 결과 한층 심각한 어려움에 봉착하게 되었다. 한편 칠레는 연금을 비롯한 사회보장 재정의 악화가 꾸준히 지속되었고, 부분적인 연금개혁은 성공하지 못하고 있었다.

1973년 9월 11일 아옌데 대통령의 재집권을 우려한 미국의 지원을 받는 피노체트가 군사쿠데타를 일으켜 집권하게 된다. 피노체트는 사회보장제도 개혁을 강력히 추진하여 특권적 연금의 제거와 사회보장제도의 단일화를 실시했다. 그 외에도 정부지출과 정부기구를 축소하였다.

1981년 칠레의 민간연금제도로의 개혁

1973년부터 1990년까지 집권했던 피노체트는 자유주의 경제학자들의 의견을 받아들여 자유주의적인 개혁을 하려고 하였다. 그 중에서도 칠레는 1981년 5월 세계 처음으로 개인연금저축계좌(PSA: *Pension Savings Account*) 방식의 강제가입 민영제도를 도입하여 공적 연금의 민영화를 추구했다. 정부 독점 부과식(*Pay-as-you-go*)에서 민간주도의 적립식 연금으로 전환한 것이다.[2] 원칙적으로 개인의 선택의 자유를 증진하고, 연금기금 운용기관간의 경쟁을 유도함과 동시에 적립액과 수익률만큼 연금으로 지급하도록 함으로써 연금기금 재정을 건실화하였다. 그리하여 민간이 운영하는 여러 개의 연금기금 관리회사(AFP: *Administradoras de Fondos de Pensions*) 중 개인이 원하는 회사를 선택할 수 있으며 또한 회사의 변경도 가능하게 했다. 1994년에는

---

[2] 부과식 연금제도란 현재의 근로세대가 내는 돈으로 현재의 은퇴세대에게 연금을 지급하는 제도이며 적립식은 본인이 연금을 적립하여 은퇴 후 본인이 이 기금을 바탕으로 한 연금을 받는 방식이다.

기존의 확정급여형(DB) 공적 연금 대신 민영의 강제 확정기여형
(DC) 연금체계로 재구축했다.3) 그리하여 개인이 어떠한 연금기금
관리회사를 선택하는가에 따라 수익률이 다르게 만들었다. 민간 연
금관리회사(AFP) 들간에 서로 높은 수익률을 내기 위하여 전력을 다
해 경쟁하도록 만든 것이다.

주요 내용을 살펴보면 첫째, 모든 근로자는 임금의 10%를 의무적
으로 적립하되 본인이 선호하는 연금관리회사를 선택하여 맡길 수 있
다. 둘째, 은퇴시 받을 수 있는 연금액은 각 연금관리회사의 투자수
익률에 의해 결정되게 되었다. 셋째, 사용자는 더 이상 근로자의 연
금기여분을 부분부담하지 않는다. 넷째, 연금급여가 충분하지 않은
경우에는 정부가 최저연금지급액을 보장해준다. 이러한 칠레의 모델
을 따라 중남미에서 페루(1993), 아르헨티나·콜롬비아(1994), 멕시
코(1997)가 연금민영화를 도입하였다. 그 외에도 많은 국가들이 도입
하였거나 혹은 연구중이다.

많은 나라들이 선택하는 공적 연금제도와 다른 점은 기본적으로 연
금의 원천이 원칙적으로 본인이 적립한 기금에 의해 이루어진다는 것
이다. 따라서 인구가 급격히 감소하여 연금재원이 부족하게 되더라
도 재정지원을 할 필요가 없다. 그리하여 공적 연금제도에서 흔히 볼
수 있는 포퓰리즘적 요소를 원천적으로 차단할 수 있었다. 그렇지만
이 모든 것이 시장에 의해 이루지는 것만은 아니다. 국가는 연금기금
감독위원회(SAFP: *Superintendency of Pension Funds Administrators*)를
설립하여 연금관리회사를 감독하고, 또 연금이 충분하지 못한 사람

---

3) 확정급여(DB: *Defined Benefit*)형 퇴직연금은 근로자가 받을 퇴직급여 규모
   와 내용이 사전에 약정되는 제도다. 확정기여(DC: *Defined Contribution*)형
   퇴직연금은 사용자의 부담금이 사전에 확정되고 근로자가 받을 퇴직급여는
   적립식 운용실적에 따라 변동될 수 있는 연금제도를 말한다.

들에 대해서는 국가 재정에 의한 최저한의 연금지원을 해주는 최저보
증연금(*Minimum guaranteed pension*) 제도 등을 마련하고 있다.

연금의 운용에서 공적 연금은 정부가 독점적으로 투자할 경우 정부
정책의 실패를 눈가림하기 위해 공기업에 투자되는 경우가 많았다.
그리하여 공공부문의 도덕적 해이를 유발할 가능성이 높았는데, 개
별 연금관리회사가 운용하는 경우에는 철저히 수익성 제고에 초점을
둘 수 있었다. 실제로 칠레의 경우 민간연금개혁과 함께 공기업 민영
화도 실시하였다. 민영화 과정에서 많은 공기업들이 투자대상으로
나와 매각되었다. 개별 연금관리회사가 독립적으로 또 경쟁적으로
이러한 공기업에 투자하면서 민영화도 성공하고 민간연금회사의 투
자수익률도 높일 수 있었다.

개혁의 성과

칠레의 연금개혁은 칠레 경제에 많은 선(善) 영향을 미쳤다. 무엇
보다도 민간연금제도의 도입 이후 칠레의 총저축률이 높아지게 되었
다. 〈그림 5-1〉에서 보는 바와 같이 1982년 1%까지 추락했던 저축
률이 1989년 이후 20% 이상 상승하는 긍정적인 효과를 보았다. 연
금제도 개혁으로 국민들의 저축성향을 높였고 이는 경제성장에도 긍
정적인 효과를 미쳤다. 그 외에도 공적 연금의 민간연금으로의 전환
은 경제의 체질을 정부주도에서 민간 혹은 시장주도로 바꾸는 데 있
어서도 매우 상징적인 개혁이었다고 할 수 있다. 민간연금회사에 의
해 관리되는 연금기금 규모가 1981년 GDP의 약 1%이던 것이 이후
크게 증가하여 2005년에는 GDP의 59%가 되었다. 특히 이러한 민간
연금제도의 활성화는 자본시장의 발달에도 좋은 영향을 미치게 되었
다는 것이다. 이와 함께 공기업의 민영화가 같이 진행된 것도 긍정적

188

〈그림 5-1〉 칠레의 총저축률 추이

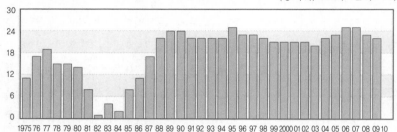

(총저축/GDP, 단위: %)

자료: World Development Indicator, 세계은행.

효과라고 할 수 있다.

그 다음으로 들 수 있는 것은 기업의 노동비용이 감소하여 고용창
출효과를 가져온 점을 들 수 있다. 즉, 사용자들의 연금기여 비율을
낮춤으로써 기업들의 노동비용을 덜어주어 결과적으로 고용을 증가
시키는 효과를 가져왔다. 무엇보다도 가장 중요한 점은 기존 공적 연
금을 계속 유지했을 경우 엄청난 재정 및 경제파탄이 올 수 있었던
것을 예방할 수 있었다는 점이다. 특히 원칙적으로 본인이 노후를 대
비한다는 정책방향으로의 전환은 연금포퓰리즘을 막는 선한 결과를
가져왔다고 할 수 있다.

4. 남유럽 재정위기, 남의 일인가

남유럽 재정위기 현황

1999년 유로화가 도입된 이래 단일통화가 성공적으로 정착될 것 같았던 유로존 국가들이 근자에 크게 흔들리고 있다. 재정적자가 크게 증가한 그리스가 2010년 5월 2일, 아일랜드가 2010년 11월 21일, 포르투갈이 2011년 4월 6일에 각각 구제금융을 신청하였다. 구제금융을 신청했음에도 불구하고 여전히 위기가 가라앉지 않고 증폭되어 10년 만기 국채수익률이 크게 치솟고 해당국에 대한 신뢰가 살아나지 못하고 있다(〈그림 5-2〉 참조). 국채수익률이 높다는 것은 이들 국가의 정부가 외부로부터 자금을 차입하기 위해서는 엄청난 이자를 주어야만 할 정도로 신용이 악화되고 있다는 것을 의미한다.

이들 나라가 어려워지게 된 데에는 여러 가지 이유가 있다. 그 중에서도 유로화와 관련한 부분은 다음과 같다. 유로화가 도입되면서 독일을 비롯한 경쟁력이 강한 국가들은 경상수지 흑자에도 불구하고 유로화가 충분히 강세를 보이지 않아 상대적으로 유리해졌다. 반면에 경쟁력이 약한 남유럽 국가들의 경우 경상수지가 적자를 보임에도 불구하고 유로화가 충분히 약세를 보이지 않아 상대적으로 대외경쟁력의 회복이 어렵게 되면서 경상수지 적자가 지속되었다. 즉, 경상수지가 악화될 경우에 자국통화를 사용할 때에는 자국통화가치가 하락하면서 경쟁력을 회복할 수 있었지만 지금은 단일통화를 사용하게 되면서 환율정책을 사용할 수 없어졌기 때문이다. 한편 유로존 내 국가 간 경제불균형을 시정하기 위해서는 유로존 내에서 재정통합이 이루어져야 하는데, 그런 장치가 마련되어 있지 않았다는 것도 한 이유라고 할 수 있다. 유로화가 성공하려면 회원국들의 자율적인 건전한 재

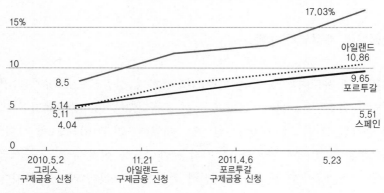

〈그림 5-2〉 10년 만기 국채수익률

자료: 신한금융투자.

정경제관리가 필수적이어야 함에도 위기국가들의 경우 도덕적 해이로 인한 관리의 미비로 이런 위기를 맞게 되었던 것이다.

　이러한 상황을 극복하기 위해서는 그 나라의 경쟁력을 높이기 위해 구조조정을 하거나 재정긴축정책을 사용해야 한다. 그런데 해당 국가들은 실업 등의 문제로 과감한 구조조정을 하지 못하거나 혹은 공공부문의 방만한 살림살이를 줄이지 못하고 있다. 그리하여 재정적자가 계속 늘어나게 되면서 결과적으로 그 나라의 국가부채가 지속적으로 증가하게 되었던 것이다.

　〈표 5-1〉에서 보는 것처럼 위기국가들의 경우 대부분 경상수지 적자가 매우 크거나 혹은 재정적자가 큰 나라들임을 알 수 있다. 유로존 가입을 위한 재정부문의 경제수렴조건을 살펴보면 2009년 기준으로 재정적자는 명목 GDP의 3% 이내, 정부부채 잔액은 명목 GDP의 60% 이내인데, 대부분의 국가들이 이 조건을 지키지 못하고 있다. 그리스, 포르투갈, 스페인의 경우 경상수지가 2009년에 각각 -10.9%, -10.3%, -5.5%로 매우 컸다. 그리고 재정수지를 살펴보면 그리스,

〈표 5-1〉 남유럽 경제상황(2009년)

(단위: % of GDP)

	그리스	아일랜드	포르투갈	스페인	이탈리아
경상수지	-10. 9	-2. 9	-10. 3	-5. 5	-3. 1
재정수지	-15. 2	-13. 9	-8. 7	-8. 6	-4. 9
국채	138. 5	69. 2	84. 4	46. 5	118. 9

자료: World Development Indicator, World Bank.

아일랜드, 포르투갈, 스페인의 경우 -15.2%, -13.9%, -8.7%, -8.6%의 큰 적자규모를 보였다. 대체로 이들 국가들의 경우 경상수지 악화원인이 재정수지 적자에 있다는 것을 짐작케 한다. GDP 대비 국채 비중을 보면 그리스, 아일랜드, 포르투갈, 이탈리아가 각각 138.5%, 69.2%, 84.4%, 118.9%를 나타냈다. 그 외에도 유로화 도입으로 남유럽 국가들이 독일 등 국가로부터 자금조달이 쉬워져 부동산 거품이나 혹은 채무가 증가하게 된 것도 또 다른 원인이라고 볼 수 있다. 중요한 점은 이들 국가들이 구제금융을 받은 이후에도 여전히 위기를 벗어나지 못하고 있다는 점이다.

앞에서 유럽 국가들의 재정위기가 심각하고, 그 원인으로 유로존 국가들의 경우 재정통합이 안 되어 있는 상황에서 회원국간 경제 불균형이 확대되는 양상에서 이를 조정할 마땅한 수단이 없었다는 데 기인한다는 진단을 내렸다. 그렇지만 기본적으로 이들 국가들의 경제상황을 살펴보면 보다 근본적인 원인이 있었다는 것을 알 수 있다. 먼저 들 수 있는 것은 이들 위기국가들의 경우 단위노동비용을 살펴보면 1999년부터 2009년까지 10년간에 걸쳐 단위노동비용이 약 25% 가량 상승한 점이다. 같은 기간 독일의 경우 5.7%밖에 상승하지 않았다. 즉, 위기국가들의 근로자들이 유로화 도입 이후 독일에 비해 실질임금이 상대적으로 크게 올라 경쟁력을 상실하게 되었다는 것이다. 이는 다시 말하면, 남유럽 국가들의 근로자들이 경제상황은 악화하는데도 실질임금은 과도하게 받았다는 것을 의미한다. 따라서 위기극복을 위해서는 위기국가들의 실질임금이 조정될 필요가 있다.

그리스는 EU의 GDP 대비 재정적자 비율을 3% 미만으로 유지하여야 한다는 성장안정조약(GSP: *Growth and Stability Pact*)을 2001년부터 2006년까지 지키지 못했다. 2007년과 2008년에는 기준을 충족하였다. 그러다가 위기가 최초로 발생하였던 2009년 기준으로 GDP 대비 재정적자 비율이 15.4%, GDP 대비 국가부채 비율이 138.5%로 폭증하였다. 그 결과 그리스는 2010년 5월에 그리스 이외의 15개 유로지역 국가로부터 8백억 유로, 그리고 IMF로부터 3백억 유로의 구제금융(*Stand-by Arrangement*, 3년)을 받게 되었다. 구제금융을 받

〈표 5-2〉 단위노동비용 추이

(2005=100)

	1999 (A)	2000	2001	2005	2006	2007	2008	2009 (B)	2010	증가율 (B/A)
그리스	85.2	86.4	86.3	100	103	106.8	112.6	118	117.1	27.8
아일랜드	81.3	83.9	87.1	100	104.1	107.4	112.1	108.1	-	24.8
포르투갈	82.8	86.6	89.6	100	100.6	101.4	104.4	107.7	106.2	24.5
스페인	83.8	86.1	88.8	100	103.2	107	111.9	112.8	-	25.7
이탈리아	86.1	85.8	88.6	100	101.8	103.9	108	112.7	112.4	23.6
독일	100.1	100.4	100.8	100	98.2	97.5	99.8	106.1	104.6	5.7

자료: OECD.

는 조건으로 향후 GDP 대비 재정적자 비율을 2010년 8.7%, 2011년 5.6%, 그리고 2012년 2.8% 등으로 낮춘다는 계획을 발표하였다. 또한 공공지출의 75%에 달하는 공공부문 임금과 연금을 3년간 감축, 동결하기로 하였다. 그리고 부가세 등 재정수입확대를 위한 세율인상 등을 구체화했다. IMF도 재정적자, 공공부채 감축, 인플레 억제 및 경제구조 현대화 등 개혁정책을 제시하였다.

또 다른 위기국가인 아일랜드의 경우 그리스와는 달리 경상수지 문제라기보다는 부동산 거품이 꺼지면서 위기가 왔다고 할 수 있다. 건설업에 대출해준 다수의 금융기관들이 거품의 붕괴로 부실해지면서, 이에 따라 아일랜드 정부가 앵글로 아이리시 은행에 3백억 유로의 구제금융을 해주었으나 역부족이었다. 아일랜드 정부는 국채발행시장에서 자금조달이 어려워지자 2010년 11월 EU와 IMF로부터 850억 유로의 구제금융을 요청하고 받게 되었다.

위기극복과 도덕적 해이

남유럽 위기국가들을 흔히들 PIIGS(Portugal, Ireland, Italy, Greece, Spain)라고 한다. PIIGS가 돼지를 뜻하는 'pig'라는 단어와 유사해서 표현이 뭔가 탐욕스럽게 많이 먹는다는 느낌을 주는 것 같다. 현재 위기국가들이 도덕적 해이에 빠져 있음을 우회적으로 표현해주는 것 같기도 하다.

일반적으로 위기국가들이 위기를 극복하기 위해서는 위기를 가져온 원인들을 잘 살펴보고 그것들을 고쳐나가면 될 것이다. 그런 점에서 1998년 우리나라 외환위기 당시 우리 국민들이 겪었던 위기극복 태도가 지나치게 고통스러운 점은 있었지만 제대로 된 극복이었다고 볼 수 있다. 기본적으로 우리나라의 경우 능력에 비해 과다한 지출로 경상수지 적자가 발생하고 이로 인해 외환위기에 직면하였었다. 그리하여 국가 전체적으로 과다한 지출은 줄이고 수입은 늘려 경상수지 흑자를 만들고 위기를 탈출했던 것이다. 이 과정에서 기업, 금융기관, 노동시장은 구조조정을 시행하면서 엄청난 고통을 겪었다. 우리 국민들도 국가부도를 막기 위해 금반지를 모아 팔아가면서까지 위기 극복에 동참하였다.

우리나라와는 달리 재정적자와 경상수지 적자를 동시에 겪고 있는 유럽 국가들의 경우 주로 공공부문의 구조조정이 매우 긴요하다. 그러므로 공무원 임금삭감, 연금수급 연령을 상향조정하고 연금액을 축소하는 등의 지출을 줄여나가야 한다. 아울러 부가가치세, 유류세, 주류세 및 담배세 등 각종 세금을 인상하는 조치를 취해서 세입을 늘여가야만 한다. 그 외에도 필요에 따라서는 국유자산을 매각하여 자금을 조달해야 한다.

그리스는 GDP 대비 재정적자를 2009년 15％대에서 구제금융을 신청한 2010년에 10.4％로 낮추었지만 여전히 높은 수준이다. 긴축정책을 시행하면서 경제는 어려워지고 실업자는 증가하였다. 국민들의 생활은 몹시 팍팍해지고 있다. 그런데 그리스의 구제금융 지원조건을 충족하기 위한 그리스의 공공부문 개혁은 최대 공공부문 노조인 공공노조연맹이 총파업에 나서는 등의 반발로 어려움에 봉착하고 있다. 게다가 각종 개혁정책은 국민들의 거센 반발에 부딪히고 있다. 그리하여 최초 구제금융을 받은 이후 국채금리가 안정되기는커녕 오히려 더욱 높아지면서 불안감이 증폭되고 있다. 그리스 국민들의 도덕적 해이가 높아지는 만큼 위기극복 가능성은 점점 낮아지고 있다고 할 수 있다.

포퓰리즘에 빠진 정부와 국민

이렇듯이 그리스의 재정이 피폐해진 것은 무엇보다도 오랜 기간에 걸쳐 이루어져 온 포퓰리즘 정책의 결과이다. 정부의 지출에 의존해서 사는 계층이 너무 많았다는 것이다. 그리스의 경우 공공부문이 전체 GDP의 40% 이상을 차지하는 큰 정부이다. 사회보장비용은 GDP의 18%에 달한다. 정부의 지출은 국가 인프라나 투자보다도 국민들의 소비를 보장하는 방향으로 이루어졌다. 그리스는 1981~2004년 23년 중 단 4년(1989~1993년)을 제외하고 줄곧 사회당이 단독집권하였다. 그리고 1989~1993년 기간에도 우파 신민주당(ND)이 단독집권에 실패하여 사회당 및 극좌 정당인 좌파진보연합(SYN)과 연정을 구성하였다. 그리하여 이 기간중에 복지포퓰리즘 정책이 팽배했다.

사회당 정부는 1980년대에 기간산업 국유화와 사회복지정책을 강력히 추진하였다. 2001년에는 사회당 정부가 연금개혁을 시도하였으나 국민들의 대대적인 저항에 부딪혀 실패하게 된다. 그 이후 공공부문 지출은 계속 증가하게 된다. 2004년에 중도보수 성향의 신민주당이 집권하여 국영기업의 민영화를 강력히 추진하고 국가부채도 줄일 수 있었지만, 2006년 12월 정부의 공기업 민영화 정책과 긴축예산에 반대하여 총파업이 일어났다.

2007년 9월 조기총선을 통해 승리를 얻은 신민주당은 퇴직연령을 높이고 연금수령 혜택을 삭감하는 내용의 연금개혁을 추진한다. 그러자 이후 연일 반대시위가 일어났다. 그러다가 국제 금융위기의 여파로 그리스 관광산업이 타격을 받는 등 경제가 어려워지기 시작했다. 이를 극복하기 위해 신민주당 정부가 개혁정책을 추진하려 했으나 그리스 양대 노조가 2009년 4월 이후 세 차례의 총파업을 하는 등 반대가 극심하여, 결국 2009년 10월 조기총선을 통해 사회당 정부로

196

권력이 넘어가게 된다.

사회당은 공공부문 근로자들의 임금인상과 복지확대라는 포퓰리즘 정책을 내세워 선거에서 이겼다. 재정위기를 맞은 그리스가 포퓰리즘 성격의 사회당 정부와 개혁의 고통을 거부하는 국민들과 함께 재정위기에 제대로 대처하지 않고 오히려 위기를 확대시키는 방향으로 나아갔던 것이다. 위기극복을 위해 과감한 개혁이 필요한 시기에 정부와 국민의 잘못된 조합이 이루어진 것이다.

아버지 총리 포퓰리즘에 아들 총리 멍들어[4]

2009년 10월 사회당이 집권한 이후 총리가 된 게오르기오스 파판드레우 총리는 취임 이후 공공부문의 구조조정을 비롯한 정부지출을 줄이고 있다. 이러한 정책으로 국민들의 인기를 잃고 있다. 현 총리의 아버지인 안드레아스 파레우는 1963년 그의 아버지가 그리스 총리가 되면서 정계에 입문하게 되었었다. 그후 4년 뒤 군부쿠데타로 정권을 잃고 해외망명길에 올랐었다. 미국, 스웨덴 등지에서 교수생활을 하다가, 1974년 군사정권이 몰락하면서 귀국해 좌파성향의 정당 '범(汎) 그리스 사회주의 운동'을 결성하였다. PASOK은 1981년 선거에서 압승했고 안드레아스는 총리가 된다. 그는 1985년에도 총선 승리를 통해 1989년 6월까지 총리로 재임했다. 그 이후 1993년부터 1996년까지 재차 총리를 역임하였다.

그런데 그는 총리가 되자 정부지출을 늘려 의료보험 혜택을 전 계층으로 확대했다. 근로자들의 평균 및 최저임금을 대폭 인상하였으며 이외에도 연금지급도 증가시켰다. 직원을 함부로 해고하지 못하

---

4) 〈조선일보〉, 2011년 7월 14일자 참조.

도록 노동법도 개정하였다. 학생들이 교수선발에도 개입하도록 했다. 그리하여 지난 10년간 유럽연합 평균 경제성장률 3%보다 높은 4.7%를 기록했던 그리스 경제성장률이 그가 집권한 1980년대에 들어서는 유럽연합 평균보다 낮은 평균 연 1.5% 수준으로 떨어지게 되었다. 아버지 총리의 정책으로 그리스 국민들은 과(過)복지에 익숙해졌고, 정치인들에게는 계속적으로 포퓰리즘 정책을 펴나가지 않을 수 없도록 만들었다.

결국 아버지가 국민들의 인기를 얻기 위해 과도한 복지지출을 편 결과 당시에는 인기를 끌 수 있었지만 그 방만한 정책으로 나라살림이 힘들어지면서 결국 아들 총리의 발목을 잡게 만든 것이다. 여기서 보듯이 과다한 복지포퓰리즘 정책은 시간이 걸리기는 하지만 후손대에 누군가는 반드시 그 비용을 치르게 된다는 것을 명심해야 한다.

위기 확산가능성 높아져

2011년 6월 13일 국제 신용평가사 스탠더드앤드푸어스(S&P)가 그리스의 국가신용등급을 종전 'B'에서 사실상의 국가 디폴트를 나타내는 'CCC'로 3단계나 하향조정했다. 포르투갈도 S&P에 의해 2010년 4월 A+에서 A-로 신용등급을 하향조정당한 이후 2011년 BBB-로 또한 차례 하향조정되었다. 점차 위기가 확산되는 모습을 보이는 것이다(이어서 포르투갈이 두 번째 구제금융을 신청할 가능성이 높아지자 국제신용평가회사 무디스가 7월 5일 포르투갈의 국가신용등급을 정크 등급수준으로 하향조정했다. 즉, 무디스는 이날 포르투갈의 장기 국채신용등급을 종전 Baa1에서 네 단계 낮은 Ba2로 낮추었다).

그리스의 경우 도덕적 해이로 위기를 극복하지 못할 경우 예상되는 시나리오는 유로존에서 쫓겨나게 되거나 혹은 채무재조정을 하게 되

는 상황으로까지 진전될 가능성이 크다고 할 수 있다. 어느 경우이든
지 유로화의 장래에 좋지 못한 영향을 끼치게 될 가능성이 크다.

　그런데 그리스의 위기가 확산된다면 포르투갈이나 스페인에도 좋
지 못한 영향을 미치게 될 것으로 전망된다. 특히 유로화 도입 이후
유로존 국가들간에 금융시장의 통합이 진행됨에 따라 위기가 전염되
는 정도가 커지게 되었다는 점이다. PIIGS 전체 국가에 대해 유럽
내 주요국 은행들이 상당한 규모의 대출을 해주는 상황을 고려해 볼

〈그림 5-3〉 그리스 국가신용등급(S&P) 추이

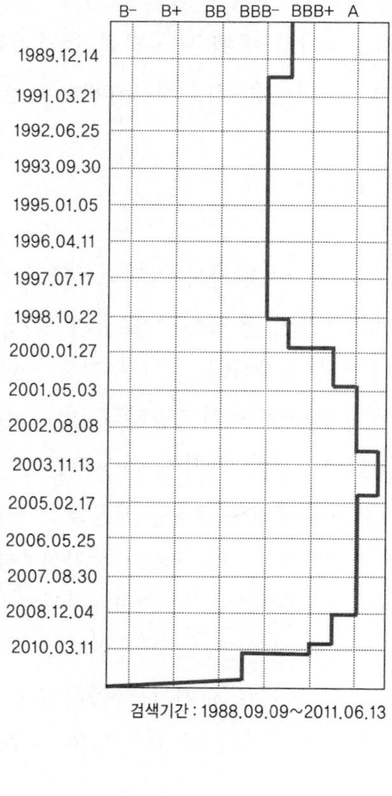

검색기간 : 1988.09.09~2011.06.13

자료: 국제금융센터.

때 스페인까지 위기가 파급된다면 유로 전체가 위협받거나 혹은 글로
벌 금융위기로까지 확대될 가능성도 높게 점쳐지게 된다. 유로존 국
가들의 경우 구조적인 문제가 없는 것은 아니나, PIIGS 국가들의 경
우에는 이 문제를 해결하기 위해서는 구조적인 문제 이전에 기본적으
로 국민들이나 정치인들이 포퓰리즘 성향에서 벗어나는 것이 더 시급
하고 중요한 일처럼 보인다.

〈그림 5-4〉 포르투갈 국가신용등급(S&P) 추이

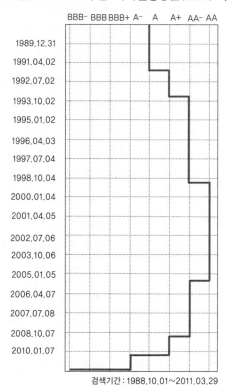

검색기간 : 1988.10.01~2011.03.29

자료: 국제금융센터.

5. 스웨덴 복지개혁이 주는 시사점은

스웨덴의 초기 성과와 실패[5]

참여정부 시절에 스웨덴은 좌파 지식인과 정치인들 사이에서 크게 칭송을 받았다. 즉, 사회민주주의 정책을 통하여 스웨덴이 선진국이 되었고 또 복지국가를 이룩했다는 믿음이다. 그런데 사실은 이와는 다르다. 스웨덴이 어느 정도 경제적으로 성공한 배경은 오히려 산업화 초기의 시장친화적 경제 분위기로 가능했던 것이다.

스웨덴은 1860년대부터 자유시장을 만들기 위해 개혁을 하였다. 그리하여 주식회사, 기업의 자유, 자유무역, 자유로운 신용대부시장, 제한된 정부 등이 가능해졌다. 이런 이유로 스웨덴은 다른 유럽 국가들보다도 뒤늦게 산업혁명을 했지만 성공할 수 있었다. 그리하여 1892년부터 1911년 사이에 스웨덴에서는 다이너마이트, 볼베어링, 밸브, 냉동장치, 터빈 등을 생산하는 훌륭한 기업들이 많이 생겨날 수 있었다. 이외 자동차, 통신사업 등 지금 스웨덴을 대표하는 기업들도 이때에 탄생했다. 이 당시 기업활동이 활발했던 이유는 무엇보다도 8% 정도의 낮은 세율 덕분이었다. 이러한 낮은 세율로 기업가들은 자신의 사업을 성공시키려는 경제적 유인이 매우 강했던 것이다. 이것이 바로 기업가들의 적극적인 활동을 가능하게 만든 것이다. 스웨덴에서 그나마 복지를 할 수 있었던 배경에는 친시장적인 사회분위기로 훌륭한 기업들이 많이 생겨날 수 있었기 때문임을 간과해서는 안 된다.

자유로운 시장경제를 추구하던 스웨덴이 대공황을 거치면서 1932

5) 이 부분은 민경국, "스웨덴 복지 모델과 한국경제에의 시사점", 자유기업원, *CFE REPORT*, No. 1(2006)을 참고하였다.

년 사회민주당이 집권하게 되면서 변질을 겪게 된다. 사회민주당은
노동조합과 이해관계를 같이 하면서 정부의 역할을 키웠다. 사회적
으로도 공공부문의 팽창에 대한 거부감이 없었다. 그런데 사회민주
주의가 급진적으로 평등을 구현하려 할 경우 나타나게 될 중요한 현
상은 모든 자유로운 경제활동이 위축될 가능성이 커진다는 것이다.
1930년대 대공황을 거치면서 스웨덴은 극단적인 정부확장적 케인스
정책을 펼쳤다. 그 과정에서 경제활동에서 정부의 역할이 몹시 커지
게 되었다. 1939년부터 1945년까지 있었던 제2차 세계대전이 끝나
고 나서는 스웨덴은 전후 불황을 극복하기 위해 계획경제를 도입하기
까지에 이른다. 기본적으로 국가가 경제를 통제하는 것이었다. 그렇
지만 이러한 분위기 속에서도 1950년까지는 대체로 스웨덴 경제가
다른 유럽국가들에 비해서는 높은 성장을 유지했다. 그 이유는 기본
적으로 이전의 경제발전, 자유무역, 자유기업이 유지되고 있었기 때
문이다.

　1950년부터 1976년 사이에 스웨덴은 본격적으로 복지모델을 도입
하는데, 그로 인해 정부지출 비중이 20%에서 50%로 급격히 증가하
게 되었다. 사회주의로의 전환이 본격화되었던 1970년 이후 스웨덴
에서는 세금 역시 급속히 증가하였다. OECD 평균보다 높은 소득세
뿐 아니라 고용주의 기여금과 법인세를 주로 인상해왔다. 이렇게 거
둔 돈을 연금, 시혜적 실업보험, 의료보험 등의 재원으로 충당했다.

　1913년에 시작된 국민연금은 완전히 국가가 운영하는 체제로 시작
하였다. 1960년에 도입된 확장체제인 소득비례 부가연금(ATP)도 정
부가 운영했고 완벽한 분배라는 기조하에 운영되었다.

　스웨덴은 국민이 국가에 낸 세금에서 연금을 지급한다. 연금개혁
은 실질적으로 예금을 집단화한 것이라고 볼 수 있다. 그리하여 상대
적으로 민간연금의 조건을 불리하게 하였다. 실업보험도 거의 전액이

세금으로 조달되고 있다. 다시 말하면 대부분의 사회보험을 국가가
집단으로 운영하는 것이다. 또한 스웨덴은 기업의 이윤배당에 대한
세금을 무겁게 매기고 있다.[6] 이는 기업의 이윤을 회사 내에 적립하
게 하는 효과도 있었으나 한편으로는 새로운 분야에 재투자되는 것을
억제하는 부작용도 있었다. 높은 최저임금수준 등 노동시장에 대한
규제로 스웨덴은 또한 실업률이 매우 높다. 공적 부조가 가지고 있는
이러한 본질적인 문제로 이즈음부터 스웨덴의 성장동력이 점차 약해
지게 되었다.

복지모델의 병폐가 나타나게 되면서 시장경제를 내세운 중도우파
가 1976년 집권하게 된다. 그런데 제대로 된 개혁을 해보지도 못하고
다시 1982년 사회민주당에 정권을 내주고 말았다. 경직된 경제구조
를 그대로 유지하고는 스웨덴이 경제의 활력을 찾을 수는 없는 일이
었다. 1990년대 초에는 대공황 이후 가장 심각한 경제침체를 겪었
고, 1960년 이후 세계 제3위였던 스웨덴 경제가 15~20위로 추락하
게 되는 수모를 겪게 되었다. 그러나 한편으로는 1986년 이후부터 좌
파정부에 의한 친시장개혁이 이루어지기 시작했다. 즉, 국유기업의
민영화와 함께 규제완화도 시도되었다. 그리고 재정적자와 정부지출
을 줄이려는 노력도 있었다. 이러한 친시장적인 노력이 이후 스웨덴
경제의 회복에 도움이 되었음은 물론이다.

1999년 이후 스웨덴, 친시장 개혁으로 경제회복

높은 세금으로 인해 외국으로의 자본도피, 기업가정신 상실 등에
시달리던 스웨덴은 드디어 1991년 세제개편을 하게 된다. 오랫동안

---

6) 닐스-에릭 샌드버그, 《스웨덴의 실패이야기》, 이야기시리즈 제20권, 자유
기업센터, 1998.

지속되었던 높은 소득세를 인하하고 부가세를 대폭 강화하였다. 상품 및 서비스에 23%의 부가세를 일률적으로 매기고 평균 60%에 이르던 소득세를 평균 30%로 인하한 것이 핵심내용이었다. 법인세도 57%에서 30%로 인하하였다. 2005년에는 상속세를 폐지하였다. 2006년 9월 스웨덴 총선에서 중도우파 연정정부가 집권하면서 시장친화적 정책을 펼쳤다. 2007년 법인세 및 재산세 인하, 부유세를 완전히 폐지, 국영기업 민영화 정책 등을 통해 일자리를 창출하고자 하였다. 특히 스웨덴의 경우 세율이 자본소득에 대해서는 상대적으로 낮고 노동소득에 대해서는 높은 불공평한 구조로 되어 있다. 그 이유는 자본소득 세율이 높으면 자본이 해외로 유출될 수 있는데, 이를 방지하기 위해서 세금을 낮게 하였던 것이다. 세금제도가 형평성보다는 경제활성화에 목표를 맞추고 있음을 알 수 있다.

이렇게 스웨덴은 정부의 역할을 점차로 줄이면서 경제의 체질을 정부주도에서 시장중심으로 전환시켜가고 있다. 이러한 움직임은 과거 스웨덴이 사회민주주의적 전통에 따라 정부가 중심이 되어 복지 및 모든 정책을 책임지는 형태의 포퓰리즘적인 사회를 탈포퓰리즘적인 사회로 탈바꿈시키고 있는 거라고 할 수 있다.

전통적으로 복지를 강조해오면서 연금제도를 운영해오던 스웨덴도 고령화가 급속히 진행되는 과정에서 더 이상 이러한 연금제도가 지속불가능하다는 것을 알게 된 것이다. 그리하여 1999년에 들어서면서 연금제도를 개혁한다. 그 내용을 보면 첫째 명목확정기여연금제도와 완전적립방식의 민간 사적 연금의 이중구조를 도입하였다. 둘째, 사용자가 9.25%, 근로자가 9.25%를 부담하여 총 개인소득의 18.5%가 연금보험료로 납부된다. 그 중 16%는 명목확정기여연금에, 2.5%는 사적 연금으로 지불된다. 마지막으로는 기초보장 차원에서 일정 연금소득 이하 사람들을 위해 최저보장연금을 신설하였다. 기

본적으로 개인이 평생 낸 돈과 이자를 바탕으로 하여 은퇴 후에 연금
을 받게 하는 구조로 변하게 된 것이다. 그리고 이러한 연금에서 소
외된 저소득 계층에 대해서는 국가가 일정수준의 삶을 보장하는 제도
를 두고 있다.

〈그림 5-5〉에서 보는 바와 같이 많은 유럽국가들이 경기침체와 재
정적자의 늪에서 헤매는 것과 달리 스웨덴의 경우 경제성장률이 2010
년 5.5%를 기록하였고, 2011년에는 4.6%가 예상되고 있다. 그리고
2012~2013년에도 예측치보다 높은 3% 후반대의 성장률이 예상된
다. 또한 중앙정부 재정수지도 〈그림 5-6〉에서 보는 바와 같이 2011
년에 흑자로 전환하여 2015년에는 GDP 대비 4.4%의 흑자를 이룰
것으로 전망된다. 이러한 최근 스웨덴의 경제회복의 배경은 복지모
델을 고수해서가 아니라 친시장적인 개혁의 결과이다.

스웨덴 경제가 호조를 보이는 이유로는 무엇보다 1991년 세제개편
으로 평균 60%에 달하는 소득세를 평균 30%로 인하하고 복지지출
축소와 상속세 및 부유세를 완전히 없앤 정책에 기인한다. 경기호조
와 이러한 공공부문의 민영화 노력으로 재정흑자를 이룰 수 있었다.
재정흑자 결과 여유가 생기면서 이젠 감세를 실시할 예정이라고까지
한다. 한때 과도한 세금으로 인해 자본의 국외 이탈, 기업가정신 상
실, 높은 실업률에 시달리던 스웨덴이 시장친화적 개혁을 통해 변신
하는 것은 우리나라를 비롯한 유럽 다른 나라에도 좋은 본보기가 된
다고 할 수 있겠다.

〈그림 5-5〉 스웨덴 경제성장률 실적 및 전망

(단위: %)

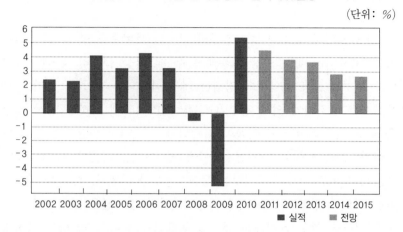

자료: Statics Sweden, National Mediation Office and Ministry of Finance.

〈그림 5-6〉 스웨덴 재정수지 실적 및 전망

(단위: % of GDP)

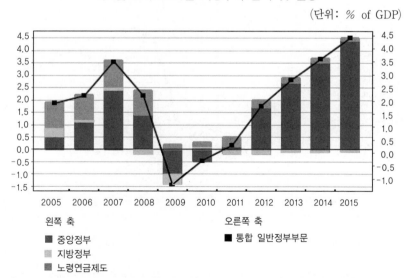

왼쪽 축

■ 중앙정부
▨ 지방정부
■ 노령연금제도

오른쪽 축

■ 통합 일반정부부문

자료: Statics Sweden, National Mediation Office and Ministry of Finance.

206

스웨덴의 재정준칙 도입[7]

〈그림 5-7〉은 스웨덴 중앙정부의 부채를 보여주고 있다. 1990년부터 1996년 사이에 중앙정부 부채가 두 배 이상 급격히 증가하고 있다. 이 기간 중에 스웨덴의 경제는 매우 침체되어 있었다. 그리고 금융부실을 해결하기 위해 정부가 GDP 대비 4%에 달하는 공적 자금을 투입하는 등 최악의 상황이 지속되었다. 부채비율만 증가한 것이 아니라 1988년부터 1993년 사이에 공공부문 지출도 GDP 대비 60.1%에서 73.0%로 증가하는 등 큰 정부가 되었다. 이러한 상황을 맞은 스웨덴 정부는 1994년에 재정건전화 프로그램을 실시하여 재정지출 감축을 통한 균형재정 달성을 목표하게 된다. 그리하여 마침내

〈그림 5-7〉 중앙정부부채

(단위: 백만 스웨덴 크로나)

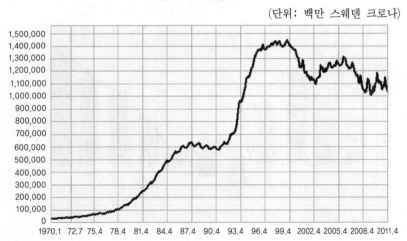

자료: Statistics Sweden.

---

7) 이 부분은 박형수·류덕현(2006)의 "재정준칙의 필요성 및 도입방안에 관한 연구"(한국조세연구원)를 참조하였다.

1997년부터 재정준칙이 제정되게 된다. 기본적으로 재정의 목표를 정하고 이를 준칙으로 만들었던 것이다.

먼저 일반정부(중앙＋지방＋노령연금)의 재정수지는 경기변동을 감안하여 평균적으로 GDP 대비 2% 흑자를 유지하게 했다. 노령연금이 GDP 대비 2%의 흑자임을 감안하면 사실상 중앙정부와 지방정부로 하여금 균형재정을 하도록 요구한 것이다. 다시 말하면 정부지출을 정부수입 범위 내에서 쓰도록 하겠다는 것이다. 지방정부의 경우 지출한도는 없지만 2000년부터는 균형재정을 의무화하여 이를 위반할 경우 일반보조금을 감축하는 등 제재하고 있다. 한편 중앙정부의 지출에 대한 지출한도를 준수하도록 했다. 이를 통하여 일시적인 재정수입 증대에 따른 재정확대를 차단하여 궁극적으로 공공부문의 비중을 줄이려고 한 것이다. 이러한 노력을 통해 스웨덴은 중앙정부 재정지출 한도를 1997년 37%에서 2000년 이후 32~33%로 축소할 수 있었다.

이러한 스웨덴의 재정준칙 도입은 현재 우리나라의 상황에서 반드시 참고해야 할 상황이라고 판단된다. 최근 정치권에서 제기되는 상황을 보면 누가 반값등록금을 거론하면 상대방은 전액 무료등록금을 제안하는 등 포퓰리즘이 극치에 달하고 있다. 그 외에도 막대한 자금이 동원되어야 하지만 그 경제적 효율성은 의문시되는 각종 지역개발 공약도 남발되고 있다. 이러한 상황을 국민 입장에서 막기 위해서는 무엇보다도 빠른 시일 내에 여야가 공감하는 수준으로 재정준칙을 도입해야만 한다. 단지 집권하기 위해 나라의 장래는 안중에도 없는 정치인들로부터 나라살림을 지켜내기 위해서는 재정준칙의 도입만이 유일한 해법이다.

스웨덴의 경우 재정준칙을 도입한 이후부터 중앙정부 부채가 점차로 감소하는 상황을 보면 이 정책이 가장 유효한 방법이라는 것을 실감할 수 있다. 현재 재정준칙을 실시하는 나라를 살펴보면 스웨덴 이외에도 호주, 핀란드, 독일, 일본, 네덜란드, 뉴질랜드, 스페인, 영국 등 9개국이다. 또한 EU에서도 재정준칙을 도입하고 있다. 마스트리히트 조약의 재정준칙에 따르면 단일통화에 가입하거나 혹은 EMU 회원국이 지켜야 할 의무사항으로 GDP 대비 재정적자 3%, 국가부채 비율 60%를 지키도록 하고 있다. 이러한 준칙이 있음에도 남유럽 국가들의 재정적자가 심각한 상황인 걸 보면 준칙의 제정 이상으로 그 준칙을 성실하게 준수하려는 노력도 매우 중요하다는 것을 알 수 있다.

현재 우리나라에서 진행되는 각종 포퓰리즘적인 정책을 살펴보면 정치인들에게 맡겨 놓을 경우 국가 재정이 도저히 무책임한 포퓰리즘에서 벗어나기 점점 어려워질 것 같다. 우리나라의 경우에도 재정포퓰리즘 혹은 복지포퓰리즘을 막기 위해서는 더 늦기 전에 국회에서 중장기 평균 GDP 대비 재정수지 적자비율이나 혹은 국가부채 규모를 정하는 재정준칙을 세우는 것만이 그 해결책인 것 같다. 그리고 향후 대통령공약 중에서 재임기간 중 평균 재정적자 및 국가부채 규모를 미리 약속하도록 하는 방안도 포함하게 하는 게 필요한 일이 될 것이다.

제6장

정치포퓰리즘과 그 탈출구

현 진 권*

1. 정치포퓰리즘은 왜 발생하나

경제학은 좀더 많은 우리 사회 구성원들이 현재보다 높은 후생을 누릴 수 있는 정책방향을 제시하는 데 도움을 주는 학문적 틀이다. 그러나 현실에서 일어나는 많은 정책은 경제학에서 제시하는 합리적 방향과는 다른 방향으로 결정된다. 그래도 엄연히 현실에서 발생하는 이러한 정책수립 과정도 경제학적 틀에서 설명되어야 한다. 정책결정은 경제적 합리성에 의해서 이루어지지 않고, 정치적 과정을 통해 이루어진다. 즉, 정치시장에서의 수요와 공급에 의해 결정된다. 정치포퓰리즘 정책도 정치시장에서 수요와 공급이 만나야 현실화될 수 있다. 여기에서는 정치포퓰리즘이 발생하는 정치시장 구조의 문제를 경제학적 틀 속에서 설명해 본다.

* 아주대 경제학과 교수.

정치수요자인 국민들은 합리적 무관심 행위자

정치시장에서 정책이 결정되는 과정은 일반적으로 다수결 원칙에 의해서이다. 특정 정책안이 통과하기 위해서는 최소한 51%의 지지를 얻어야 한다. 특정 정책안에 대해 서로 상반된 이념적 틀을 가지고 있는 정당이 51% 지지를 구하기 위해서는 중간층에 있는 1%의 지지가 절대적이다. 따라서 정치시장에서는 중간에 있는 1%에 의해 정치상품의 채택여부가 결정된다. 일반적으로 경제시장에서는 '보이지 않는 손'(invisible hand)에 의해 재화의 배분이 결정되지만, 정치시장에서는 중간층인 1%의 결정에 의해 전체 정치시장의 자원배분이 결정된다.

정치시장의 수요자인 국민들은 경제시장에서의 수요자와는 확연히 다른 특징을 가지고 있다. 경제시장에서는 수요자가 상품을 구입하기 위해서는 해당 상품에 대한 정보를 구하기 위해 많은 시간을 투입하지만, 정치시장에서 수요자는 정치상품을 선택하는 데 시간을 들이지 않는다. 근본적인 이유는 경제시장에서는 수요자가 잘못된 선택을 했을 경우에 지게 되는 피해는 고스란히 수요자가 지기 때문에 사전에 여러 가지 대안상품에 대한 정보를 구하게 된다. 그리고 이러한 행위는 합리적인 행위이다. 반면 정치시장에서는 수요자들은 잘못된 정치상품을 선택해도, 그 피해는 당사자만이 아닌 국민 전체가 부담하게 된다. 그리고 정치시장에서 수요자들이 경제시장에서처럼 정치상품에 대한 정확한 정보를 구하자면 그 시간비용이 매우 크다. 선거철마다 모든 후보가 재원조달에 대한 구체적 안도 없이 공짜로 주겠다는 정책공약을 제시하므로, 어느 후보가 가장 적합한 후보인지를 판단하기 위해서는 엄청난 시간을 투자해야 한다. 정치수요자 입장에서 보면, 투자할 경제적 논리가 적고, 잘못 선택했다고 해도,

그 부담을 모든 국민 혹은 해당 지역민들이 골고루 지므로 정치상품에 대해 무관심한 것이 합리적인 행동이 된다. 이를 정치수요자들의 '합리적 무관심'(*rational ignorance*) 행위라고 하는데, 이는 정치시장을 이해하는 데 가장 중요한 수요자들의 행동이다.

일반적으로 선거철마다 유권자들의 현명한 판단을 요구하지만, 정치시장의 구조상 절대 수요자들은 현명하게 투표하지 못하는 구조적인 문제를 가지고 있다. 수요자들의 무관심을 깨우기 위한 여러 가지 홍보성 캠페인을 하지만, 교육을 통해 수요자들의 무관심은 절대 깨어나지 않는다. 왜냐하면, 무관심한 것이 경제적으로 합리적인 행위이기 때문이다.

정치인은 중위투표자가 원하는 정책을 개발

정치시장의 경쟁구조는 승자는 모든 것을 얻게 되고, 패자는 모든 것을 잃게 된다. 예를 들면, 2명이 경쟁하는 구조에서 49%와 51%의 득표결과는 비록 2% 차이지만, 승자는 모든 걸 독차지하고, 패자는 49%의 지지가 있었음에도 불구하고, 모든 걸 잃게 된다. 이러한 승자독식 구조하에서는 정치경쟁을 결정짓는 중위투표자의 마음을 얻을 수 있는 정책은 그것이 아무리 경제적 합리성이 없다고 해도, 추진하는 것이 정치시장에서 이길 수 있는 유리한 길이다. 따라서 정치공급자 입장에서는 중위자 그룹이 원하는 정책을 찾는 것이 가장 중요하고도 합리적인 정치과제이다.

합리적으로 무관심한 수요자들의 마음을 잡는 방법은 수요자들에게 혜택이 가는 정책을 제공하는 것이다. 공공부문에서의 정책은 기본적으로 국민 모두의 세금부담으로 현실화되는 것이지만, 정책집행에 따른 혜택은 특정집단에 집중된다. 모든 사람들이 부담하는 세금에 대해서는 수요자들은 심각하게 생각하지 않는 반면, 본인에게 혜택이 오는 정책에는 민감하게 반응하는 것이 일반적 행태이다. 세금은 전체 사회의 후생을 극대화하는 방향으로 집행되어야 하지만, 이는 경제적 합리성이란 측면에서의 논리일 뿐, 현실에서 일어나는 정책결과는 전체 사회의 후생 극대화와는 거리가 있다. 정치인들은 전체 사회 후생이 아무리 낮다고 해도, 특정 정책에 대해 수요자들이 좋아하고 투표로 연결될 수만 있다면, 공급자 입장에서는 합리적 행동이 된다. 세종시, 지역사업 등 경제적 합리성에 반하여 특정 지역에 집중되는 정책이 현실화되는 이유는 이러한 정치시장 구조에 기인한다.

경제시장에서는 공급자가 낭비적 자원배분을 하게 되면, 손실이란 결과를 통해 시장에서 퇴출되므로, 시장은 자율적 정화기능을 가진다. 그러나 정치시장에서는 국민들의 세금으로 아무리 낭비하는 정책결정을 해도, 정치시장에서 퇴출되기는커녕, 오히려 승자가 독식하는 구조이다. 정치시장은 근본적으로 효율적인 결과를 기대할 수 없으며, 이는 개인의 문제라기보다는 정치시장의 구조문제이다. 이를 '정치실패'(political failure) 라고 한다. 한국의 정치시장에서 포퓰리즘 정책이 많이 양산되고, 여야 할 것 없이 서로 포퓰리즘 정책을 쏟아내는 경쟁을 하는 현상은 이러한 정치실패의 결과로 해석할 수 있다.

2. 무상급식, 빈곤층만으로 한정해야

민주당에서 제안된 무상급식 정책안은 의무교육 대상인 초·중학교를 대상으로 하는 것이다. 2010년 교육감 및 지방자치단체장 선거에서 이미 제안되었던 공약으로, 결과적으로 유권자의 지지를 받는데 효과적이었던 것으로 평가할 수 있다. 이후 민주당 성향의 교육감이 당선된 서울 등에서는 시장이 반대함에도 불구하고, 무상급식을 추진하고 있는 실정이다. 무상급식은 '무상'이기 때문에 합리적으로 무관심한 유권자들의 가슴에 접근가능하다는 판단하에 야당에서 개발한 정치상품이다. 따라서 무상급식은 교육의 문제가 아니고, 보편적 복지확대 차원으로 접근할 필요가 있다.

학교급식의 현황

무상급식 정책을 제대로 평가하기 위해서는 학교급식의 현 실태를 정확하게 파악하는 일이 필요하다. 학교급식 예산은 2008년 기준으로 총 4.4조 원으로 이 중에서 67%를 개인 보호자가 부담하고, 교육비 특별회계에서 28%를 차지한다. 즉, 학교급식은 67%가 사적 재화로서 거래되는 반면, 28%는 정부에서 제공하고 있다. 또한 예산이 아닌 대상자 수를 기준으로 민간과 정부영역을 구분해서 살펴보면, 2008년 기준으로 전체 학생 중 8.3%가 정부지원을 받고 있고, 나머지 91.7%에 대해서는 급식은 소득범위 내에서 선택하는 지출구조의 한 종류일 뿐이다.

급식정책에 정부와 민간의 역할분담이 필요

정부가 민간영역에 100% 개입해야 하는 논리적 정당성을 가진 재
화로 '공공재'를 들 수 있다. 공공재는 경제학에서 정교한 이론을 바
탕으로 정의된 개념으로, 일반적 용어가 아니다. 일반적으로 공공재
라고 하면, 정부에서 제공하는 재화를 의미하는데, 이는 잘못된 것이
다. 공공재는 재화를 '비경합성'과 '비배제성'이란 두 가지 특성에 비
추어 분류한 결과물이다. 비경합성은 같은 재화를 동시에 여러 사람
들이 사용해도, 전혀 사용하는 사람들이 불편하지 않는 특성을 의미

〈표 6-1〉 학교급식예산 부담주체 분포: 2008년

(단위: 억 원, %)

	액수	비율
총 예산	43,751	100.0
보호자 부담금	29,312	67.0
교육비특별회계	12,385	28.3
자치단체지원금	1,703	3.9
급식후원금 발전기금 기타	351	0.8

〈표 6-2〉 학교급식 지원대상자 비율

(단위: %)

연도	지원비율
2008	8.32
2007	7.64
2006	6.77
2005	6.00
2004	5.22

한다. 국방과 같은 서비스는 모든 국민이 동시에 소비해도 서로 불편함이 전혀 없다. 반면 비배제성은 타인의 소비를 배제하지 못하는 특성을 의미하는 것으로, 국방서비스는 특정인의 소비를 막을 수 있는 방법이 없다.

급식은 배제성과 경합성을 가지는 순수한 사적 재화이다. 그러나 정부개입 여부는 공공재와는 관계없이 정치적 과정을 거쳐서 이루어지므로, 국민들이 원할 경우에는 정치적 과정을 통해 무상급식이 제공된다. 정치권에서의 무상급식은 소득수준과는 관계없이 보편적으로 제공하는 정책안이며, 이 경우에는 급식은 비배제성과 경합성을 가지는 재화가 된다. 이럴 경우에는 광의개념의 공공재가 되며, 이는 '공유자원'이 된다. 일반적으로 공유자원은 비배제성과 경합성 특성으로 재화가 낭비될 수밖에 없으며, 이를 '공유자원의 비극'(*tragedy of commons*)이란 용어로 설명하고 있다.

무상급식이 비효율적일 수밖에 없는 이유는 소득과 관계없이 무상으로 제공되어 본인이 필요하지 않아도 제공되기 때문이다. 급식이란 재화가 사적 재화로서 특정가격을 가질 경우에는 가격 이상의 만족감을 가질 경우에만 소비자들이 구매해서 소비할 것이다. 그러나 가격이 없으므로, 무상급식을 통한 만족감은 최소한 제로는 넘을 것이므로, 기꺼이 받으려고 할 것이다. 특정 소비자의 경우에는 정부의 무상급식에 만족하지 못하고, 사적 재화로서 급식을 준비한다고 해도, 무상급식으로 본인에게 할당된 몫을 포기하지 않을 것이다. 따라서 무상급식은 이름 그대로 무상이기 때문에 모든 사람에게 제공된다. 무상급식을 통해 얻는 만족감은 사람마다 다양하다 하더라도 말이다. 이때 무상급식에 만족하지 못하는 사람도, 무상이기 때문에 수취를 거부하지 않고, 낭비한다고 해도 이를 막을 수 있는 방법이 없다.

서울에서 무상급식이 실시된 이후에 학교에서 무상으로 나누어 준

우유들이 버려지는 사례가 나타나기 시작했다. 무상급식은 어차피 정부에서 담당하게 되므로, 급식수준이 획일적일 수밖에 없어, 학생들의 다양한 기호를 만족시킬 수 없다. 이를 조정하는 메커니즘이 가격인데, 가격이 존재하지 않으므로, 무상급식은 필연적으로 낭비될 수밖에 없는 것이다.

무상수준은 세부담 수준에 의해 결정

무상급식률은 결국 국민들의 세부담 수준에 의해 결정된다. 스웨덴같이 모든 국민들이 50%의 소득을 세금으로 부담하고, 지출구조에서도 한국보다 국방비가 낮은 국가에서는 얼마든지 무상급식률을 100%로 만들 수 있다. 그러나 한국의 경우, 국민부담률은 2007년 기준으로 26.5%이며, OECD 평균치 35.8%보다 월등히 낮은 수준이다. 또한 지출구조에서도 국가안보 예산으로 약 GDP의 3%를 지출해야 하는 특수한 환경이다. 이러한 특수한 환경을 무시하고, 스웨덴 등의 국가를 따라갈 수는 없는 것이다. 따라서 무상급식이 꼭 필요한 정책이라면, 이러한 주장에 앞서, 한국의 조세부담률을 두 배로 늘려야 함을 먼저 주장하여야 한다.

합리적인 급식정책 방향은

정책은 경제적 합리성에 의해 결정되지 않고, 국민이 원하면 정책으로 채택되는 것이 민주사회에서의 일반적 현상이다. 국민이 원하면, 사적 재화이지만, 정부에서 제공할 수 있다. 이때 기본방향은 무상급식 소비가 자발적으로 가능하지 않는 빈곤층을 대상으로 정부에서 무상급식을 제공해야 한다는 것이다. 현재 정부지원자 비율이

<표 6-3> 국가별 국민부담률과 무상급식률: GDP 대비

(단위: %)

구분	스웨덴	핀란드	미국	영국	일본	한국
무상급식률	100	100	52.2	11.6	1.7	13.2
국민부담률 (2008)	47.1	42.8	26.9	35.7	28.3	26.6
국방비 (2009)	1.5					2.7

자료: OECD, Revenue Statistics, 2009.
　　　한국교육개발원, "한국과 OECD 국가의 학교급식 실태분석," 2010. 9월.

8.3% 수준이나, 이를 점차로 증가시키는 방향으로 나갈 필요가 있다. 이는 가용예산 수준과 타 분야와의 우선순위 조정에서 결정되어야 할 사항이다.

따라서 빈곤층에 대해서는 정부에서 무상급식을 보장하고, 차상위층에 대해서는 감면율을 적용하여 소득에 따른 차별적인 가격을 부과하는 것이 자원배분에 효율적이다. 소득수준과 관계없이 모든 사람들에게 무차별적으로 급식을 제공하는 것은 예산의 낭비적 결과를 필연적으로 발생시킨다.

3. 건강보험재정 악화시키는 무상의료

민주당에서 주장하는 무상의료의 골자는 우선 현행 입원비의 62%를 건강보험이 부담하는 입원 보장률을 90%로 확대하고, 본인부담 상한액도 현행 2백~4백만 원에서 100만 원으로 낮춘다는 것이다. 기본방향은 의료혜택을 확대하는 것이며, 이에 따른 추가소요예산은 민주당안에 의하면 약 8.1조 원 수준이다. 반면 이를 충당하는 구체적인 재원조달에 대한 안은 미비한 수준이다.

한국의 의료체계는 '저부담-저보장'체계

의료보험체계는 부담수준과 정부의 보험혜택 간에 밀접한 관계를 가지고 있다. 선진국의 경우에는 정부의 보장범위가 높은 것은 사실이지만, 그에 따른 국민들의 부담도 크다. 이를 구체적으로 살펴보면, 국민의료비 중에서 공공지출이 차지하는 비중인 보장성 지표의 경우, 한국이 약 55%이지만, OECD 국가들의 평균치가 72% 수준이다. 대부분 선진국은 80% 수준을 보여준다. 그러나 단순하게 정부의 지출수준만을 비교해서, 한국제도를 비판할 수 없다. 건강보험료율을 통해 국민들의 부담수준을 비교해 보면, 한국이 5.6%이나, 선진국들은 우리보다 두 배 이상인 것을 알 수 있다. 따라서 한국의 의료체계는 '저부담-저보장'체계인 반면, 선진국은 '고부담-고보장'체계인 차이를 가진다.

한국의 의료체계는 분명 문제가 있다는 것을 모든 사람들이 공감하고 있다. 의료보장 범위를 확대하기 위해서는 반드시 부담수준도 높여야 한다. 현행 62%인 건강보험보장률을 90% 수준으로 높이기 위

〈표 6-4〉 의료비의 정부 및 민간부문의 비중

(단위: %)

국가	한국	독일	프랑스	영국	스웨덴	일본
공공지출/국민의료비 (2007년)	54.9	76.9	79	81.7	81.7	81.9
건강보험료율 (2008년)	5.6	14.0	14.0	-	-	8.5

주: 건강보험료율에서 한국은 2011년 자료.

해서는 건강보험료가 현 수준보다 약 세 배 수준으로 인상되어야 한
다는 의료전문가의 연구결과가 있다. 따라서 의료보장을 확대하기 위
해서는 우선적으로 의료재원조달을 위한 구체적인 정책대안이 먼저
제시되어야 한다. 특히 현행 제도하에서도 의료보험의 재정적자 문제
는 심각한 수준으로 전망되고 있다. 이미 2010년에 의료보험에서 1.3
조 원의 재정적자가 발생하였고, 현 제도 개혁 없이 지속되면 2030년
에는 약 50조 원의 재정적자가 발생할 것이라고 예측되고 있다.

무상의료는 서비스 질을 떨어뜨려

의료가격이 떨어지면, 새로운 수요가 발생하는 것은 경제적 진리
이다. 새로운 수요에 탄력적으로 의료서비스가 공급되면 문제가 없
지만, 의료서비스의 공급은 여러 가지 요인으로 비탄력적일 수밖에
없다. 따라서 수요가 공급을 초과하는 현상은 자연스럽게 발생할 것
이고, 이에 따라 초과수요가 발생한다. 초과수요를 해결할 수 있는
방법은 가격이지만, 가격이 정부에 의해 통제되고 있다. 따라서 수요
자들은 적기에 의료서비스를 받을 수 없고, 긴 대기시간을 통해 자신
의 차례를 기다려야 하는 부작용이 발생한다. 물론 모든 환자가 똑같

은 수준의 의료서비스를 필요로 할 경우에는 문제의 심각성이 상대적으로 낮을 것이다. 그러나 긴급한 의료서비스를 요하는 수요자는 높은 가격을 기꺼이 지불하려는 의향이 있음에도 불구하고, 제도로 인해 본인의 수요를 만족시킬 수 있는 방법이 없게 된다. 이럴 경우에는 외국으로 나가서 의료서비스를 받는 수밖에 없다.

실제로 영국의 경우에는 의료환자가 서비스를 받기 위해서 18주를 기다려야 하는 폐단이 발생하고 있으며, 이를 해결할 수 있는 방법은 외국에 나가거나, 국내의 민간의료시설을 이용하는 것이다. 실제로 질 높은 서비스를 받기 위한 해외 원정치료가 연 5만 명에 달할 정도이며, 민간병원의 시장규모가 전체 의료시장의 약 15% 수준이다. 스웨덴도 긴 대기시간으로 환자들의 불만이 폭증하여 2010년 7월에 환자보호법(발병 당일 의사와 상담, 7일 이내 의사진찰, 90일 이내 전문의 상담 수술 및 의료조치 등)이 제정되었으나, 전국적으로 13%의 환자가 아직도 석 달 이상 대기해야 하는 상태이다.

의료가격을 낮추는 정책안은 반드시 재정의 뒷받침이 따라야 한다. 의료가격을 인하하는 정책안을 제시하는 과정을 보면, 항상 현실의 문제점을 부각시켜 현 상태에서 가격만을 인하하여 해결하겠다고 한다. 그러나 가격을 인하하면 반드시 추가적인 수요가 발생한다. 이러한 동적인 과정을 고려하지 않고, 가격을 인하해도 현 상태의 수요구조가 변하지 않는다고 정적으로 가정한다. 의료가격 인하정책안을 정적으로 해석하면, 재정적자 문제는 필연적으로 심각하게 발생할 수밖에 없다. 이를 구체적으로 보여주는 예가 있다.

2006년에 5세 이하 영유아를 대상으로 병원 입원비를 전액 지원하는 정책을 도입하였다. 무상인만큼, 입원환자가 급격히 증가했고 입원비를 통한 재정부담이 거의 40%대까지 증가하게 되었다. 결국 증가된 재정부담은 세금으로 조달되어야 하므로, 결코 공짜가 아니다.

무상으로 이러한 서비스를 계속 제공할 경우에는 재정적자의 문제가 연속적으로 발생할 수밖에 없다. 수요를 조절할 수 있는 유일한 길은 가격을 올리는 길뿐이다. 결국 2008년에 입원비의 10%를 환자가 부담하도록 하여(어느 정도의 가격을 올리게 됨으로써) 수요를 조절하게 되었고, 적자재정 문제를 완화할 수 있었다.

4. 무상보육은 경제적 낭비를 초래한다

현재 영유아 중에 하위 70%에 대해서는 무상 혹은 정부가 지원하고 있다. 정치권에서는 모든 영유아의 보육비용을 정부에서 부담하는 무상보육 정책안을 제시하였다. 보육은 경제학에서 정부개입의 경제적 논리로서 내세우는 양의 외부성(positive externality)을 가지는 대표적인 분야이다. 영유아 시기의 보육서비스를 저소득층이 충분히 받지 못할 경우에는, 성인이 된 후에는 사회에 해를 끼칠 가능성이 높으므로, 정부가 소득보조를 통해 개입하여 사회적으로 최적인 수준으로 유도해야 한다는 것이다. 그러나 이때 문제가 되는 것은 고소득층이다. 고소득층은 정부개입이 없어도 스스로 충분한 보육서비스를 소비할 수 있음에도 불구하고, 정부가 무상으로 제공하는 것이 경제적 낭비가 없는 일인지 평가할 필요가 있다.

보육재정의 현실

보육정책 예산은 노무현 정부에서부터 복지관련 예산중에서 가장 빠르게 증가하였고 여전히 증가하는 추세이다. 중앙 및 지방정부를 포함한 보육관련 예산을 보면, 2007년에 1.6조 원에서 2011년에는 4.7조 원으로 세 배 증가하였다. 또한 중앙정부의 2011년 예산은 전년대비 16.5% 증가하여 2.5조 원 수준이다. 전체 예산에서 영유아 보육료 지원규모가 1.9조 원으로, 가장 높은 비중을 보여준다. 따라서 보육예산은 소득지원 정책에 중점적으로 집행됨을 알 수 있다.

현재 영유아의 지원시설 이용률을 보면, 총 아동수 2천 7백만 명 중에서 보육시설을 이용하는 비중이 42%, 유치원을 이용하는 비중이 20%로 총 62%의 영유아가 시설을 이용하고 있다.

보육지원정책은 크게 기본보육료와 차등보육료의 두 가지 수단을 사용하고 있다. 기본보육료의 경우에는 영아에 대해 무조건 제공하는 것으로 고소득층도 보육료의 60% 정도를 정부가 부담하고 있다. 반면 차등보육료의 경우에는 유아에 대해서 소득에 따라 차등보조하고 있다. 2011년 현재 소득하위 70%까지 무상으로 지원하고 있으며, 2012년부터는 소득하위 80%까지 확대할 예정이다.

보육시장의 규제

정치권에서 주장하는 무료보육의 기본사고는 무상으로 제공하면, 모든 대상자들이 안심하고 영유아를 키울 수 있다는 것이다. 정부가 제공하는 무상보육의 기본구조는 똑같은 수준의 보육서비스를 제공하는 것이다. 그러나 보육서비스는 사적 재화의 성격을 가지므로, 수요자들의 기호에 따라 원하는 서비스 형태가 천차만별이다. 시장이 정상적으로 작동할 경우에는 수요에 맞추어 다양한 형태의 서비스가 공급되는 것이 일반적이다. 그러나 현재의 보육시장은 심각한 수준의 규제정책으로 시장이 정상적으로 작동하는 것을 막고 있다. 가격규제와 영리법인의 시장진입 금지이다.

가격규제정책은 공급자간의 경쟁을 막는 대표적인 정책이다. 가격상한제를 통해 다양한 보육서비스 공급을 차단하고, 일률적인 서비스를 통해 가격경쟁이 아닌 규제가격하에 똑같은 서비스를 가진 공급자간에 영유아를 유치하는 경쟁을 하게 하고 있다. 일률적인 서비스에 만족하지 못하는 수요자들은 직접 보육서비스를 담당하거나, 보육시설이란 법적 규제를 벗어난 유사시설을 통해 이러한 수요를 간접적으로 충족하는 실정이다. 이러한 규제하에서 민간시설과 공공시설간의 역할분담도 일반적 원칙과는 정반대로 가고 있다. 일반적으로 공공시설은 저소득층과 같이 수요가 충분하지 않아 민간시장이 담당하지 못하는 부문을 정부지원으로 수요가 아닌 필요에 의해 제공하는 것이 바람직한 역할분담이다. 그러나 보육시장에서는 공공부문의 서비스 질이 민간부문보다 높아서, 수요자들은 공공부문 시설을 이용하기를 원하고, 수요가 공급을 초월하므로, 대기자 명단에서 오랫동안 기다려야 하는 실정이다.

가격규제와 함께, 보육시장이 발전하지 못하게 하는 규제로는 영리법인이 시장에 진입하지 못하게 하는 규제이다. 일반적으로 보육서비스는 자본과 노동의 두 가지 투입요소에 의해 창출되며, 자본은 낮은 가격으로 높은 서비스를 생산하는 데 중요한 요소임에도 불구하고, 대규모 자본이 투입될 수 있는 영리법인에 대한 진입을 불허하고 있다. 따라서 보육시설은 영세시설을 중심으로 규제가격하에서 정부의 감독 감시를 받는 형국으로 운영되고 있다. 명분은 정부보조를 포함한 규제가격하에서 정부에서 정해놓은 수준의 서비스를 제공하는지를 행정력으로 조정한다는 것이다.

무상보육에 앞서 규제를 철폐해야

보육정책의 방향은 정부와 시장이 경쟁관계가 아닌 보완관계를 가지고 역할분담이 이루어져야 한다. 정부가 모든 국민들의 보육을 책임지겠다는 생각을 버리고, 일정수준 이상에 있는 소득계층에 대해서는 정부의 시장간섭이 완전히 없어져야 한다. 보편적 보육서비스 확대에서 일정수준 이하를 대상으로 하는 선별적 보육정책으로 바뀌어야 한다. 한국의 보육수요를 고려할 때 보육서비스 산업의 획기적 발달이 가능하다. 그러나 우리 사회에서는 서비스산업의 경우 소득에 따른 차별소비에 대한 부정적 인식이 앞서, 이념적으로 접근하는 경향이 짙다. 보육정책도 보육서비스산업 발달이란 측면으로 접근해야지, 계층간의 소비갈등만을 앞세우면 절대 다양한 수요를 만족시킬 수 없다.

결국은 보육수요자가 시장 혹은 정부로부터 자신이 원하는 보육서비스를 소비토록 하는 것이 정책목표가 되어야 한다. 모든 사람이 같은 수준의 보육서비스를 무상으로 정부로부터 제공받는 것이 정책목표가 되어서는 안 된다. 이를 위해 우선적으로 해결되어야 할 단기적 정책방향은 보육서비스에 대한 가격규제를 철폐하는 것이다. 2011년부터 정부보조로부터 독립하는 자율형 어린이집 시범사업을 추진하고 있으며, 이는 보육료 자율화를 유도할 수 있는 분위기를 조성하는 데 좋은 시도라고 평가할 수 있다. 민간시장에 대한 가격철폐는 국공립시설에 대한 역할분담과 동시에 이루어져야 한다. 국공립시설의 운영은 충분한 수요가 없어서 민간시설이 들어가지 않는 저소득층을 대상으로 제공되어야 한다.

장기적인 정책방향은 보육시장에서 영리법인의 시장진입을 허용하는 것이다. 소득수준이 높아짐에 따라 영유아 양육서비스의 질에 대한 수요는 매우 다양하며, 이는 시장에서 공급될 수 있도록 메커니즘을 디자인해야 한다. 보육서비스는 초기에 높은 고정비용이 소요되고, 지속적인 투자가 필요하며, 규모의 경제가 높은 특성을 가지고 있다. 이는 영리법인의 시장진입을 통해 자본유입을 활발하게 함으로써 활성화시킬 수 있다. 이는 결국 보육산업의 발달로 귀결됨으로써, 수요자와 공급자가 동시에 만족할 수 있는 상태로 갈 수 있다.

5. 대학생 수만 늘리는 반값등록금

민주당에서 제안한 반값등록금 정책안은 이제 여당에서도 심각하게 고려하고 있다. 반값등록금은 이명박 대통령의 공약으로써 이미 2007년에도 한나라당에서 마련하고, 이명박 정부에서 지속추진중인 등록금 지원정책 방향과 유사한 면이 있다.

등록금에 의존할 수밖에 없는 대학재정 구조

한국의 대학재정 구조를 보면, 가장 큰 특징이 등록금의 비중이 높다는 것이다. 대학재정이 다원화되지 않을 경우에는 정부지원을 아무리 높여도 한계가 있다. 실제로 정부의 국가장학사업 지원규모를 보면, 2007년에 918억 원에서, 2011년에 여섯 배 정도 증가한 5,218억 원 수준이다. 이 중에서 저소득층 장학금 지원이 전체의 약 90%를 차지하고, 나머지는 우수학생 국가장학사업이다. 또한 2010년에는 재학중 이자부담 없이 학업에 전념하고, 일정소득 발생시 상환하는 '취업후학자금상환제'(든든학자금제도)를 도입하여, 8,469억 원을 대출하였다.

대학재정은 기부금, 산학협력 활성화를 통한 민간 R&D 자금수입 확대 등 다양한 재원확충을 통해 등록금 부담을 줄여야 하나, 모든 재정을 국가에 의존하는 본질적인 문제를 가지고 있다. 물론 정부의 재정지원을 확대하는 것은 바람직한 방향이지만, 대학발전을 위한 필요조건이지 충분조건은 되지 못한다.

반값등록금은 청년실업 문제를 더 악화시켜

반값등록금 정책은 대학서비스에 대한 가격을 인하함으로써 추가적 수요를 발생시킨다. 물론 등록금 때문에 대학을 가지 못하는 일부 계층에게는 혜택이 되겠지만, 그만큼 대학 진학률을 높이게 된다. 지금도 한국의 대학진학률은 80% 이상을 차지하여 OECD 국가들 중에서 가장 높은 수준을 보이고 있다. 문제는 사회가 대학졸업생에게 제공할 수 있는 일자리가 졸업생 숫자를 따르지 못한다는 것이다. 일반적으로 대학진학률은 그 사회의 일자리와 밀접한 관계를 가진다. 대학 졸업 후에 그에 맞는 일자리가 제공되지 않을 경우에는 대학에 대한 수요가 떨어질 수밖에 없다. 그러나 현재의 반값등록금 정책은 이러한 청년들의 노동시장 구조에 대한 고려 없이 대학에 대한 수요만을 높일 뿐이다.

반값등록금의 정책목표가 과연 어디에 있는지 고려할 필요가 있다. 단순히 등록금이 비싸 대학을 포기한 일부 학생들에게는 혜택이 될 수 있지만, 졸업 후의 실업문제는 더욱 심각해질 것이다. 단순하게 생각해서 반값등록금 정책으로 인해 한계적으로 증가한 대학 졸업생들이 모두 실업상태로 간다면, 정부재정으로 인한 반값등록금의 사회적 가치는 어디에 있는지 생각해야 한다.

반값등록금은 교육공급의 질을 떨어뜨려

대학교육에 대한 가격을 절반으로 정부에서 인하시키는 안은 수요 측면에서는 분명히 가격인하만큼의 한계적 증가가 있을 것이다. 반면 공급자 입장에서는 수요자의 가격부담과 함께 나머지 반값에 해당하는 정부보조금을 받아야 한다. 그러나 반값등록금이란 명칭을 사

용하지만, 정부가 반값에 대한 재정보조를 하는 환경에서는 등록금
에 대한 규제 및 감시가 심해져서, 대학등록금과 정부지원액을 합해
도 지금보다 낮은 수준의 재원규모가 될 것이다. 이는 필연적으로 대
학교육의 공급의 질을 떨어뜨릴 수밖에 없다. 규제된 가격하에서 일
정 학생들에게 교육서비스를 제공하기 위해서는 교육의 질을 떨어뜨
리는 수밖에는 대안이 없는 것이다.

6. 정치포퓰리즘은 왜 재정을 파탄시키나

지금 한국은 무상복지 확대가 없다고 해도, 현재의 복지제도로도 향후 재정적자의 문제는 심각하다. 국민연금제도는 2060년에 기금이 고갈될 전망이고, 건강보험은 2010년에 이미 1조 3천억 원의 적자를 발생시켰고, 2030년에 약 50조 원의 적자가 발생할 전망이다. 한국 조세연구원의 추정치에 의하면, 현재 수준의 복지제도를 더 이상 확대하지 않고 추진한다고 해도, 2050년에는 조세부담률을 높이지 않을 경우 국가채무 비율이 현재보다 약 네 배 증가하는 것으로 나타났다. 국가채무는 결국 국민들의 세금으로 해결해야 하는데, 최소한 현재보다 두 배 이상의 세금부담이 전제되어야 현재의 복지제도가 지속 가능할 정도이다. 현재보다 세금을 최소한 두 배 이상 국민들이 부담하고서도, 한국이 제대로 경제발전을 지속할 수 있을지는 직관적으로도 어렵다는 점을 쉽게 파악할 수 있다. 국가의 미래를 생각하는 정치인이라면, 현재의 복지제도를 개혁해야 하는데, 무상복지의 확대로 국가재정의 파탄을 앞당기려고 하지는 않을 것이다.

지금이 무상복지할 때인가

한국이 처해있는 정치적 환경을 보면, 무상복지 정책은 시기상조란 생각이 더 확고해진다. 한국이 직면하는 국가적 대사는 통일이다. 통일은 언제 올지 모르나, 멀지 않은 가까운 시기에 올 가능성은 높다. 독일이 통일된 후에 통일비용이 엄청나게 소요되었고, 이 비용 중에서 절반이 복지지출이었다. 한국의 현재 빈곤비율을 10% 수준으로 잡는다면, 통일되었을 경우에 35%로 증가하게 된다. 이에 따라 복지 중에서 공공부조와 사회보험에 투입될 비용은 거의 천문학적 수준으로 증가하게 될 것이다. 따라서 지금의 복지체계로도 미래에 발생할 재정적자 문제가 심각하므로, 현재 수준에서 점진적인 개혁을 해야 한다. 소리 없이 찾아올 통일을 대비하기 위해서도, 추가적으로 확대될 수밖에 없는 저소득층 중심의 공공부조의 복지를 위해서도 그와 같다.

개방화로 세금의 경제적 비용이 너무 커

세금의 경제적 비용이 너무 높다. 무상복지가 확대되면 세금을 늘릴 수밖에 없다. 세금에는 눈에 보이지 않기 때문에 일반인들이 인식하지 못하는 경제적 비용이 있다. 즉, 세금이 높아지면, 경제주체들은 일할 의욕이 떨어지고, 기업은 투자하지 않는다. 이는 단순히 정부에 내는 세금과는 별도로 우리 경제에 부담을 주는 비용이다. 그런데, 세계경제가 개방화된 이후, 세계 각국은 세금으로 경쟁하는 세상이 되었고, 이는 세금을 낮추는 전쟁이다. 따라서 이제는 세금을 통해 재원을 확보하려는 정책에서 세금인하를 통해 각국의 경쟁력을 높이려는 정책으로 패러다임이 변화하고 있다. 즉, 세금인하는 각국이 선택해야 하는 정책수단이 아니고, 살기 위해서는 따라야 할 국제간 질서이며, 정책규범이 되는 실정이다.

이를 구체적으로 살펴보면 〈표 6-5〉와 같다. 주요 선진국인 G7 국가들의 법인세율 변화를 개방화가 시작된 1980년부터 2010년까지의 30년간을 살펴보고 있다. 전체 평균세율을 보면, 1981년에 44%에서 매년 감소하는 추세를 보여서, 2009년에는 27%로 낮아졌다. 따라서 개방화가 진전된 30년 동안에 급격한 세율인하 경쟁이 있었음을 간접적으로 살필 수 있다. 일반적으로 형평성을 가장 강조하는 소득세는

〈표 6-5〉 G7 국가들의 법인세율의 변화: 1981~2009

	캐나다	프랑스	독일	이탈리아	일본	영국	미국	평균
1981	36	50	56	25	42	52	46	44
1982	36	50	56	30	42	52	46	45
1983	36	50	56	30	42	50	46	44
1984	36	50	56	36	43.3	45	46	45
1985	36	50	56	36	43.3	40	46	44
1986	36	45	56	36	43.3	35	46	42
1987	35	45	56	36	42	35	40	41
1988	28	42	56	36	42	35	34	39
1989	28	39	56	36	40	35	34	38
1990	28	37	50	36	37.5	34	34	37
1991	28	34	50	36	37.5	33	34	36
1992	28	34	50	36	37.5	33	34	36
1993	28	33.30	50	36	37.5	33	35	36
1994	28	33.30	45	37	37.5	33	35	36
1995	28	33.33	45	37	37.5	33	35	36
1996	28	33.33	45	37	37.5	33	35	36
1997	28	33.33	45	37	37.5	31	35	35
1998	28	33.33	45	37	34.5	31	35	35
1999	28	33.33	40	37	30	30	35	33
2000	28	33.33	40	37	30	30	35	33
2001	27	33.33	25	36	30	30	35	31
2002	25	33.33	25	36	30	30	35	31
2003	23	33.33	26.5	34	30	30	35	30
2004	21	33.33	25	33	30	30	35	30
2005	21	33.33	25	33	30	30	35	30
2006	21	34.43	25	33	30	30	35	30
2007	21	34.43	25	33	30	30	35	30
2008	19.5	34.43	15	27.5	30	28	35	27
2009	19	34.43	15	27.5	30	28	35	27

자료: OECD(2009).

〈표 6-6〉 단일세율 소득세제 시행국가

국가명	세율	도입시기
에스토니아	26%	1994
리투아니아	33%	1994
라트비아	25%	1995
러시아	13%	2001
세르비아	14%	2003
우크라이나	13%	2004
슬로바키아	19%	2004
그루지아	12%	2005
루마니아	16%	2005

자료: *The Economist*, 2005년 4월 16일자.

누진구조를 가지고 있다. 누진구조를 얼마나 하는가는 소득재분배 기능 달성에 중요한 정책수단이었다.

그러나 자본주의하에서도 못하는 소득세제의 단일세율제도를 과거 사회주의 국가들에서 단행하기 시작하였다. 〈표 6-6〉은 러시아를 중심으로 과거 사회주의 국가들에서 일어난 소득세제의 단일세제로의 도입시기와 단일세율을 보여준다. 러시아는 2001년에 13%의 단일세율로 소득세제를 획기적으로 개혁하였다.

세율인하를 통한 각국의 경쟁력 제고 노력은 갈수록 치열해질 것으로 예상된다. 이에 따라 국가가 필요로 하는 재원확보를 위한 수단으로 조세가 제대로 기능할 수 없는 세상이 되고 있다. 그래서 일부 세계의 저명한 재정학자들은 세금인하를 무한히 경쟁하도록 하지 말고, 적정 세금인하 수준을 국제간 합의에 의해 결정하기 위해서 조세관련 국제기구가 설립되어야 한다고 주장한다. 그만큼 각국의 고유정책으로서의 조세정책이 이제 더 이상 그 성격을 유지할 수 없는 환경이 된 것이다. 이러한 세계경제환경에서 복지지출이 중요하다고 아무런 고려 없이 세금을 거두겠다는 발상은 그만큼의 세금으로 인한 경제적 비용을 치르겠다는 것을 전제로 해야 한다. 그러나 복지확대를 주장하는 많은 사람들은 복지의 중요성만을 강조할 뿐이지, 이를 충당하기 위한 세금의 경제적 비용과 그 부(否)효과에 대해서는 매우 무지한 것이 현실이다. 세금 낮추는 경쟁을 하는 국제환경에서 우리가 세금을 추가적으로 거두게 되면, 세금으로 인한 경제적 비용이 엄청나게 커질 수밖에는 없다. 이는 결국 경제퇴보로 갈 수밖에 없는 길이다.

무상복지는 한번 시행하면 절대 바꿀 수 없어

정부예산은 국민 전체의 후생을 극대화하는 방향으로 집행되어야 한다. 국가가 처해있는 경제환경은 매년 변화하므로, 예산방향도 탄력적으로 되어야 한다. 따라서 시대와 공간을 초월한 최선의 예산방향은 존재하지 않는다. 무상복지는 한번 확대하면, 재정상태가 좋지 않다고 해도, 절대 축소할 수 없는 비가역성이 있다. 복지는 수혜계층에게는 기득권이 되므로, 이익집단으로 형성되고, 이들 혜택을 뺏으려 하면, 집단적으로 방어하기 위한 정치적 행동을 하게 된다. 조그마한 경제적 유인에도 반응하는 것이 일반적인데, 지속적으로 받는 복지혜택을 자발적으로 양보하는 것을 기대하는 것은 불가능하다. 복지수혜자와 함께, 정치인들은 이익집단에 복지혜택을 유지하도록 하고, 그 대가로서 정치적 지지를 거래한다. 이는 서로에게 이익을 주므로, 자연스럽게 거래가 발생할 수밖에 없다. 마치 경제시장에서 소비자와 공급자가 서로간에 이익이 되므로, 자연스럽게 거래가 일어나듯이 정치시장에서도 무상복지를 통해 서로 이익을 보는 거래가 발생하게 된다. 따라서 정치구조상 한번 확대된 복지는 상황이 달라졌다고 해서, 그 복지혜택을 줄일 수 없다.

앞에서 통일을 대비해서 보편적 복지로 가서는 안 된다고 설명하였다. 복지를 확대하면, 절대 축소할 수 없는 본질적 특성 때문에 통일이 현실화되었을 때도 상황이 변화했다고 해서, 보편적 복지규모를 축소할 수 없다. 그럴 경우에 확대된 무상복지와 함께, 북한주민들에 대한 복지를 추가적으로 지급할 수 있을지 회의적이다. 결국 국민들의 조세부담을 높이고, 미래세대에 부담을 전가하는 국가부채를 통해 재정을 확충할 수밖에 없게 된다. 이럴 경우, 무상복지로 두 배이상의 세금부담을 감당해야 하는데, 북한주민을 위해 추가로 세금을 부담해야 한다면, 경제적 부담이 너무 커져 경제구조에 심각한 해를 끼칠 수밖에 없다. 결국 복지지출로 인한 과도한 세금부담으로 경제주체들의 근로 및 생산의욕이 떨어져, 성장잠재력이 급격히 떨어지고, 경제가 후퇴하는 불행을 겪게 될 것이다.

공짜는 공짜취급을 받게 마련

사회서비스는 사적 재화이므로 무상으로 제공되면, 그만큼 자원이 낭비될 수밖에 없다. 시장가격은 희소한 재화를 가장 값지게 사용토록 하는 메커니즘이다. 시장가격 이상으로 주관적인 만족감을 느끼는 수요자만이 재화를 구입하기 때문이다. 그러나 모든 사람들에게 무상으로 제공되면, 그 재화의 가치도 무상이기 때문에 수요자들은 소중하게 사용하지 않는다. 지금 무상급식을 시행하는 학교에서 무상우유가 버려지는 일이 발생하고 있다. 공짜복지는 이렇게 공짜이기 때문에 낭비적인 사용은 필연적이다. 낭비되지만, 그 재화는 세금이란 비용이 있어 끊이지 않고 학생들에게 제공된다.

급식과 같이 재화의 공급에 제한이 없을 경우에는 공짜수요에 맞추어 수요량은 모두 정부재정으로 충당되며, 낭비는 필연적이다. 반면 의료 등과 같이 재화의 공급에 한계가 있을 경우에는 수요가 공급을 초과하므로, 비효율을 야기한다. 예를 들면, 긴급히 의료서비스를 필요로 하는 수요자가 있다고 해도, 수요가 공급을 초과하므로, 의료서비스는 즉각적으로 주어지지 않고, 대기자 명단에서 상당시간을 기다려야 한다. 꼭 서비스가 필요한 수요자는 즉각적인 서비스를 받지 못하는 반면, 서비스가 긴급히 필요치 않은 수요자는 공짜이기 때문에 수요가 한계적으로 창출되어, 수요가 공급을 초월하는 현상을 야기하는 것이다.

7. 재원조달계획 없는 정책은 제도화할 수 없다

무상복지 정치상품은 정치구조가 가지는 '정치실패'라는 본질적인 문제에서 파생된 것이다. 이를 막을 수 있는 방법은 정치권에 경제적 합리성을 호소함으로써 해결할 문제가 아니고, 법 제정을 통한 제도화를 통해서이다. 정치시장은 본질적으로 승자가 독식하는 구조에서 정권을 잡는 것이 목적이기 때문에, 제도적 제한이 없으면 어떠한 정책도 마다하지 않는다.

포퓰리즘 복지정책의 핵심은 재정문제이다. 구체적인 재원계획이 없이 재정에 엄청난 부담을 주는 정책을 남발하기 때문이다. 결국 포퓰리즘 정책안이 재원조달계획으로 뒷받침되지 않을 경우에는 제도화할 수 없도록 법적으로 막아야 한다. 이를 위해 '신규 의무지출에 대한 재원마련 대책을 의무화한 원칙'(PAYGO)을 행정사항이 아닌 반드시 법제화하여야 한다. 그래야 정치실패 현상인 포퓰리즘 복지정책을 막을 수 있다.

국민이 똑똑해야 포퓰리즘 복지를 막을 수 있어

정치시장에서 수요자들이 포퓰리즘 정책에 표를 던지지 않으면, 포퓰리즘 복지정책이 나올 수 없다. 결국 정치수요자들이 포퓰리즘 정책에 대한 문제점을 잘 인식하고 있으면 된다. 장기적으로 보면, 이러한 정책들은 결국 국민들의 부담으로 귀결되므로, 포퓰리즘 정책에 대한 수요는 줄어들 것이다. 국민들이 경제적 문제를 피부로 느끼면, 포퓰리즘 정책은 정치시장에서 사라질 것이다. 그러나 이는 장기적 결론이고 단기적으로는 포퓰리즘의 문제점이 포착되기 어렵다. 그리고 이러한 원칙론적 접근방법에는 국가적 희생이 너무 크게 따른다.

국민들이 포퓰리즘 정책의 문제점을 깨달을 수 있도록, 꾸준히 노력하는 것이 현재로서는 최선의 방법이다.

정치상품도 민간시장의 광고처럼, 효과적으로 국민들에게 전달할 필요가 있다. 국민들을 설득하기 위해서는 구체적인 전략이 필요하다. 일부 정치권에서 주장하는 사회서비스 확대정책은 '무상'이란 용어로 포장된 채, 국민들에게 홍보되고 있다. 합리적으로 정치권에 무관심한 국민들 입장에서는 복잡한 복지제도를 이해하기보다는 '무상'과 같은 용어를 통해 정책 전체를 평가하는 것이 일반적이다. 따라서 무상복지의 허위논리와 문제점을 지적하는 용어를 개발하고, 국민들을 대상으로 홍보하는 것이 필요하다. 이는 제도의 문제점을 논리적으로 대응하는 것 못지않게 중요한 대응전략이다.

□ 용어개발의 예:

- 세금복지
- 나누지 말고 밀어주자
- 쪼개지 말고 지켜주자
- 못 먹는 아이들만 먹이자
- 무조건 다 주지 말자
- 갈라먹는 복지보다 지켜주는 복지
- 배고픈 아이는 없어야 한다
- 무상복지는 정권잡기 위한 상품이다
- 무상복지는 정치복지다
- 정권잡기용 무상복지는 가라
- 알맹이 복지, 서민복지만 남고, 모든 정치복지는 가라

제7장

포퓰리즘을 넘어 다시 번영의 길로

최 승 노*

1. 비만 정부, 다이어트하라

한 나라가 포퓰리즘에 빠지게 되면 살림이 거덜 난다. 문제는 정치가 늘 포퓰리즘의 유혹에 직면하게 된다는 것이다. 정치인들이 포퓰리즘 공약을 경쟁적으로 내놓기 시작하면 장차 그 늪에서 빠져나오기는 어렵다. 국민은 점차 정부에게 더 많은 서비스를 요구하기 시작하고, 그 결과 정부규모가 확대되면 세금이 증가하고, 세금증가는 다시 경제를 더욱 악화시킨다. 가계 빚에 허덕이는 국민의 호주머니를 세금으로 털어가니 가뜩이나 부족한 살림이 더 위축된다. 반면에 호주머니가 넉넉해진 정부는 불요불급한 일에도 예산을 펑펑 써 댄다.

국민의 살림살이와 정부의 살림살이 사이에 양극화 현상이 발생한다. 그 결과 민간경제의 위축과 정부의 방만한 지출이라는 악순환 고리가 형성돼 장기침체의 함정에 빠진다. 성장동력은 꺼지고, 경제에 대한 국민과 기업들의 열정은 식는다. 반면 나라 빚은 늘고, 경제에 기생하는 정부조직은 커진다. 국민의 부담이 커져만 가는 현실이 바

* 자유기업원 대외협력실장.

로 우리 경제의 모습이다.

줄어드는 중산층, 해결책은?

자본주의가 발달한 나라의 특징 가운데 하나가 폭넓게 자리잡은 중산층의 존재다. 그런 나라에서는 국민 대다수가 경제성장의 결실의 혜택을 받아 안정된 소비계층을 이룬다. 이들은 정치적 혼란을 억제하는 사회안전망 노릇까지 한다. 자유선택권, 성공할 기회제공, 경쟁 등 자본주의가 갖고 있는 이런 소중한 가치들이 열매를 맺은 결과가 바로 중산층이다.

한데, 우리나라에서 중산층이 흔들리고 있다. 한국개발연구원(KDI)에 따르면, 가처분소득을 기준으로 중산층 가구의 비율이 1996년 68.5%에서 2006년 58.5%로 10년 동안 10%포인트 감소했다. 중산층에서 이탈한 가구 가운데 열에 일곱은 빈곤층으로 떨어졌고, 셋은 상류층으로 올라섰다.

왜 중산층이 감소하고 있을까? 먼저 외환위기 이후 구조조정을 겪으면서 근로소득자간 소득 양극화가 발생했다. 평생직장의 개념이 없어지고 상시 구조조정과 비정규직이라는 새로운 고용형태가 자리잡았다. 또 장기간 지속된 내수침체로 중산층의 한 축이었던 상당수 자영업자들이 빈곤층으로 떨어져 나갔다.

또, 우리 사회는 성장보다 분배정책을 우선시하는 정책을 강화하고 있다. 분배정책은 새로운 부가가치를 만들기보다는 기존의 생산과정에서 나오는 소득을 어떻게 나눌 것인가에 관심을 쏟는다. 따라서 새로운 투자가 일어나기 어려워지고, 점차 확대된 부자에 대한 미움과 질시는 투자자와 소비자들을 해외로 빠져나가게 만들어 중산층 붕괴의 악순환 고리를 만들었다.

소득 양극화에 따른 중산층 위축현상은 우려스러운 일이다. 과거 고도성장의 결과로 중산층이 형성되면서, 우리 사회는 정치 민주화와 경제적 풍요라는 두 가지 성과를 모두 얻었다. 이제 성장잠재력 하락이라는 뒷걸음질에 직면하면서 중산층이 줄어들고 있는 것은 정치적으로나 경제적으로나 위험신호임에 분명하다.

소득 양극화는 많은 나라들이 고민하는 과제지만, 평등주의 정서가 강한 한국의 사정을 고려한다면 보다 적극적인 대응이 필요하다. 올바른 해결은 경제성장을 통해서 가능하다. 새로운 투자가 이루어져야 이를 나누어 가질 양질의 일자리가 만들어진다. 성장은 자연스럽게 중산층을 늘리는 결과를 가져와 양극화 문제를 해결하면서, 우리 사회가 포퓰리즘의 유혹에 빠지지 않도록 한다.

고용창출 위한 규제개혁에 나서야

경제가 어려울수록 원칙에 충실해야 한다. 우리 경제의 성장잠재력이 떨어졌다는 것은 성장동력이 와해되고, 새로운 성장동력이 만들어지지 않고 있음을 뜻한다. 단기적 처방으로는 잠재성장률을 끌어 올릴 수 없다. 장기적 관점에서 생산성을 높이는 투자를 어떻게 활성화할 것인가가 해법의 요점이다. 단기적 경기부양을 위해 재정이나 통화를 방만하게 운영할 경우 장기적인 후유증이 우려된다. 또 경제위기 의식이 약자에 대한 지원이나 보조정책의 필요성으로 논리가 부풀려지면, 잘못된 대응을 초래할 수 있다.

그렇다면 투자를 늘리기 위해 어떤 노력을 해야 할까. 적극적인 경제구조개혁과 규제개혁에 나서야 한다. 사회적으로 느슨해진 법치를 다시 확립하고 정부 슬림화와 공기업 민영화를 체계적으로 추진해야 하며, 노동시장 유연성 제고와 각종 규제를 해소하는 데 힘을 모아야 한다.

과거 박정희 정부가 성공한 것은 시장경제의 활동성(活動性)을 높여 자유무역을 증진시킨 데 그 원인을 찾을 수 있다. 지금 우리 경제에 필요한 것은 더 많은 투자를 유치하고 규제를 개혁하는 노력이다. 민간이 자발적으로 참여하고, 경쟁을 통해 성과를 내며, 효율적인 곳에 자원이 배분되도록 하는 일이다. 그래서 민간부문이 자유롭게 새로운 성장동력을 찾을 수 있도록 서비스 분야에 대한 사전규제를 완화하는 일이 시급하다.

물론 단기적인 구조개혁 노력도 필요하다. 경제위기가 확대되지 않도록 시장의 유연성을 높이는 일이다. 시장가격이 작동하지 않는 노동시장, 금융시장의 경직성이 해소될 수 있도록 하는 일이다. 장기적인 소득증가는 궁극적으로 생산성 향상의 결과이다. 각 분야의 낮은 생산성 분야에 대한 구조조정을 통해 생산성을 향상시키는 것이 바람직하며 그게 바로 성장이요 번영의 길이다. 폐쇄적인 정서로 기득권을 유지하겠다는 태도로는 세계와의 경쟁에서 뒤처질 수밖에 없다. 경쟁력 향상 없이는 고용을 유지하기도 새로운 고용창출도 어렵다.

복지과잉은 국가에의 의존을 타성화시켜

정치인들은 인기를 얻기 위해 정부의 복지지출을 늘리는 일에 쉽게 빠져든다. 무상급식을 시작으로 무상의료, 무상보육 등 무상복지 시리즈를 내놓기도 하고, 대다수 국민을 대상으로 복지지출을 늘리겠다고 한다. 다른 한편에서는 한국형 복지를 제시하기도 한다. 복지지출에 관해서는 대다수 정치인이 확대하겠다는 입장을 보여주고 있다. 무상복지의 대상과 수혜의 폭이 다를 뿐이지, 무상으로 복지를 제공하겠다는 점에서는 큰 차이가 없는 셈이다.

정치인들이 무상복지를 정치이슈로 내세우면서 국민을 위한 정치를 하는 것처럼 장식하는데, 정말 그러할까? 결론부터 말하면, 모든 국민을 대상으로 실시하겠다는 무상복지 확대는 정치의 실패일 뿐이다.

복지라는 말을 싫어할 사람은 없다. 경제가 성장하면, 우리의 삶은 점차 좋아진다. 먹고 사는 문제가 해결되고, 자유로운 생활과 윤택한 삶이 가능해진다. 대다수 국민이 나아진 생활여건을 누리는 것, 이것이 복지의 바탕이요 본질이다. 즉, 복지는 성장의 자연스런 결과물이다. 사실 국민의 대다수가 곤궁한 삶을 살다가 경제성장으로 대다수가 중산층으로 풍요로운 삶을 살게 되면 이것이 바로 복지의 보편적 실현인 셈이다.

성장해야 복지 늘어

물론 100% 국민 모두가 풍족해질 수는 없다. 아무리 선진화된 사회라고 하더라도, 소년소녀 가장, 장애인을 비롯해 혼자의 힘으로 생활하기 어려운 사람들이 있게 마련이다. 이들은 사회의 관심을 받아야 할 대상으로 국민의 대다수가 돕고 싶은 마음을 갖기에 충분하다. 대다수의 국민이 돕고 싶은 마음이 드는 계층에게 도움을 주는 것은 합리적이고 아름다운 일이며, 마다할 국민이 없다. 자발적인 마음으로 능력껏 돕고 서로 행복한 마음을 가질 수 있는 일이다. 이것이 복지시스템의 근간이다.

다행스럽게도 우리나라는 산업화에 성공하면서 대다수 국민이 궁핍함을 면했고 중산층으로 성장했다. 도움을 받아야 할 궁핍한 사람들의 수는 적고, 대다수 국민이 남을 도울 수 있는 여유를 갖게 되었다는 것은 기쁜 일이다. 우리 사회가 경제성장을 통해 훈훈한 인심이 있는 도덕적인 사회의 역량을 갖추었다는 것을 뜻하기 때문이다.

산업화된 사회에서는 도움을 줄 수 있는 다수가 있고, 도움을 받아야 하는 소수가 있기 때문에 복지시스템을 유지할 수 있다. 반대로 복지수혜자가 다수가 되고, 복지를 부담해야 하는 층이 소수가 된다면, 이러한 복지는 유지될 수 없다. 복지제도를 유지할 자원이나 소득이 없는 가난한 나라나 지나치게 복지제도를 확대한 부자 나라 모두 마찬가지다. 복지시스템이 균형을 잃을 때에는 경제활동성이 떨어져 오히려 국민 전체의 복지를 줄인다. 다수가 소수를 착취하거나 강제로 강탈하는 방식은 바람직하지 않은 것이다.

포퓰리즘은 민주주의 실패의 전형

복지의 본질적 속성은 개인의 후생이다. 무상급식, 무상의료 등 무상복지는 개인에게 혜택을 주는 것으로 공공재가 아니다. 복지를 정부가 제공하니까 공공재로 인식하는 오해가 흔히 발생하지만, 복지는 결코 공공재가 아니다. 더욱이 정부가 독점하는 복지시스템은 우리 사회에 많은 해악을 끼친다.

공공재라 하더라도 정부가 독점적으로 운영하고 공급할 이유가 없다. 하물며, 복지는 공공재가 아니기 때문에 얼마든지 민간시스템에서 공급가능하며 시장을 통해 더 효율적으로 만족을 높이는 수준에서 제공될 수 있다.

복지시스템을 강제화하는 경우에도 정부가 세금을 거두어 복지서비스를 독점하는 것은 그 독점의 폐해를 늘린다. 민간과 시장을 통해 복지서비스를 제공하는 것과 비교해 사회적 편익을 크게 줄인다. 예를 들어, 4대 보험을 시장을 통해 민간업체가 경쟁적으로 공급하게 한다면, 정부가 독점으로 운영하는 공단의 비효율성을 크게 줄이고 소비자 편익을 높일 수 있다. 마찬가지로 국민연금도 공단의 독점에

서 벗어나 다양한 공급자가 상품으로 취급할 수 있도록 한다면 정부
독점의 폐해를 줄일 수 있다.

하지만 현실은 반대로 가고 있다. 오히려 시장을 통한 복지제도를
정부직영으로 바꾸고 있다. 학교급식이 대표적인 사례이다. 과거 민
간업체를 통해 학교급식이 이루어지던 것을 정부가 학교급식을 독점
하도록 법을 바꾸었다. 민간보다 정부가 밥장사를 더 잘할 수 있다고
생각한 정치인들의 무지가 복지의 폐해를 키우고 있다.

2. 포퓰리즘을 이겨내는 리더십

민주주의는 포퓰리즘이라는 타락의 길로 쉽게 빠질 수 있는 제도이다. 정치인이야 인기를 얻을 수 있는 공약을 내세우게 마련이고 이는 감성에 대한 호소력이 강해 쉽게 사람을 자극시킨다. 그런 면에서 포퓰리즘의 최고 극단적인 형태의 예는 나치즘이었다고 할 수 있다. 나치당은 히틀러가 가입하던 당시 당원이 50여 명에 불과했다. 히틀러의 선동과 전술로 당세를 확장하게 되는데, 그 핵심이 대중집회를 통한 대중의 지지유도였다. 대중집회는 본질적으로 기존 정치권력에 대한 비판에 의존해 국민의 감성을 자극하여 쉽게 지지를 이끌어내는 힘이 있다.

우리나라에서도 포퓰리즘 방식을 통해 정치권력을 장악한 예가 있었다. 수도를 옮겨 주겠다면서 집권에 성공한 것이 가장 대표적인 예일 것이다. 또 수시로 거리정치에 나서는 정치집단도 있는데, 촛불집회가 그러한 선전선동의 방식을 잘 활용한 예라고 볼 수 있다.

한 나라의 흥망성쇠(興亡盛衰)를 돌이켜 보면, 뛰어난 정치지도자의 출현이야말로 엄청난 행운임이 드러난다. 인기를 쫓아 나라를 도탄에 빠뜨리고 많은 사람을 굶어 죽도록 만드는 지도자가 있는가 하면, 나라 경제를 성장과 풍요의 길로 이끄는 지도자도 있다.

지금 국제금융위기 이후 세계는 리더십의 실종위기에 빠져 있다. 나라 경제가 거덜 나더라도 내 복지수혜는 줄일 수 없다는 집단이기주의가 판을 치고 있다. 정부는 경제를 살리겠다면서 돈을 마구 찍어내고, 물가는 계속 오르고 있다. 원칙은 실종되고 이익단체가 경제를 뒤흔들고 있다. 세상에 공짜가 없는데도 정부가 나서면 뭐든지 할 수 있다면서 정부의존적 사고만을 키우고 있다.

위기에 빠진 경제구하기?

공황상태에 빠져 어려움에 처한 사람들에게 희망의 메시지를 제시해야 하는 것은 분명 리더의 몫이다. 1930년대 대공황으로 사람들이 공포감에 휩싸이자, 미국의 새 대통령 루스벨트는 취임연설에서 "우리가 두려워해야 할 것은 오직 두려움 그 자체입니다"라며 국민에게 자신감을 가질 것을 주문했다. 그의 위대함이 돋보인 명연설이었다.

한데, 위기의 순간에 정부가 할 수 있는 일의 한계는 어디까지일까? 과연, 정부가 어떤 문제이든 해결할 수 있고, 해결해 주겠다고 나서는 것이 올바른 해결방식일까? 루스벨트가 재정적자를 감수하면서 내놓은 뉴딜정책은 국민을 안심시키고, 당장의 내수진작에는 다소 도움을 주었을지 모른다. 그렇다고 해서 정부의 재정지출이 경제주체의 생산성을 높여 장기적인 소득증대와 경제성장에 기여하는 효과를 발휘하였는지는 의문이다. 오히려 위기극복을 핑계로 늘어난 정부의 역할이 후로도 계속 비대해져 경제의 장기적 효율성을 해치는 부작용을 초래한 것은 아닐까.

지금 세계 금융위기로 불확실성이 높아지고 경제위축이 가시화되자, 사람들은 확실하고 신속한 해법을 찾고 있다. 애덤 스미스의 '보이지 않는 손'(시장)보다는 케인스의 '보이는 손'(정부)에 의존하려는 경향이 커지고 있다. 세계 다수의 정부도 그 역할을 자임하고 나섰다. 1980년대 대처 영국 수상과 레이건 미국 대통령이 주도한 작은 정부의 시대가 막을 내리고 있다는 성급한 예측까지 나온다.

하지만 세상에 공짜란 없는 법이다. 경제문제를 그렇게 쉽고 간단하게 해결할 수 있다면 얼마나 좋겠는가. 손쉽게 얻어지는 것이 몸에 좋을 리 없다. 사라져버린 자산, 사라져버린 수요를 정부가 대신 공급하는 것은 단기적으로는 경제를 다시 돌아가게 만드는 것처럼 보이지만, 그 대가가 있게 마련이다. 그리고 장기적으로 그 대가는 결코 만만한 게 아니다. 일본이 잃어버린 10년 불황에서 남은 게 정부의 부채뿐이었듯이 말이다.

경제대국 일본이 휘청거리는 이유

미국, 중국에 이어 세계 3위 규모의 경제대국인 일본은 포퓰리즘 함정에 빠진 선진국의 예이다. 일본의 국가채무는 국내총생산의 두 배 규모로 세계에서 가장 높은 수준이다. 일본도 과거에는 재정이 튼튼한 나라였다. 그러나 불황을 겪으면서 정부지출이라는 쉬운 길을 선택하면서 경제가 망가진 경우이다. 비록 어려운 길이지만 구조조정을 통한 민간경제의 자생력을 키우는 노력을 외면하고, 재정을 살포하는 선심정책이라는 쉬운 길을 선택한 결과, 허약하고 회복불능의 나라로 전락한 것이다.

이런 현실에도 불구하고 일본 정치인들은 여전히 포퓰리즘 공약을 남발했다. 자민당에 이어 민주당은 더 심각했다. 정부적자를 줄일 생각은 않고 더 많은 지출을 약속했다. 어린이 수당을 지급하겠다, 고교교육을 무상화하겠다, 고속도로 통행료를 면제해 주겠다, 적자 농가에 더 지원하겠다면서 포퓰리즘 공약을 남발했다. 일본의 부실이 지나침을 뒤늦게 깨달은 민주당의 간 총리는 2011년 7월, 마침내 국민 앞에 2년 전 선심성 공약을 사과했다. 하지만 방만한 정부살림을 줄일 수 있을지는 미지수이다.

우리나라도 점차 일본을 닮아 가고 있다. 경제불황을 핑계로 정부지출을 늘리고 있는 것이다. 헬리콥터로 돈을 뿌리고, 상품권을 국민에게 나눠주는 식이다. 우리나라가 재정지출을 급격히 늘려가다가는 저성장의 늪에 빠져버린 일본의 전철을 그대로 밟을 것으로 보인다.

천문학적인 재정적자에도 불구하고 포퓰리즘 유혹을 떨치지 못하는 일본의 사례는 결코 남의 일이 아니다.

레이건의 리더십이 그립다

　지금 세계가 레이건 전 미국 대통령의 리더십을 그리워하는 이유는 무엇일까? 사람들은 상황이 어려울수록 자신들의 처지를 개선해줄 영웅을 찾게 마련이다. 사람들은 지금의 위기를 극복할 지도자의 표상으로 레이건을 떠올리고 있는 것이다. 실업률은 높고, 물가는 오르며, 정부의 방만한 살림에 무능함까지 겹친 오늘날의 무기력한 현실에서 벗어나고 싶은 바람으로 레이건처럼 강인하고 낙관적이며 비전을 실천해 내는 지도자를 꿈꾸는 것이다.

　레이건의 이미지는 서부영화의 한 장면을 연상시킨다. 불의에 맞서 당당히 총을 뽑아 정의의 이름으로 악당을 해치우는 카우보이처럼, 레이건은 어려운 경제여건을 과감히 해결하고 소련이라는 악의 제국을 힘있게 물리친 영웅이었다. 그는 스태그플레이션(불황속 물가 급등 현상)에 빠진 경제를 구출하기 위해, 물가를 안정시키고 일자리가 만들어질 수 있도록 경제환경과 제도를 고쳐나갔다. 비대해진 정부를 효율적이고 강한 정부로 바꾸는 구조개혁을 성공시켰다. 나약해졌다는 비웃음을 받았던 미국을 위대한 미국으로 재탄생시킨 리더십, 이것이 바로 레이건을 그리워하는 이유이다.

　미국인들은 레이건을 링컨처럼 가장 '위대한 대통령'의 반열에 올려놓는 데에 주저하지 않는다. 레이건은 미국의 위대한 대통령이기도 하지만, 전 세계의 위대한 지도자이기도 했다. 그가 인류에 기여한 최고의 공적은 소련을 포함한 공산권을 붕괴시켜 전체주의 아래 신음하던 인류를 구원한 일이다. 자유세계의 도덕적 우월성을 바탕으로 사회주의 실험을 종식시킨 것이다.

역사의 물줄기를 바꾼 리더십

레이건의 경제정책을 레이거노믹스(*Reaganomics*)라고 부른다. 세금을 줄이고 방만한 복지재정지출을 과감히 줄이는 내용을 담고 있다. 실제로 레이건은 법인세율과 소득세율을 과감히 낮췄고, 규제를 완화했으며, 통화긴축(通貨緊縮)을 실천했다.

당시의 정치적 환경이나 시대적 흐름은 그렇게 우호적이지 않았다. 1930년대 대공황 이후 케인스주의가 세상을 지배하면서 시작된 정부의 팽창은 만성화된 질병처럼 경제의 활력을 떨어뜨렸고, 복지지출에 기대는 이익단체의 로비가 극성을 부렸다. 정부의존적인 사고가 사회 전반에 퍼져 있었으며, 개인의 자립의지보다는 사회적 복지만능주의가 휩쓸던 시절이었다. 선진국들 대부분이 사회주의 열풍을 앓았고, 미국도 예외가 아니었다. 레이건은 미국사회를 오염시켜 온 조합주의, 정부의존형 정책을 과감히 걷어내고 개인의 자유와 책임이 존중받는 자본주의로의 복귀를 실현해갔다.

그는 어떻게 시대의 흐름을 바꿔놓는 개혁에 성공할 수 있었을까? 정치지도자로서 시대를 바꾸는 그의 리더십은 어디에서 나온 것일까? 자유주의 철학의 이론적 토대를 세운 하이에크는 "세상을 바꾸는 것은 사상이다"라고 했다. 맞는 말이다. 위대한 사상은 세상을 더 밝고 풍요롭게 만든다. 레이건의 사상은 하이에크와 프리드먼에서 찾을 수 있다. 개인의 자유와 선택을 존중하고 정부의 개입을 최소화하는 것이 보다 진보된 삶을 가능케 하는 원천임을 지적한 사상가들이다. 이 두 사람의 사상가에게서 영향을 받은 레이건은 현실 정치가로서 이들의 이론을 현실에 접목해 세상을 바꾸는 데 성공했던 것이다.

레이건의 신념과 사상은 옳았고 확고했다. 그는 공산주의의 사악함을 분명히 인식했고, 타협과 관용으로 이를 해소할 수 없다는 현실적인 판단력을 가지고 있었다. 대외적으로 공산권에 대해 현실적이고 구체적인 압박을 가해 끝장을 냈다. 대내적으로 파업에 대해 단호히 대처했으며, 법을 존중하고 민간경제에 대한 정부의 개입을 줄여나갔다. 작은 정부를 실천하고 시장경제의 활성화에 힘썼다. 불법파업을 벌여 48시간 내 업무에 복귀하지 않은 1만 명 이상의 항공관제사들을 해고하는 단호한 정치적 결단을 내린 용기있는 지도자의 모습을 보였다. 나라의 기강을 세우고, 국가가 더 이상 노조에 끌려다니지 않도록 하는 원칙을 세운 리더였다.

대한민국이 원하는 리더십

지금 대한민국에 필요한 것은 물가안정, 경제살리기와 일자리 창출이다. 경제살리기를 위한 정책과제로 규제개혁을 꼽을 수 있다. 경제활력(經濟活力)을 높이고 일자리를 창출하기 위해 투자를 가로막는 규제를 완화하고 투자유치에 힘쓰는 일이다. 규제개혁이 구호가 아니라 이를 실천하는 정부가 필요하다.

지금은 글로벌 경쟁시대로 정부도 예외 없이 경쟁해야 한다. 모든 정부가 작은 정부로 개혁하는 마당에 우리 정부라고 해서 계속 지출 규모를 늘릴 수는 없는 일이다. 그동안 방만해진 살림살이를 정리하고 허리띠를 졸라맬 때다. 정부부처를 줄이고 융합하려는 정부구조 개편에 대한 국회의 협조가 필요한 시점이다. 사실 우리 경제는 오랜 기간 집단이기주의와 불법파업을 용인해왔다. 그러다보니 '좋은 것이 좋다'는 식으로 적당히 타협하고 법과 원칙을 무너뜨렸다. 이제 정부가 솔선수범해서 어렵더라도 생산성을 높이고 비용을 아끼는 자세를 보여야 한다. 우리 사회에 만연해 있는 집단적 이기주의를 줄여가는 데 노력을 집중해야 한다.

정부부터 불필요한 지출을 줄이고 단순경비지출에 대한 사업효율성을 따져 스스로 재정을 슬림화할 필요가 있다. 정부가 앞장서 구조조정과 생산성 향상을 보여준다면 각종 이해단체와 노동단체 그리고 기업들도 생산성 제고를 위한 노력에 함께 동참하게 될 것이다. 정부의 노력이 사회적으로 동참의 분위기를 창출해낼 수 있는 유일한 동력이기 때문이다.

이제는 우리 사회에 도전정신을 다시 불러 일으켜 경제활력을 되찾을 때다. 그러기 위해서는 국민에게 어려움과 고통을 스스로 이겨낼 것을 요구하는 리더십이 필요하다. 정부가 보살펴주고 다 해결해 주겠다는 식의 온정주의적 태도로는 건강한 민주사회를 만들 수 없다.

자유를 지키기 위해 투자해야

우리나라는 한강의 기적을 이뤘지만, 그것이 자유시장경제를 지켜주지는 않는다. 역설적인 이야기이지만 사람들이 잘 살게 될수록 자본주의에 대한 적대적 세력의 영향력도 커지게 마련이다. 프로이드가 지적하는 것처럼 에로스의 상승은 타나토스의 상승도 수반하기 때문이 아닌가 싶다. 앞으로 포퓰리즘 세력에게 나라를 넘겨줬다가 그들의 무능에 힘입어 다시 찾아오는 일을 신중하게 반복해야 할지 모른다.

이를 피할 수는 없을까. 그런 위기를 잘 뛰어넘은 나라가 있다. 바로 미국이다. 미국에서도 자본주의에 대한 반감과 질시가 없었던 것은 아니다. 미국인들은 그런 반기업주의, 반시장주의, 반자유주의가 전횡하지 못하도록 안전장치를 잘 마련해 놓았다. 바로 자유시장경

제를 교육하고, 이를 전파하고 정책에 반영하는 자유주의 싱크탱크
를 육성한 것이다. 미국의 헤리티지재단, 미국기업연구소(AEI), 케
이토(CATO)연구소는 대표적인 자유주의 수호기관들이다. 이들은 민
간기업이나 기업가들이 자발적으로 만든 단체로 정부의 지원이 아닌
민간기업과 일반인의 후원에 힘입어 활동한다.

　우리나라 국민들은 여전히 포퓰리즘에 쉽게 휘둘리고 빠져든다.
국가 지도자가 아무리 뛰어난 리더십을 발휘하더라도 국민정서에서
크게 벗어나기는 어렵다. 꾸준한 설득과 교육으로 반부자·반기업
정서를 완화시켜 나가야 번영을 저해하는 반자본주의적 법이나 규제
를 해소할 수 있다. 이제 기업과 기업인, 국민들은 자유주의를 옹호
하는 싱크탱크에 투자해야 한다. 그것이 우리의 자유와 번영을 지키
는 거의 유일무이한 길이다.

3. 최고의 복지는 일자리 창출이다

직장에서 동료들이 100만 원을 버는데 나는 150만 원을 받는다고 하자. 만약 동료의 월급은 250만 원으로 오르지만 내 월급도 2백만 원으로 오른다면, 나는 기뻐할까? 아니면 차라리 모두의 월급이 오르지 않기를 바랄까?

내 소득이 오르는 것에 만족하지 못하고 다른 사람과 비교해서 만족을 얻으려는 시기심이 커지다 보면 매사가 불평과 불만으로 가득 차게 된다. 행복을 자신의 마음속에서 찾지 못하고, 상대적 행복을 추구하다 보면 그 사람은 스스로 불행해지고 그 사람이 속해 있는 조직과 사회도 함께 뒤처지게 된다. 사람들이 자신이 행복하냐 아니냐를 느끼는 것은 개인의 감정적인 문제다. 그래서 행복은 개인의 도덕과 윤리를 바탕으로 할 때 건강한 방향으로 나아갈 수 있다. 반면에 행복을 상대적 박탈감이나 불평등의 해소에서 찾게 되면 문제가 발생한다.

사회적으로 평등이나 분배의 욕구는 크게 마련이다. 더 많이 나누어 갖고 싶은 마음이야 있을 수 있지만, 그렇다고 다른 사람에게 피해를 주면서까지 재분배를 무한정 확장할 수는 없다. 또 생산에 기여하지 않으면서 나누어 갖는 것 자체도 정의로운 것이 아니다. 그래서 소득재분배는 경제력이 허락하는 한도 내에서 국민 대다수가 동의하는 만큼만 하는 것이 합리적이다.

사회적으로 모든 구성원이 동의할 수 있는 분야에 대한 복지지출이 바로 적합한 수준의 소득재분배인 셈이다. 현실적인 예가 기초생활보장제도인데, 소년소녀 가장, 장애인 등에 대한 배려는 우리 사회 구성원 대부분이 찬성한다. 그래서 합당한 복지정책으로 평가받을 수 있다. 사회가 발전하기 위해서는 지금의 결과물을 나누는 것에 집착하지 말고 새로운 창조적 활동에 집중해야 한다는 것이다. 경제성장의 파이를 키우다 보면 자연스럽게 하위계층의 소득도 함께 높아진다.

기업가의 도전과 모험이 에너지

기업은 자본주의 경제체제를 움직이는 중심적인 역할을 한다. 투자를 일으켜 고용을 창출하며, 새로운 상품을 개발해 소비자의 편익을 높인다. 이러한 기업의 신비한 역할을 결정하는 것은 기업가의 몫이다. 기업가가 어떤 결정을 하느냐에 따라 기업의 미래가 바뀐다. 기업의 핵심적인 자산이 바로 기업가인 셈이다.

기업가의 역할을 제대로 평가하지 않는 사회에서 기업가의 모험정신과 도전정신은 꽃피기 어렵다. 투자는 성공할 수도 있고 실패할 수도 있다. 그래서 투자실패의 책임을 기업가에게 모두 지우는 것은 바람직하지 않다. 성공의 결과를 모두 기업가가 가져가지 않는 것과 같은 이치다. 기업가가 기존의 방식에 안주하지 않고, 그 틀을 깨고 새로운 세계를 개척하기 위해서는 기업가정신이 요구된다. 기업가정신에 충만한 기업가는 창의성을 발휘하고 혁신적 파괴에 나선다.

무모해 보이기도 하고, 성공할 가능성이 희박해 보이는 미지의 신천지를 향한 도전은 일반의 상식으로는 이해하기 어렵다. 세계 최고의 조선소를 세운 정주영, 반도체 신화를 이룬 이건희 등 우리나라에는 세계 최고의 기업가정신의 전설이 있다. 이들의 도전은 학자, 관료, 시민단체의 기준으로는 비이성적인 것으로 비쳤을지 모른다. 기업가정신으로 무장한 기업가가 많은 사회가 바로 기회의 땅이다.

포퓰리즘에서 기업을 해방시켜라

사람은 일자리를 통해 소득을 얻고 삶의 보람도 찾는다. 일하면서 세상을 이롭게 하고 자신이 쓸 돈을 버는 것은 가치 있는 일이며 국가발전에 기여하는 일이기도 하다. 일을 통해 자신의 삶을 개척하고 책임지며 살아가는 시민이 많은 나라는 건강하고 활발하다.

이렇게 사람들의 인생에 소중한 것이 일자리이지만, 어느 나라에서나 좋은 일자리는 부족하다고 느끼게 마련이다. 높은 소득을 제공하는 양질의 일자리를 누구나 원하기 때문이다. 다만 차이가 있다면, 잘 사는 나라에는 고소득의 일자리가 많고 못 사는 나라에는 고소득의 일자리가 적다.

잘 사는 나라가 되기 위해서는 좋은 일자리를 많이 만들면 될 것이 아닌가. 이렇게 단순한 해법을 왜 많은 나라들이 실천하지 못할까. 정치인들은 늘 일자리 창출을 공약으로 내세우지만, 일자리가 어떻게 만들어지는지를 이해하는 정치인들이 드물고, 알고 있다고 해도 채택하는 것에 머뭇거린다. 실제로 정치인은 단기적으로 인기를 얻고자 하기 때문에 듣기 좋은 말을 하는 습성이 있다. 당장 손쉬운 방법으로 정부의 지출을 늘려 일자리를 만드는 경우가 흔하다. 민간의 돈을 세금으로 거둬 사회적 일자리를 늘리는 경우라서 민간의 일자리를 오히려 줄이고 경제 전체에 해악을 끼친다.

그렇다면 일자리를 늘리기 위한 진정한 해법은 무엇일까. 신규 기업을 통해 일자리를 늘리는 방법과 기존의 기업에서 일자리를 늘리는 방법의 두 가지 경우가 있다. 먼저 기업의 활동이 자유롭게 이루어지도록 규제를 완화하고 기업의 규모를 키우는 게 중요하다. 면허, 승인, 인가 등 기업의 진입규제를 풀면 신규 일자리가 늘어난다. 예를 들어 1990년대 이후 식품제조업, 음식업, 화장품제조업 등에서 허가제를 신고제로 바꾸면서 새로운 기업과 일자리가 크게 증가했다.

이와 함께 영세한 기업의 규모를 대형화하는 노력도 일자리를 늘린다. 특히 도소매 및 음식숙박업의 영세성은 저고용과 저부가가치의 악순환을 만들고 있다. 대형화를 통해 높은 부가가치의 산업으로 발전할 수 있도록 유도하고 세계적인 수준의 기업이 나올 수 있도록 규제를 완화할 필요가 있다. 기존의 기업이 일자리를 늘리기 위해서는 노동시장의 유연성이 높아져야 한다. 해고가 쉬워야 고용도 늘어난다. 한번 채용하면 평생을 보장해야 한다면 누가 마음 놓고 고용을 늘릴 수 있겠는가. 지나친 정규직 보호가 일자리 확대를 억압하는 요인이 되고 있다.

서비스분야에도 글로벌 대기업 필요

우리나라에서 새로운 일자리를 만드는 일은 서비스업에서 가능하다. 현재 서비스업은 만성적인 적자구조를 갖고 있다. 그만큼 구조적으로 취약하다는 말이다. 그 이유는 경쟁이 제한돼 있기 때문이다. 진입규제를 해소하면 의료, 교육, 관광 등 많은 분야에서 고용을 늘릴 수 있는데, 특히 의료산업은 유망하다. 세계적으로 경쟁력을 갖춘 서비스업 기업이 나올 수 있도록 규제를 푼다면 앞으로 양질의 일자리는 크게 늘어날 수 있다.

세계 최고의 소득은 세계 최고의 생산성을 통해 가능하다. 어떻게 최고 수준의 생산성을 이룰 것인가? 바로 경쟁을 통해서 경쟁력을 높이는 것이 해법이다. 경쟁을 통해 대기업을 세계 최고수준의 경쟁력을 갖춘 대기업으로 만들고, 중소기업을 세계 최고수준의 경쟁력을 갖춘 중소기업으로 만드는 것이 바로 양질의 일자리를 만드는 비결이다.

영세기업을 중견기업으로 만들고 또 중소기업을 고부가가치형으로 탈바꿈시키는 체질강화가 필요하다. 시장의 선택을 통해야만 튼튼한 경쟁력을 확보할 수 있다. 기업이 소비자를 바라보고 경쟁해야지 정부의 보호와 지원금을 바라보고 경쟁하는 것은 사회적 낭비를 키운다. 경쟁력과 양질의 일자리는 함께 커간다.

4. 보조금에 의존하는 좀비기업을 경쟁력 있는 기업으로

생산활동을 하면서 정부로부터 보조금을 받는 대표적인 분야가 농어업이다. 우리나라의 경우 2009년 농어업에 대한 보조금은 11조 2천억 원이고, 농어업 경영체에 대한 보조금은 5조 2천억 원 규모다. 그동안 보조금을 폐지하거나 줄여야 한다는 개혁의 필요성이 꾸준히 제기됐으나, 이익단체의 압력에 정부가 매번 후퇴하는 양상을 보이고 있다. 하지만 이런 보조금이 농촌에 도움을 주는지는 의문이다. 보조금은 시장의 수요와 무관하게 생산을 늘려 가격변동성을 높이고, 경영 부실화와 산업경쟁력 저하를 초래한다.

보조금을 철폐해 농업경쟁력을 높인 대표적인 나라가 뉴질랜드다. 1984년 집권한 노동당은 농업보조금 철폐를 통한 농업개혁을 단행했다. 고통스런 구조조정으로 농민의 불만은 극에 달했다. 농민의 3분의 1이 국회 앞에서 농성하며 행진할 정도였다. 하지만 정부의 의지는 분명했다. 1983년 11억 8천만 달러였던 농업보조금은 1989년 2억 9천만 달러까지 줄었다. 이러한 구조조정 과정에서 많은 농가가 농업을 포기할 것으로 우려됐지만, 실제로 농업을 그만둔 농가는 전체 농가의 1%에 불과했다. 오늘날 뉴질랜드의 농업은 쇠퇴하기는커녕 번성하고 있다. 현재 뉴질랜드 전체 수출액의 64.7%를 농축산물이 차지하고 있다. 반면 우리나라의 경우 수출액에서 농축산물이 차지하는 비중은 0.7%에 불과하다. 뉴질랜드의 농림식품 수출액은 143억 달러로 우리나라(25억 달러)의 다섯 배가 넘는다.

우리 농어업 생산액은 2000년 이후 계속 정체되어왔고, 국내총생산에서 차지하는 비중은 2.5%까지 줄어들었다. 반면 뉴질랜드 농업 부가가치는 전체 GDP 대비 5.1%에 달한다. 식품제조업의 부가가치

비중 4. 9%까지 합하면 GDP의 10% 이상이 농업관련 분야에서 창출되고 있다. 뉴질랜드 농가 호당 부가가치는 8만 달러로, 우리나라보다 네 배 이상 높다. 하지만 뉴질랜드의 농업관련 종사자 비중은 전체 취업자의 3. 9%로 우리나라의 7. 1%보다 낮다. 우리 농어업도 이제는 보조금과 국내시장에 의존하는 안일함에서 벗어나 스스로 경쟁력을 높여 세계무대로 나가야 한다. 그래야 한국 농어업이 살고, 농어민이 살 수 있다.

농업도 기업화(化)가 해답

〈포천〉지가 발표한 2008년 글로벌 500대 기업에는 농업분야 기업이 3개 들어 있다. 이 중 가장 큰 기업은 158위에 오른 미국의 아처대니얼 미들랜드(ADM)이다. ADM의 2007년 매출은 440억 달러(약 41조 원), 종업원 수는 2만 7, 251명이다. 반면 우리나라 5, 520개 농업법인의 2007년 총 판매액은 4조 6, 652억 원, 총 종업원 수는 3만 3, 420명이다. ADM은 우리 농업기업 전체보다 열 배 정도 큰 매출을 보인 것이다.

우리 농업법인 한 곳당 판매액은 11억 9천만 원 수준으로 정부보조금 누적액은 3억 2천만 원, 부채는 9억 9천만 원 정도로, 영세성과 부실 정도가 심각한 수준이다. 더구나 농업법인 5, 520개 중 영농조합법인(4, 624개)이 83. 8%를 차지하고 있고, 농업회사는 896개에 불과하다. 우리 농업기업은 현재 자영업 수준에서 벗어나지 못하는 기업화의 초기단계에 있는 셈이다. 기업화가 되지 않은 상태에서 산업화를 이루는 것은 기대하기 어렵다.

농업인구 전체를 고려해 보면 문제는 더욱 심각하다. 2007년 농가인구의 비중은 6. 8%로 2004년 기준의 일본 3. 0%, 프랑스 2. 7%,

독일 2. 1%, 미국 2. 0%에 비해 여전히 두 배 이상 높다. 농가 수는 123만 가구이며 농가당 평균 경작면적은 1. 38ha로 소농중심 구조이다. 산업화를 이루지 못한 농업분야가 세계시장에서 인정받기는 어렵다. 우리 농수산물 수출액은 2008년 44억 달러에 불과하다. 농수산물 수입액은 232억 달러로 이 분야 무역적자는 188억 달러에 달했다.

우리나라와는 달리 기업화에 성공해 농업수출을 늘린 나라도 있다. 정부보조금을 줄이고 시장원리를 도입해 농업개혁에 성공한 뉴질랜드는 농축산물 생산량의 80% 이상을 수출하고 있다. 뉴질랜드의 낙농인 단체 폰테라, 키위 생산자 단체 제스프리 등은 세계적인 농업기업이 됐다. 네덜란드의 농가 수는 8만 가구에 불과하며, 가구당 경작면적은 23. 9ha에 달한다. 농산물 수출액은 582억 달러 수준으로 미국·프랑스에 이어 세계 3위의 농산물 수출국가다. 농업무역 흑자규모에서 세계 2위이며, 무역흑자의 44%를 농업이 차지하고 있다.

사실 농업개혁의 해답은 이미 나와 있다. 농업의 생산성이나 부가가치가 높아질 수 있도록 기업화하고 규모화하는 것이다. 이를 실천할 수 있는가의 문제만 남아 있다. 보조금의 유혹에서 벗어나 스스로 자립하고 경쟁력을 높여야 할 것이다.

온정주의로는 기업을 살릴 수 없어

일본에는 2백 년 이상 된 장수기업만 3천 개가 넘는다고 한다. 전세계 장수기업의 절반 이상이 일본기업이라니 지금 같은 경제위기의 시기에는 경이롭게만 들린다. 기업의 세계에서 살아남았다는 것은 바로 성공을 뜻한다. 세상은 변하고 기업도 변한다. 세계 최고가 된 기업들을 보면, 끊임없이 자기 혁신을 꾀했음을 알 수 있다. 도전정신의 귀재인 에디슨이 전구를 발명하면서 설립된 미국의 GE는 시장

변화에 적응해야만 기업이 최고의 자리를 유지할 수 있음을 보여주는 살아있는 전설이다.

한국에도 당장의 사업에 만족하지 않고 새로운 분야에 도전해 세계 최고의 자리를 차지한 기업들이 있다. 국내에서 흑백텔레비전을 보던 시절에 컬러텔레비전을 수출한 기업이 바로 한국기업들이었다. 삼성전자, LG전자는 이제 일본기업을 제치고 평면TV시장, 핸드폰시장에서 최고의 자리에 올랐다. 흔히 기업의 사업다각화를 두고 "문어발식 경영" 운운하는 말로 비난하지만, 이는 비판받을 일이 아니다. 기업가정신이 살아 있음을 증명하는 것이기 때문이다. 미래의 성장동력(成長動力)을 키우지 못한 기업은 최고가 될 수 없다.

기업이 스스로 변신하고 혁신하는 일은 쉽지 않다. "하던 일만 잘하면 성공할 수 있다"는 안이한 생각과 자기합리화는 기득권을 누리는 이익집단의 압력 속에서 기업을 보이지 않게 좀먹는다. 그러다가 시장의 변화에 떠밀려 구조조정이라는 극한상황으로 내몰리게 된다. 자기혁신이나 구조조정은 고통 없이 이루어지지 않는다. 구조조정은 회피할 수 없고 회피하려 해서도 안 된다. 일본의 잃어버린 10년은 부실을 털지 못한 온정주의가 가져온 재앙임을 잊지 말아야 한다. 우리 경제는 점차 일본을 닮아가고 있다. 방만한 재정과 기업의 부실을 쌓고 구조조정을 미루고 있는 탓이다.

정부통제 기업에서 자율경쟁 기업으로

정부의 돈과 지시에 따라 움직이는 기업은 효율성 면에서 뒤처질 뿐만 아니라 정부와 정치권의 의도에 따라 운영되어야 하는 본질적 한계를 갖는다. 이는 기업이 포퓰리즘에 희생될 수 있는 고리를 만든다. 공기업을 민영화해서 실패한 사례가 드물다는 점은 공기업의 한계를 잘 설명한다.

이와 함께 우리나라에는 정부의 자금 지원 없이는 존재할 수 없는 분야가 있다. 정부기관, 대학, 연구기관 등이다. 상당부분 자리보존을 위한 예산책정, 연구를 위한 연구에 세금이 낭비되고 있음을 알 수 있다. 이들을 자율과 시장의 경쟁에 따라 생존할 수 있도록 하는 일은 이들 분야에서 일하는 사람들과 세금을 내는 국민 모두의 이익을 높인다. 또 정부의 지원을 받는 중소기업, 자영업자도 보조금제도의 폐해를 잘 보여준다. 이들에 대한 시장의 경쟁압력을 높이는 일은 경쟁력을 높여 이들의 부가가치 창출을 돕고 고부가가치의 일자리를 만드는 일이기도 하다.

경제불황은 늘 반복되어 일어난다. 보조금에 의해 운영되는 분야는 그때마다 위기를 겪는다. 다시 돌아오는 구조조정의 시대에 대한 대비는 이들에 대한 보조금을 끊고 경쟁의 압력을 높여 경쟁력을 키우도록 하는 일이다. 복지포퓰리즘이 확산되다 보니, 사회에서는 어려운 기업을 돕자는 의식까지 확대되고 있다. 기업을 복지의 대상으로 삼아서는 경쟁이 올바로 작동할 수 없으며, 경제활성화도 어려워진다.

5. 좋은 일자리를 만들려면

비정규직을 포함한 대다수 근로자들의 어려움은 노동계의 과도한 복지와 급여수준의 이면이기도 하다. 비정규직이 양산되는 점도 정규직의 과도한 보호가 야기한 결과이기 때문이다. 이는 국제적인 비교에서도 잘 나타난다. 대부분의 나라에서 정규직을 강하게 보호하는 경우 비정규직 비율이 높아진다. 우리나라가 그 전형적인 예인 셈이다. 따라서 비정규직을 줄이고 정규직을 늘리는 근본적인 길은 정규직에 대한 과보호를 철폐하는 일이다.

일부 노동계에서는 기업이 비정규직을 해고 못하도록 법으로 강제하면 좋지 않느냐고 주장하는 이들이 있다. 노동자의 천국을 꿈꾸는 사람들이다. 그런 주장은 일견 그럴듯해 보이지만, 하루만 지나면 실패가 드러난다. 경제는 끊임없이 새로운 변화를 수용하고 적응해가는 동태적 과정이다. 지금 존재했던 기업이 내일도 계속 유지된다고 장담할 수 없다. 소비자가 선택하지 않으면 하루아침에 사업을 접어야 하는 것이 기업의 세계이다.

기업은 이윤을 목적으로 존재하며 소비자가 물건을 구입해야만 생산을 하고 근로자를 채용할 수 있다. 시장의 수요에 따라 일자리가 만들어지고 그 노동비용도 이의 제약을 받는다. 즉, 노동수요는 본질적으로 상품수요에 따른 파생적 성격을 갖는다. 왜 기업이 비정규직을 선호하고 정규직 전환을 꺼려하는 것일까. 그 해답은 간단하다. 해고하기 어렵기 때문이다. 해고가 쉬워야 채용도 쉽게 늘어날 수 있다.

노동단체는 일자리를 마치 권리인 양 주장하지만 헛된 망상이다. 시장이 없고 기업이 없는데 무슨 일자리가 보장되는가. 기업은 소비자 만족을 위해 활동하여 이윤을 창출하는 존재이지, 복지단체가 아니다. 근로자를 평생 보장해 주는 일자리는 애초에 존재하지 않는다. 우리나라의 상당수 기업에서 정규직 일자리는 과도한 보호 속에서 특혜를 누리고 있다. 그 폐해가 비정규직 양산과 열악한 근로환경 그리고 대규모 실업이다.

친시장적인 법이 일자리를 늘려

경제를 살리고 일자리를 만들기 위해서는 친시장(親市場)적인 법률을 만드는 것이 올바른 해법이다. 비정규직법처럼 반시장적 법률은 폐지하는 것이 최선이다. 지금은 일자리를 늘리는 것을 목표로 해도 어려운 시국이다. 일자리를 없애는 반시장적인 법률을 유지해서 얻을 것은 아무것도 없다.

일자리는 기업이 만든다. 좀더 따져보면, 일자리 창출은 소비자의 소비행위에서부터 출발한다. 물건을 사려는 사람이 늘어나면, 그 수요에 부응해 기업의 공급이 늘어난다. 물건을 더 만들기 위해 사람을 더 쓰기도 하고, 새로운 기업이 생기면서 일자리가 늘기도 한다. 반대로 구입하려는 수요가 줄어들면, 해당 상품의 공급도 함께 줄어든다. 기업 내 생산감소에 따라 일자리가 줄기도 하고 기업이 퇴출되면서 일자리가 사라지기도 한다. 이처럼 일자리는 본질적으로 사람들이 물건을 사면서 생기는 파생수요이다.

호경기에는 사람들이 물건을 더 많이 사면서 늘어나는 일자리가 있듯이, 경기가 나빠지면 소비심리가 위축되고 소비를 외면하면서 줄어드는 일자리도 있게 마련이다. 지금처럼 세계적인 경제 불황기에는 사람들의 수요가 급격히 위축되고 일자리는 줄어든다. 이런 일자리를 마치 권리인 양 주장하는 일은 본질적으로 부질없다. 겸허하게 소비자의 선택에 순응하는 게 경제적으로 올바르다.

  그래서 경기불황기에 경쟁력이 떨어지는 기업이 새롭게 태어나기 위해 구조조정을 하는 것은 당연하다. 경제가 유연하게 작동하려면 노동시장도 함께 유연해야 한다. 만약 노동시장이 경직적이어서 구조조정이 불가능하고, 일자리를 자신만이 누릴 사유물인 양 행동한다면 누군가는 피해를 감수해야 하고, 사회의 이익은 줄어들 것이다. 더구나 법을 어기면서까지 자신의 일자리만 지키겠다고 나선다면 이는 불법행위일 뿐만 아니라 사회적으로도 해악이 크다.

  더구나 그런 일을 목적으로 삼고 행동하는 노동단체는 사회 발전의 장애가 된다. 기득권을 지키기 위해 담합하는 조직은 사회적 해악을 가져오며, 그 울타리를 높게 치면 칠수록 부작용이 크게 마련이다. 더구나 이미 경쟁력을 상실한 일자리를 유지하기 위해 세금에 의존하려는 집단적 행동은 집단이기주의 그 자체이다.

생산현장에서 정치투쟁과 폭력을 없애야

  민주노총 소속의 대형 사업장에서 노동분규가 많이 발생하는 것은 그들 사업장의 노조전임자 수가 많다는 점과 관련이 있다. 더구나 이들 사업장은 상당수 산별노조로 전환되어 민주노총의 투쟁노선에 따라 조종되고 통제되는 속성이 크다. 우리 사회의 노동운동이 정치투쟁적이고 폭력성이 높은 것은 민주노총의 투쟁노선에 영향받은 바가 크다고 할 수 있다.

  이미 우리 사회의 거대화된 정치권력으로 군림하는 민주노총의 힘이 기업과 노동현장을 불법과 폭력으로 얼룩지게 만들고, 기업을 정치투쟁의 장소로 악용하는 일이 빈번하게 일어나고 있다. 실제로 기업의 생산현장을 반정부투쟁, 이념투쟁을 위한 볼모로 이용하는 경우는 비일비재하다. 최근 쌍용차 공장 파업에서 민주노총의 일부 세력이 공장에 진입하여 불법폭력사태를 야기했고, 파업은 장기화하여 기업과 근로자 모두 큰 피해를 입었다.

이러한 민주노총의 전투적 투쟁위주의 방식이 계속 유지될 수 있는 이유는 노조전임자에게 제공되는 기업의 급여지급이 뒷받침되기 때문이다. 그 돈이 모여져 파업기금으로 쌓이고, 불법파업자의 생계유지기금으로 적립되기 때문이다. 이러한 적립금의 규모는 수백억 원 이상으로 커졌으며, 분규를 야기하는 악순환의 연결고리가 되고 있다. 노동운동에 대해 관대한 사회적 인식은 과거에는 통할 수 있었지만, 지금은 노조의 무분별한 투쟁이 우리 사회의 짐이 되고 있음을 인식해야 한다. 노조의 자기 이기주의는 우리 모두에게 부담을 늘리는 일이며, 사회의 규칙을 상습적으로 파괴하는 노동운동을 계속 용인해서는 우리 사회가 법치국가로 나아가기 힘들다.

현재 우리나라의 노동운동은 세계의 어떤 선진국에서도 찾아보기 어려울 정도로 경직적이고 이념투쟁적인 상태에 있다. 이러한 낙후된 상태에서 계속 머물러서는 기업의 경쟁력 향상도, 근로자의 소득 향상도 어렵다. 노동운동이 정상화되도록 법과 원칙을 올바로 세우고 지켜나가야 한다.

우리 사회에서 노동조합은 상식을 벗어난 존재다. 노동조합이라는 특수 지위를 악용해 고의적으로 그것도 공개적으로 법을 어기는 일이 흔하다. 심지어 법과 공권력을 조롱하기도 한다. 하지만 막무가내로 전횡을 일삼는 노조활동을 통제할 엄두도 내지 못하는 것이 현실이다. 그야말로 노조공화국인 셈이다. 기여는 없고 폐만 끼치는 노조, 과연 국제규범에 맞게 활동하도록 할 수는 없을까?

순기능은 위축되어 있고 폐해를 키우는 노조가 우리 경제에 기여하는 건강한 존재로 다시 태어날 수 있다면, 우리 사회는 그만큼 선진국가로 나아갈 수 있는 바탕을 마련할 수 있을 것이다.

노동현장에 정치구호만 난무

이처럼 노조현장이 노동자의 이해와 유리되어 폭력으로 얼룩지게 된 것은 단위노조가 중심이 되는 자율적 노사관계가 허물어지고 정치 조직화된 산별노조와 민주노총이 투쟁방침을 상의하달로 지시하는 중앙집권식 구조로 변질되었기 때문이다. 위로는 민주노동당이 입법과 정치선전을 하고, 중심부의 민주노총은 투쟁방침을 정해 산별노조와 단위노조를 움직인다. 아래의 산별노조와 단위노조는 상부의 지시에 따라 자금과 인력을 동원하여 투쟁에 나선다.

그 조직운영과 활동이 공산당방식을 연상시킨다. 철저한 명령식 조직관리와 불법을 서슴지 않는 투쟁방식이 그렇다. 구호와 지시는 대부분 정치적 성격을 갖는다. 정권타도, 자본가타도 같은 구호는 일상적이며, 사회주의 정책으로 자신들이 꿈꾸는 노동천국을 만들려는 일련의 투쟁이 전개된다. 생산성 향상을 논의하고 추구할 노동자와 노동단체는 사라지고, 정치투쟁을 일삼는 노조간부와 노동운동가가 사업현장을 장악한 현실은 모두에게 불행이다. 기업을 정치투쟁의 인질로 삼는 것은 기업과 노동자, 그리고 국민 모두에게 해롭다.

구습들이 관행으로 남아

우리 노동문화에는 유독 구시대의 악습이 많이 남아 있다. 사회의 거의 모든 분야가 새롭게 변화하고 있지만, 노동분야만이 구습을 쫓는 데는 노조의 무소불위(無所不爲)의 권력과 특혜가 자리하고 있기 때문이다. 생산성에 대한 기여가 없으면서도 노조는 기생하고 있으며, 심지어 기업으로부터 지원금까지 받고 있다. 무노동 무임금이 제대로 지켜지지 않는 경우는 허다하다. 노조전임자는 조합활동을 하면서 기업으로부터 급여와 각종 혜택을 받아왔는데 이는 몰염치한 짓으로 도덕적 해이의 극치다. 다행히 노조전임자 임금은 노조 스스로 부담해야 한다는 인식이 확산되면서 이를 제도로 정착시키려는 사회적 노력이 결실을 맺을 것으로 보인다.

노조활동의 단체권이 인정되고 있다면, 단체교섭에 나서는 대표는 그 권한을 위임받아 교섭에 나서야 한다. 하지만, 협상이 타결된 후에 다시 조합원 투표를 하는 사리에 맞지 않는 일이 반복된다. 심지어 부결되었으니 다시 파업하거나 협상하겠다고 나선다. 그야말로 생떼쓰기의 표본이다. 힘으로 밀어붙이는 방식의 노조활동은 사업장의 노사문화를 경직적으로 만든다. 그 결과로 노동시장은 효율성을 상실하고 노동생산성 향상이 더디다. 더구나 일방적인 파업까지 동원한 단체교섭이 반복되면서 노조가 경영권까지 접수한 사례가 늘어났고, 노조가 기업의 생산을 결정하면서 새로운 작업장으로의 변환도 거부하는 사태가 발생하고 있다.

빠르게 변화하는 시대에 부합하지 못하는 고용제도도 문제다. 평생직장을 보장해야 하는 정년제는 노사 모두의 경쟁력을 낮춘다. 정년제를 폐지하고 자유로운 고용계약제로 나아가야 하는 시대적 요구를 계속 외면해서는 안 될 것이다. 단기근로자를 고용하거나 임금피크제로 그 폐해를 줄이려고 시도하고 있지만, 유연한 노동시장을 만들기에는 역부족이다.

노조의 역할을 재정립해야

현재의 노조행태가 우리 사회에 바람직한 것인지를 다시 논의하고 어떤 개선이 필요한지를 논의할 때가 되었다. 누구에게도 이익을 주지 못하면서, 자신들의 정치적 목적을 추구하는 집단이 생산현장을 자신들의 투쟁의 장으로 이용하도록 내버려 둘 수는 없기 때문이다. 대기업의 발목을 잡고 있는 산별노조, 정부와 공기업을 장악하려는 공무원노조, 학교를 선동정치의 장으로 타락시킨 전교조 등에서 보듯이, 우리 사회에서 정치노조의 존재가치는 없고 폐해만 크다.

노조운동을 앞세워 정치투쟁을 일삼는 민주노총에 대해 적당히 타협해온 과거가 오늘의 사태를 만든 것이다. 분명 과거의 관행이나 잘못에서 벗어나는 일은 쉬운 일이 아니다. 더구나 오랫동안 자리잡은 기득권을 줄이는 일은 어렵다. 그래도 노동조합의 고유한 기능에서 변질된 정치적 투쟁방식을 바로잡지 않고서는 새로운 시대에 함께 나아가기 어려운 것이 사실이다.

지식화 시대에는 노조의 본질도 바뀌어야 한다. 노조의 독점적 지위에 대한 재검토도 필요하다. 사회의 근본원리에 부합하지 않는 단체권과 파업권에 대한 지나친 허용을 자제하고 합리적 노동문화가 자리잡을 수 있도록 관련제도를 정비하고 준수하는 노력이 선행되어야 한다. 노조가 직업윤리를 갖고 생산현장에서 사용자와 함께 소비자와 국민을 위해 생산성을 높이는 일에 전념할 수 있도록 노동환경을 만드는 일에 사회와 정부가 적극 노력할 때다. 궁극적으로 노동자와 사용자는 개별적으로 자율적 계약을 통해 스스로의 임금 등을 결정하는 것이 합리적이다. 최소한 개별 사업장 단위별로 협상이 이루어지고 사업장의 경쟁력 제고를 위한 내용만을 협상의 의제로 삼아야 한다. 이를 위해서는 산별노조와 상급노조의 개입을 줄여나가야 한다.

정부가 노사의 자발적 거래행위를 제약하는 노동관련 규제를 대폭 해소하는 노력도 필요하다. 예를 든다면, 최저임금제, 비정규직법의 폐지이다. 고용을 줄이고 자발적인 근로의욕을 감소시키는 불합리한 규제는 없애는 것이 바람직하다.

6. '가난한 국민, 부자 정부'에서 '가난한 정부, 부자 국민'으로

새로이 들어서는 멋지고 호화로운 건물은 관공서일 때가 많다. 민간경제는 어려운데 세금을 거두어 파티를 하는 셈이다. 국민이 잘 사는 사회가 건강한 사회지만, 지금은 씀씀이 큰 정부가 국민과 기업을 천대하고 군림하면서 인심 쓰듯 베풀고 있다. 이제는 다시 국민이 잘 살고 정부는 아끼는 길로 가야 할 때다.

정부가 할 일이 많은 나라의 국민은 괴롭다. 정부의 사업을 위해 세금을 더 내야 하고, 민간의 역할을 줄여야 한다. 경제가 어렵다고 해서 특별히 다르지 않다. 자신이 생산한 만큼 소비할 수 있다는 경제원리가 변하는 것은 아니다. 잘못된 투자와 과도한 소비가 빚어낸 위기가 구조조정을 거치지 않고, 정부가 민간을 대신해서 돈을 더 쓴다고 해서 쉽게 극복되기는 어렵다.

물론 경제가 급격히 위축되는 현실에서 정부의 개입은 불가피한 측면이 있다. 하지만 비상상황을 맞는 비상정책이라 하더라도 정책의 최우선 목표인 성장잠재력을 훼손하는 방향으로 추진되는 것은 바람직하지 않다. 적자재정을 감수하고 이루어지는 재정지출의 확대인 만큼 더 이상의 부작용을 초래하지 않으려는 노력이 함께 해야 한다.

정부개입 줄여야 경제 살아나

현대적 의미에서 경제문제의 해결방식을 좌우의 개념으로 나눈다면, 좌파는 큰 정부의 정부개입주의를 지지하고 우파는 작은 정부의 시장경제를 지지하는 것으로 볼 수 있다. 따라서 정부가 더 큰 역할을 하도록 유도하는 것은 좌파의 경제적 바탕이며 자본주의를 정부관리형 통제경제로 변질시킨다. 어떤 정책을 선택하느냐에 따라 미래는 달라진다. 큰 정부보다는 작은 정부, 계획경제보다는 자유시장경제(自由市場經濟)를 선택하는 것은 우리 경제가 다시 한 번 도약할 수 있는 길이다.

우리 경제는 이미 산업화의 단계를 지나 선진화의 단계로 접어들고 있다. 지금 선진화를 위해 힘써야 할 처방은 과거와 다소 다르다. 물론 기본원리는 자유시장경제로 동일하다. 한국은 처음에 개방과 무역을 통해 성장을 시작했다. 그 이후 통화가치가 안정되고 재산권, 법치가 성숙하면서 시장경제의 바탕이 넓어졌다. 이제 남은 과제는 규제완화다. 지금과 같은 세계 최고수준의 제조업만으로는 선진화가 어렵다. 농업과 서비스업 그리고 정부부문도 생산성이 높아져야 한다. 이들 분야를 폐쇄적으로 만드는 규제를 개혁할 필요가 있다. 이를 제대로 실천하려면 정부만능주의에서 벗어나야 한다. 정부는 일자리를 만들거나 경제를 살리거나 할 수 있는 존재가 아니다. 정부가 나선다고 해서 일자리가 늘어나는 것이 아니라 민간투자가 늘어나야 진정한 일자리가 만들어진다.

민간의 자금을 정부가 대신 사용처를 결정하려고 하거나 투자할 곳을 정하는 정부주도형의 경제에서는 일자리 창출이 쉽지 않다. 정부가 세금을 통해 생활이 불가능한 계층에 복지지출을 하는 것은 불가피하지만 이러한 복지도 그 나라의 생산성과 소득수준에 부합하는 수준에서 이루어져야 합리적이다.

세금 줄이고 긴축재정 필요

생산거점을 옮기려는 자본에게 낮은 세금은 필수적인 투자조건이다. 우리 기업이 미국이나 중국에 투자할 때, 장기적인 세금감면을 꼭 따지는 이유도 낮은 세금이 자본의 투자수익률을 결정하는 중요한 요인이기 때문이다. 낮은 세율로 투자를 유치하는 것은 더 많은 것을 얻기 위한 좋은 선택인 셈이다.

우리나라와 실질적인 경쟁관계를 갖는 국가들은 우리 주변국들이다. 이들의 법인세율 인하를 고려했을 때, 우리의 법인세율은 15% 이하로 낮추는 것이 바람직하다. 법인세와 함께 개인소득세와 양도세의 세율을 낮추는 노력도 병행해야 한다. 세금의 기본은 '낮은 세율과 넓은 세원'이다. 세율이 너무 높은 세금과 누진율이 높은 세금은 나쁜 세금이다. 세율을 내려 시장에 분명한 신호를 보낼 필요가 있다. 이제는 부가가치를 창출해서 수익을 잘 낸 소득에 더 높은 세율로 벌을 주지 않도록 누진세율제도를 근본적으로 개혁하는 게 좋다.

세금을 줄이면 재정적자가 발생할 것을 우려하는 시각이 있다. 또 경제살리기에 정부가 적극적으로 나서 유효수요를 창출해주기를 바라기도 한다. 하지만 정부는 만능이 아니다. 문제를 해결해 주는 존재라기보다는 문제 그 자체이다. 정부의 개입을 줄이고 감세를 통해 민간의 활력을 높이는 길이 장기적으로 경제를 살리는 지름길이다. 당장 내수를 살리려는 재정지출보다는 생산요소시장의 효율성 제고, 노동생산성 향상, 기업의 공급능력 확충을 위한 노력이 필요하다.

따라서 세율인하로 인한 세수감소가 우려된다면 재정지출을 줄이는 노력도 병행되어야 한다. 긴축재정과 균형예산은 작은 정부가 따라야 할 기본방향이다. 공적인 성격의 정부역할이라고 하더라도 민간기업과 시장을 통해 더 효율적으로 공급할 수 있다는 것이 경제학계가 밝혀낸 사실이다. 자본주의가 신비롭게 부를 창출하는 것은 자발적 거래를 통해 사람들의 만족을 높이고 부를 창출해 냈기 때문이다. 우리나라는 과거 20년간 반대의 길을 걸어왔다. 재정증가율은 세계 최고수준이었고, 소득증가율을 훨씬 초과했다. 얼마나 무모한

정책으로 경제를 파괴했는지 잘 보여준다. 누구나 멋지게 베풀고 싶어 한다. 하지만 그런 자선은 자기 돈으로 해야 정의롭고 멋지고 존경받을 수 있다. 남의 돈으로 생색내는 사람들이 많은 나라에서는 투자할 사람은 도망가고 실업자만 남을 뿐이다.

세금 줄이는 작은 정부가 해법

정부가 뭔가를 해주겠다는 말은 듣는 이를 기쁘게 한다. 하지만 그 비용을 누가 부담해야 하는지에 대해서는 말이 없다. 그 혜택을 받을 것을 기대하는 사람은 내가 아닌 다른 사람의 돈이니까 나쁠 것이 없다는 이기주의에 빠진다. 이런 이유로 정치인들은 선심성 정책을 남발하고 이해집단은 더 달라고 떼를 쓰는 악순환이 반복되게 마련이다.

민간경제가 가격메커니즘을 통해 효율적 자원배분과 높은 생산성을 실현하는 데 반해, 정부부문은 가격보다는 사회적 명분과 행정지시를 통해 자원이 배분되는 분야이기 때문에 근본적으로 효율성과는 거리가 멀다. 그래서 정부부문이 비대해진 유럽의 사회주의 복지국가들이 경쟁력을 상실하고 글로벌 경쟁에서 뒤처지는 것이다.

그렇다고 해서 모든 경제분야가 시장경제로만 운영되어야 하는 것은 아니다. 치안서비스, 국방과 같은 공공재는 정부가 맡는 것이 당연하며, 저소득층, 무의탁 독거노인, 소년소녀 가장 등 도움이 절실한 어려운 이웃에 대한 복지정책은 마땅히 정부가 해야 할 일이다. 물론 공공재와 복지지출이라고 하더라도 정부가 직접 공급해야 하는 것은 아니다. 이들 분야도 시장을 활용했을 때 더 싼 비용으로 더 큰 성과를 낼 수도 있다. 양극화의 해법으로 제시된 정부의 재정지출 확대는 경제논리를 무시한 구호일 뿐이다. 양극화를 완전히 해소하는 것은 근본적으로 평등국가를 만들겠다는 것만큼이나 무모한 주장이다. 양극화를 효율적으로 줄이는 유일한 대안은 '시장'을 통해서 경제를 활성화시키는 방법뿐이다.

실제로 대기업과 자본에게 부과하는 세금은 국내 자본을 외국으로 빠져나가게 하며, 외국 자본의 국내 투자를 꺼리게 하는 요인이 되기도 한다. 기업의 세금부담을 줄여줘야 투자가 늘고 경쟁력이 강화되어 더 많은 일자리를 창출할 수 있다. 그래야 저소득층의 소득이 증가하게 되며, 부작용이 가장 덜한 방식으로 양극화 문제를 최소화할 수 있는 것이다.

세금증가의 피해는 소비자와 서민들의 몫

정부는 근로소득세 부담자의 폭을 장기적으로 넓히려 하고 있다. 현재 50%대의 근로소득세 납부자 비율을 70%대로 올리려는 계획을 가지고 있다. 조세형평성과 합리적 과세원칙에는 부합하는 일이지만, 조세개혁이 세수증대를 목표로 추진되어서는 곤란하다. 정부는 세수증대의 수혜대상자를 차상위 계층이라고 하지만, 세금을 거둬야 하는 대상도 동일하다. 또한 정부의 비효율성을 고려하면, 거둘 때의 돈보다 훨씬 적은 돈이 돌아오는 부작용도 있게 마련이고 차상위 계층의 부담은 더 가중된다.

실제로 어느 부분에 세금을 매기든지, 세금은 바로 가격에 반영되기 마련이며, 결국 부담은 소비자들에게 귀착된다. 그래서 세금이 증가해 물가가 오르게 되면 자연히 소비가 줄고 시장이 침체되어 서민의 삶이 곤궁해질 수밖에 없다.

재정규모를 GDP의 일정비율로 제한해야

　복지지출을 위해 재정규모가 커지면 정부와 공무원들의 권력도 그만큼 커지고, 모든 경제활동에 간섭하고 싶어 한다. 이러한 정부의 과도한 간섭과 보살핌은 그 혜택을 받는 사람들에게는 무기력증을, 과중한 세금을 내야 하는 사람들에게는 근로의욕을 상실시킨다.

　큰 정부에서 지출이 늘어 재정이 악화되고 조세부담률이 늘어 성장이 저하되는 악순환에 빠진 대표적인 예가 스웨덴이다. 스웨덴은 제2차 세계대전에서 중립을 유지하면서 교전국들 사이에서 무역을 한 결과 상당한 경제적 번영을 누렸다. 그러나 1932년 사회민주주의 정부가 집권한 이후 지나친 계획경제와 정부재정 확대로 스웨덴의 경제는 계속해서 곤두박질쳤다. 세금강화 정책은 스웨덴의 경제실패 요인 중의 하나이다. 스웨덴 정부는 저소득층의 경우 소득의 60%, 고소득층의 경우 65% 이상을 세금으로 거두어 들였는데, 이로 인해 근로의욕이 상실되고 시장경제가 제대로 작동할 수 없게 되어 경기침체기를 맞았던 것이다.

　세금증가로 우리 정부의 재정은 매년 증가해왔다. 스웨덴의 전철을 밟지 않기 위해서라도 국민 전체의 조세부담률을 무분별하게 높여서는 안 된다. 지나친 재정지출 확대는 피해야 한다. 조세부담률이 무분별하게 높아지는 것을 막는 가장 확실한 방법은 조세총액이 국내총생산의 일정비율(예를 들어, 20%)을 초과하지 못하도록 법률로 규정하는 것이다. 해마다 일정비율 이상의 세금을 걷지 못하도록 해야 정부의 지출이 방만해지지 않으며, 지나친 세율인상을 막을 수 있다.

단일세는 시장경제를 위한 바람직한 대안

또한 요즘 동유럽에서 적극적으로 도입하는 단일세(*flat tax*)를 도입하여 근로의욕을 고취시키고 경기를 부양하는 효과를 기대해 볼 수 있다. 밀턴 프리드먼이 1950년대에 '작은 정부'를 위해 단일세가 필요하다고 주장한 것처럼, 소득금액과 관계없이 단일한 세율을 매겨 과세하는 방법도 고려할 필요가 있다. 1994년부터 단일세를 도입한 에스토니아는 기업들의 세금부담과 규제가 거의 없어 세계에서 사업하기 좋은 국가 16위(세계은행 보고서)에 오른 바 있다.

실제로 우리 사회에는 '나는 부담하지 않는 남의 세금'을 올리라는 주장이 분출하고 있다. 단일세는 모든 사람이 폭넓게 세금을 부담하는 제도이기 때문에, 무턱대고 세금만 올리라는 무책임한 주장을 효율적으로 억제하는 좋은 방법이기도 하다. 세금제도가 "납세자의 동의 없이 과세할 수 없다"는 조세부과의 기본정신에도 잘 부합한다.

시장경제원리는 개인의 선택과 책임을 통해 작동한다. 국가에 의존하고, 자신의 권리와 의무를 떠넘기는 태도는 시장경제를 위축시켜 장기적으로 자신의 부담만 늘릴 뿐이다. 작은 정부, 균형재정, 최소한의 세금, 이것이 시장을 활성화시켜 경제를 살리고 삶의 질을 높이는 최선의 방법이다.

다시 작은 정부로

공짜 잔치의 기저에는 '보편적 복지'라는 개념이 깔려 있다. 모든 분야에 국민 전체를 대상으로 하는 복지체제를 구축해 복지공화국을 만들겠다는 것이다. 서구의 나라들이 복지병에 걸려 생동감을 잃어버린 전철을 따라가자는 것에 다름 아니다. 정부로부터 한번 공짜 돈을 받기 시작하면 쉽게 그 유혹에서 헤어나기 어렵다. 공짜 돈은 마치 아편처럼 우리 사회의 도덕을 타락시킨다. 그 수혜대상의 숫자는 늘어나면 늘어나지 줄어들지 않는다. 또 복지지출은 하방경직성이 커서, 나라 살림을 경직적으로 만든다. 최근 경제위기를 겪고 있는 그리스의 재정부실은 방만한 복지가 얼마나 치유하기 어려운 병인가를 잘 보여준다.

개인의 자유와 책임은 사회를 건강하게 만드는 근본이다. 복지는 스스로 생활할 수 없는 취약계층에 제공하는 사회적 배려로 국한되어야 한다. 전체 국민을 대상으로 하는 복지는 국민에게 의존적인 삶을 강요하는 것으로 자립과 독립정신을 약화시켜 우리 사회의 자유시민을 줄인다.

정부는 본질적으로 생산하기보다는 재분배를 하는 존재이다. 정부가 나눠주는 돈은 공짜로 생긴 것이 아니라 누군가가 세금을 내기 위해 고통을 감내한 돈이다. 보편적 복지는 정상적인 민간경제에서 이루어질 수 있는 일을 정부의 분배과정으로 편입시켜, 정부주도의 집단적 배급체제를 만들게 하는 것이다. 왼쪽 주머니에서 빼낸 돈을 오른쪽 주머니에 넣어주면서 엘리트와 힘있는 권력자는 인심을 쓰듯 하게 마련이다. 그 과정에서 한편으로 국민을 착취의 대상으로 삼으면서 또 한편으로 배려의 대상으로 전락시킨다. 자주의 삶은 사라지고 묵종의 삶이 뒤따르게 된다.

보편적 복지의 끝은 아마도 일자리도 하나씩 나눠주는 사회일 것이다. 직장을 포함해 모든 것을 배급에 의존하는 사회에는 비전이 없다. 지금은 몰락하고 만 소련과 동구 사회주의 국가들이 바로 그런 사회였다. 한 나라가 한 번 포퓰리즘에 빠지면 쉽게 헤어나지 못한다는 것이 역사의 교훈이다. 먼저 포퓰리즘을 경계하고 경제가 건실하게 작동하도록 하는 지혜가 필요한 때다. 이를 위해 정치지도자는 자유민주주의와 시장경제를 지키기 위한 리더십을 발휘해야 할 것이다.

■ ■ ■
찾아보기
(용 어)

282

288

290

기 타

■ ■ ■
찾아보기
(인 명)

필자소개

(가나다 순)

권 혁 철

성균관대 행정학과 졸업

독일 쾰른대학 경제학 박사

현재 자유기업원 시장경제연구실장

　　　　한독경상학회 이사

　　　　제도경제학회 편집위원

주요 저서: 《시장경제질서와 시민단체》, 《자유주의 사상가 12인의

　　　　위대한 생각》(공저) 외

김 상 겸

서강대 경제학과 졸업

미국 미시간주립대학 경제학 박사

한국경제연구원 연구위원(KERI)

한국개발연구원 연구위원(KDI)

현재 단국대 경제학과 교수

주요 저서: 《재정학과 공공정책》(공저) 외

우 석 진
서울대 경제학과 졸업
미국 위스콘신주립대학 경제학 박사
한국조세연구원 전문연구위원
현재 명지대 경제학과 조교수
    한국재정학회 이사

조 동 근
서울대 건축공학과 졸업
미국 신시내티대학 경제학 박사
현재 명지대 경제학과 교수
    한국하이에크소사이어티 회장
    바른사회시민회의 공동대표
주요 저서: 《IMF 개혁정책의 평가와 한국경제의 신패러다임》

최 승 노
고려대 경제학과 졸업
고려대 경제학 박사
미국 뷰캐넌하우스 초빙연구원
한국경제연구원 선임연구원
현재 자유기업원 대외협력실장
    한국하이에크소사이어티 이사
주요 저서: 《경제자유지수》, 《한국의 대규모기업집단》, 《지방분권
    과 지방의 시장친화성》 외

최 창 규

서울대 경제학과 졸업

미국 텍사스오스틴대학 경제학 박사

현재 명지대 경제학과 교수

     공기업개혁시민연합 공동대표

     한국EU학회 회장

     한국연구재단 비상임이사

주요 논문: "The Effect of the Internet on Service Trade"
(*Economics Letters*, 2010) 외 다수

현 진 권

미국 카네기멜론대학 정책분석학 박사

대통령실 시민사회 비서관

한국재정학회 부회장

한국조세연구원 연구위원

현재 아주대 경제학과 교수

주요 저서: 《복지논쟁: 무엇이 문제이고 어디로 가야 하나》 등

자유기업원 시리즈

2011